DE ONTDEKK[illegible] AN
URK

MATTHIAS M.R. DECLERCQ

Podium, Amsterdam – Manteau, Antwerpen

Deze publicatie is tot stand gekomen met steun van het Fonds Bijzondere Journalistieke Projecten en Literatuur Vlaanderen.

FONDS Bijzondere JOURNALISTIEKE PROJECTEN

LITERATUUR VLAANDEREN

Eerste druk oktober 2020
Tweede druk oktober 2020
Derde druk oktober 2020

Omslagontwerp Philip Stroomberg
Typografie Sander Pinkse Boekproductie
De foto's op pagina 16, 21 en 93 zijn afkomstig van het Nationaal Archief te Den Haag. De foto op pagina 143 is gemaakt door Lucia de Vries en de overige foto's zijn van de hand van de auteur.
Foto auteur Thomas Sweertvaegher
Ontwerp kaarten Yde Bouma

ISBN 978 94 6381 026 5

www.uitgeverijpodium.nl

Voor België:
Manteau
ISBN 978 90 223 3765 3
D/2020/0034/337

DE ONTDEKKING VAN URK

Inhoud

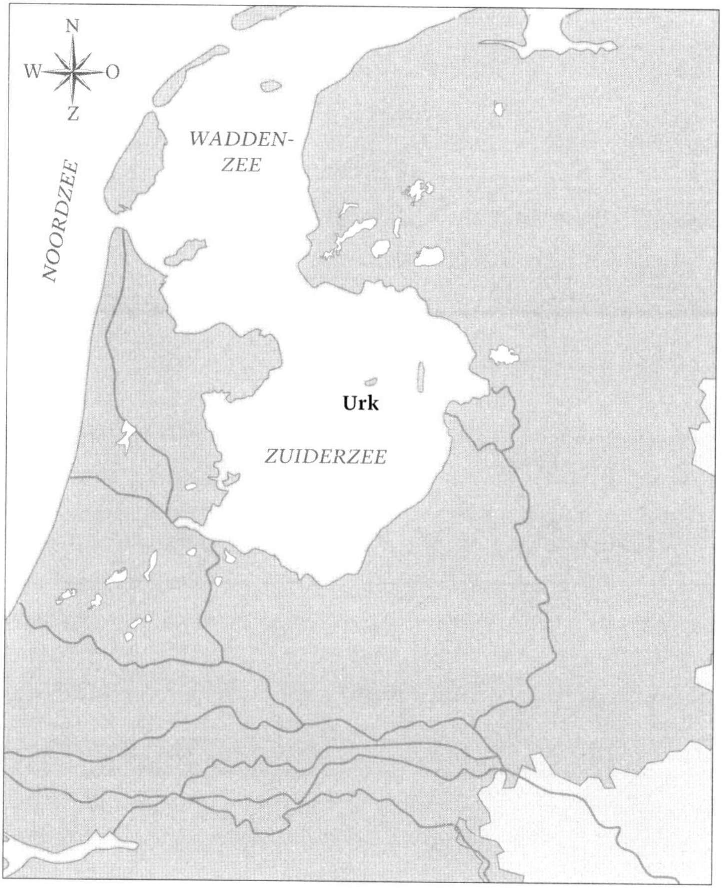
N
W
O
Z
WADDEN-
ZEE
NOORDZEE
Urk
ZUIDERZEE

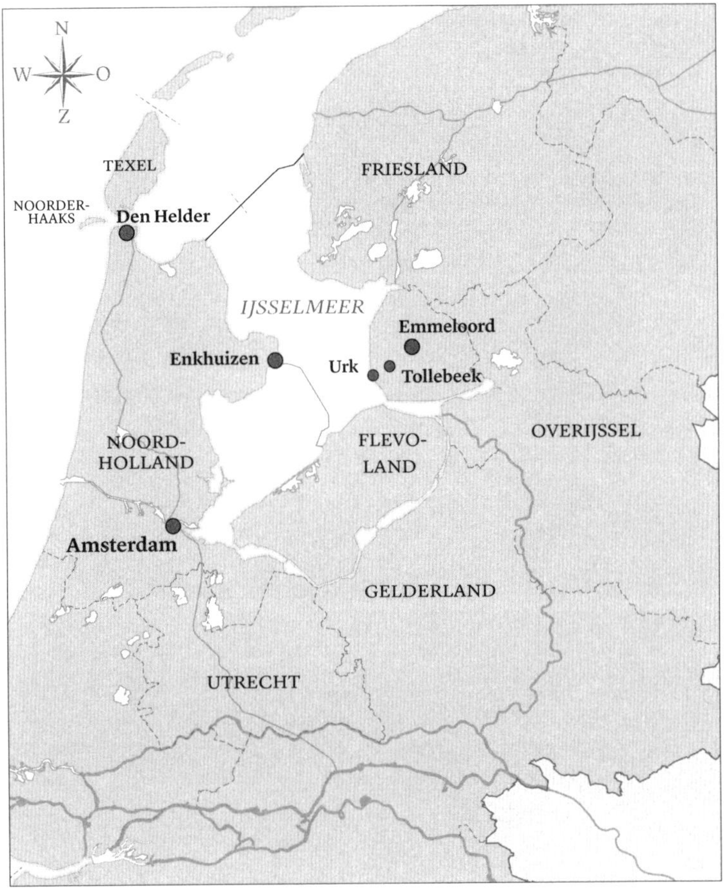
N
W
O
Z
TEXEL
NOORDER-
HAAKS
Den Helder
FRIESLAND
IJSSELMEER
Emmeloord
Enkhuizen
Urk
Tollebeek
NOORD-
HOLLAND
FLEVO-
LAND
OVERIJSSEL
Amsterdam
GELDERLAND
UTRECHT

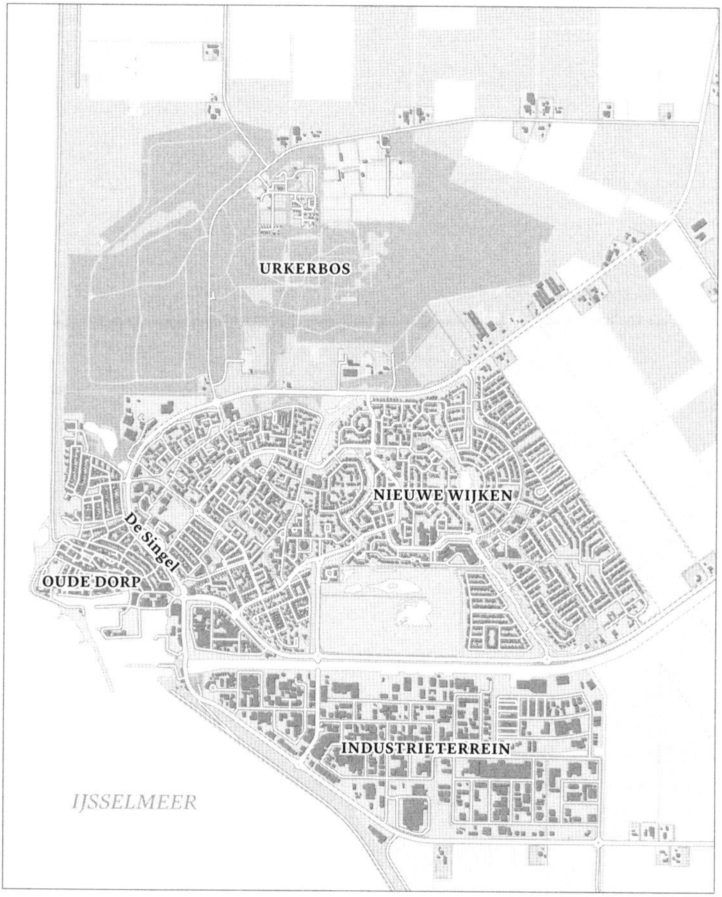
URKERBOS
NIEUWE WIJKEN
De Singel
OUDE DORP
INDUSTRIETERREIN
IJSSELMEER

N
W
O
Z
Thyborøn
DENEMARKEN
Doggerbank
NOORDZEE
Duitse Bocht
Klaverbank
Eemshaven
Lauwersoog
Delfzijl
Harlingen
Urk
ENGELAND
IJmuiden
Bruine bank
NEDERLAND
DUITSLAND
BELGIË

BRIAN: *'Please, please, please listen! I've got one or two things to say.'*
CROWD: *'Tell us! Tell us both of them!'*
BRIAN: *'Look, you've got it all wrong! You don't need to follow me, you don't need to follow anybody. You've got to think for yourselves! You're all individuals!'*
CROWD: *'Yes! We're all individuals!'*
BRIAN: *'You're all different!'*
CROWD: *'Yes! We are all different!'*

Monty Python, *Life of Brian*

1

Dirk

'Where are the reporters of yesteryear?' he muttered, 'the nail-biting, acerbic, alcoholic nighthawk bastards who truly knew how to write?'

Annie Proulx, *The Shipping News*

Het IJsselmeer zag er niettemin vredig uit aan de wal. Een stilleven dat nooit meer veranderen zou, een immer blauw vlak op een landkaart. Al kort na de afvaart vanuit Enkhuizen trok een harde noordwestenwind aan. Nu, midden op het water, groeien de golven, krijgen ze witte randen en slaan stuk op de romp van de Sylt. Zo heet de zeilboot waar ik op zit, op weg naar Urk, het dorp waar ik tien jaar geleden als journalist aanspoelde en maar geen toegang toe kreeg. Ik raakte toen niet verder dan het lesboek, dan wat een leraar me als kind over het dorp zou hebben verteld, de Wikipediapagina, en ik drong niet door tot de werkelijkheid. Die valt me nu op de nek. Op het IJsselmeer fluit de wind en slaat me als een natte vaatdoek in het gezicht. Ik prop mijn trui in mijn broek, trek een kap over mijn hoofd en krul mijn tenen op van de kou.

'Je staat voor een barre tocht,' zegt Rinke, de stuurman. Hij staat recht overeind, legt zijn beide handen op het roer, op tien voor twee, zoals het ook bij rijles wordt geleerd. Ik zit naast hem met een notitieboekje op schoot en schrijf zijn woorden neer: *een barre tocht,* in letters als hanenpoten. Af en toe kwakt het water over de rand van de boot en worden de letters vloeibaar. *Een barre tocht,* ik zal me die woorden meer dan een half jaar later nog herinneren, wanneer ik mijn spullen bij elkaar raap, na lange tijd op Urk te hebben gewoond, te hebben gezocht naar de binnenkant, die zich altijd maar verdubbelde. Varend op het IJsselmeer weet ik niet dat de werkelijkheid zich de komende maanden als een sliert Russische poppetjes aan me zal openbaren. Poppen waarin de ene wereld zich in de andere verschuilt en telkens als ik denk op de kern te stoten, zal op Urk weer een nieuwe wereld opengaan. Een barre tocht, dat zal het geweest zijn, in alle tinten grijs, want de wereld is geen Mondriaan.

Rinke leerde ik kennen via Airbnb. De man woont op Urk en verhuurt de zeilboot als slaapplek in de haven. Nu vaart die boot me

het IJsselmeer over, want ik wil mijn bestemming vanaf het water zien opdoemen. Vroeger was Urk een eiland, toen dit IJsselmeer nog de Zuiderzee was. Het eiland lag eeuwenlang eenzaam in het midden van de zee, en was alleen te bereiken over het water. Ik wil zien wat die duizenden vissers uit de Urker geschiedenis zagen, als ze na hun zware werk het stipje in de verte zagen aangroeien tot hun dorp. Ik beeld me mannen in met bloedend tandvlees, met opengescheurde handen, en armen geschroeid door de zon. Dat is wat de geschiedenis opwekt, en films, boeken. 'Toen was het water nog zout,' zegt Rinke. 'En leefde Urk van de Zuiderzee. Het was al wat we hadden. Maar alles is veranderd.'

Ik ben nog geen half uur aan boord en voel mijn maag al keren. Ik wil de binnenkant ontdekken van dat eigengereide dorp, ik heb er iets goed te maken als journalist, maar vooralsnog is het mijn eigen binnenkant die zich een weg naar buiten zoekt. Ik vergeel, als een landkaart aan een muur. 'Nog anderhalf uur varen.' Rinke houdt even in. 'Ik hoop dat je goed weet waar je aan begint. Wij zijn een vreemd volkje.'

Waar ooit een zee lag, ligt nu een meer. Dit IJsselmeer is het 'natte hart' van Nederland, een reusachtige kom zoetwater, waar het op veel plekken maar een meter of drie, vier diep is. Het IJsselmeer ligt in het midden en noorden van het land. Het meer is bijna honderd kilometer lang en op sommige plekken bijna veertig kilometer breed. Het zuidelijkste puntje ligt nabij Amsterdam, en helemaal boven aan de kaart reikt die enorme plas water tot halverwege Friesland. Het IJsselmeer is een reuzenregenton die onophoudelijk wordt aangevuld door de IJssel, een zijtak van de Rijn. Dat water heeft er een lange tocht op zitten voor het nabij Kampen in het IJsselmeer vloeit. Een tocht van meer dan duizend kilometer. Vanuit de bron van de Rijn, nabij het Tomameer aan de Overalppas, diep in de Zwitserse alpen, glijdt het water naar beneden, wint aan kracht en aan debiet, snijdt langs de Frans-Duitse grens, stroomt verder door Duitsland, om dan uiteindelijk te vertakken in een brede delta die verschillende Nederlandse rivieren voedt. De IJssel is er een van.

Rinke trekt het zeil aan. De wind blaast ons oostwaarts de plas over, en hoewel ik veel bedrijvigheid had verwacht, is hier haast niemand, op wat zeilbootjes na, en een paar meeuwen. Op deze voorjaarsdag heeft het IJsselmeer iets troosteloos. Er dobberen wat jachten met schippers die schuimwijn drinken. Mannen met poloshirts, met *sailing is my life* op de rug geprint en een Ray Ban-zonnebril aan een touwtje op hun borst. Hun boten heten *Seaduction* of *Ocean Queen*. Dit meer, met z'n jachten, speedboten en jetski's aan de buitenkant, vertelt vanbinnen het verhaal van de Nederlandse strijd tegen het water, die van de mens tegen de natuur. Maar dat zie je niet meer. Alsof het IJsselmeer de geschiedenis bij het grofvuil zet en er alleen nog plastic vertoon overblijft.

Kon ik het oppervlak van het IJsselmeer optillen, dan zou *dat blauwe vlak* zich niet meer kunnen verbergen achter jachten en speedboten. Het ware nog makkelijker als iemand de stop uit het afvoerputje zou trekken. Dan zou de geschiedenis bloot komen te liggen, ook die van Urk, en zou het licht niet op de kaart vallen, maar op wat die wereld inhoudt en wat het water vertelt. Een wandeling op de bodem van het IJsselmeer zou je terugvoeren naar de oude tijd, toen de Verenigde Oostindische Compagnie in de zeventiende en achttiende eeuw het grootste handels- en scheepvaartbedrijf ter wereld was. De verteerde wrakken op de bodem herinneren aan de handelsschepen die uit de havens van Amsterdam, Hoorn of Enkhuizen vertrokken richting Indië, aan scheepslui die naar hun familie zwaaiden en de onzekere toekomst als een amulet om de hals droegen. Je zou ook beenderen vinden op de bodem, stukken skelet van mensen die overboord geslagen zijn, en overblijfselen van de *bruine vloot*, de duizenden vissersboten die vertrokken uit de havens van de toenmalige Zuiderzee. Enkhuizen had zo'n vloot, en Marken, Spakenburg, Volendam, Harderwijk en Urk. Dagelijks voeren ze uit, op zoek naar de ansjovis en vooral naar haring, het zilver van de zee. Rond 1900 zijn dat zo'n paar duizend platbodems, waar duizenden mannen op werken. Een bruistablet, dat moet die zee geweest zijn.

Eeuwenlang was het huidige, zoete IJsselmeer de zoute Zuiderzee, en ga je nog verder in de tijd terug, dan was die zee opnieuw een zoet meer: het Aelmere, ook wel *Lacus Flevo* genoemd, een samenraapsel van oude veenplassen in het noorden van Nederland die uiteindelijk een meer vormden. Van zoet naar zout naar zoet. Het Aelmere werd uiteindelijk overwonnen door de zee. In de vroege middeleeuwen rukte de Noordzee op en sloeg bressen in het land. Er ontstonden zeegaten en eilanden bij Texel, nu het grootste Waddeneiland. Het zeewater was niet tegen te houden. Ook rond het Aelmere bouwden bewoners dijken, ter bescherming, en terpen, de bekende bulten in het landschap, om op te wonen. Bij stormvloeden drong het water steeds dieper door, tot aan het meer, dat uiteindelijk van het Aelmere veranderde in de Zuiderzee. De Noordzee stroomde sindsdien ongehinderd het land binnen. Die zee bracht gevaar mee, maar ook voorspoed. Nieuwe vissoorten zorgden voor brood op de plank. Samen met de visserij ontstond er een bloeiende Zuiderzeecultuur, met klederdrachten die verschilden van dorp tot dorp, met schilders die de golvende zee op doek vastlegden en met een achterland dat al snel begreep hoe belangrijk de verbinding met de Noordzee was. Handelaren uit Hanzesteden als Kampen en Deventer voeren via de Zuiderzee de Noordzee op om via Duitsland en Denemarken door te stoten naar de Oostzee, Scandinavië, het Balticum. Al die tijd vocht Urk, het eilandje in de Zuiderzee, met het water, dat bij iedere storm aan de natuurlijke grenzen knabbelde. Urk lag in het midden van de plas, als wilde niemand er iets mee te maken hebben en hielden alle dorpen afstand van het *vreemd volkje*.

De keilemen bult lag in niemandsland, op tweeëntwintig kilometer van Enkhuizen in het westen, op tweeëntwintig kilometer van Lemmer in het noorden, op vierentwintig kilometer van Kampen in het oosten en op achtenvijftig kilometer van Amsterdam in het zuiden.

Aanvankelijk waren de Urkers boeren, toen het eiland nog voor een groot deel uit hooiland bestond. Tot grote delen land in zee verdwenen en de boer uit noodzaak visser werd. Pas rond 1700 kreeg het eiland de vorm die het voor langere tijd zou behouden, na het aanbrengen van een stevige palissade. Urk was maar een zakdoek groot: in minder dan een uurtje wandelen was je om de tachtig hectare heen. Het eiland was lang een belangrijk navigatiebaken in de Zuiderzee. De dorpelingen hielden de vuurbaak dag en nacht brandend, opdat de handelsschepen zich konden oriënteren en niet vastliepen op de zanderige ondieptes. Amsterdam, uitgegroeid tot de belangrijkste havenstad aan de Zuiderzee, kocht het eiland zelfs op, in 1660, nadat Urk de voorgaande eeuwen in handen was geweest van een aantal adellijke geslachten, juist om het als navigatiebaken verder te ontwikkelen.

'Het IJsselmeer is nu veel rustiger dan de vroegere zee,' zegt Rinke. Hij ritst zijn jas dicht. 'De stormen zijn niet meer te vergelijken, ze zijn bedaarder, al kan het hier nog altijd spoken. Veel zeilers zijn bang voor deze badkuip. De onrust is nooit verdwenen.' Ik zit intussen helemaal achter in de Sylt, focus me op de horizon en slik zoveel ik kan. Mijn maag draait als een wastrommel, mijn hoofd ook, en hoewel ik een zekere spanning voel om het dorp straks aan te doen, verlang ik ook naar het vasteland, al was het maar om van die ellendige schommeling af te zijn. 'De stormen zijn dan wel beter te controleren dan vroeger, de prijs die daarvoor betaald werd was erg hoog. Urk verloor zijn broodwinning.'

Begin twintigste eeuw besluit Nederland de Zuiderzee af te sluiten en gedeeltelijk in te polderen. Zout wordt weer zoet. In 1914, bij het uitbreken van de Eerste Wereldoorlog, heeft Nederland door de bevroren internationale handel een tekort aan voedsel. Een nieuwe polder kan tekorten in de toekomst aanzuiveren. Wanneer twee jaar later, in 1916, de Zuiderzeevloed over het land raast, is de teerling geworpen. Op tientallen plaatsen breken de dijken door. In Noord-Holland vallen negentien doden, op zee sterven nog eens tweeëndertig mensen, en bij Monnickendam spoelt het lichaam aan van een man met zijn kind in de armen. Zuiderzeeschippers zien daken drijven. Ze zien beddengoed, kleerkasten en zitbanken op het water, en Nederland verklaart de zee de oorlog. In 1932 is de Afsluitdijk klaar, een dijk van 32 kilometer lang die Noord-Holland over zee met Friesland verbindt. Sindsdien is de Zuiderzee gescheiden van de Noordzee, als een kind van zijn moeder. Het water wordt brak door de aanvoer van het zoete water van de IJssel. De Zuiderzee verandert in het IJsselmeer, en Nederland legt dijken aan in het water. Grote gemalen pompen een deel van het IJsselmeer leeg, en op de bodem van de vroegere Zuiderzee bouwt Nederland een gloednieuwe provincie: Flevoland. Urk is de grens van dat Nieuwe Land. Het dorp is finaal eiland af. De nieuwe polder reikt tot waar Urk ooit in zee lag.

In veel voormalige Zuiderzeedorpen verdampt de visserij. Het volk trekt het achterland in. Nog altijd zijn de gevels er schilderachtig, liggen oude sloepen in de haventjes, maar is de visserij niet meer. Veel dorpen zijn openluchtmusea geworden, en de klederdracht heeft geen cultureel nut meer, maar een economisch: het trekt toeristen aan.

De Urker visserij heeft de inpoldering wél overleefd door de steven naar de Noordzee te wenden. En Urk is in gedachten altijd een eiland gebleven, ook in de perceptie van Nederland. Met z'n eindeloze aantal kerken en z'n uitgebreide vloot werd Urk een soort relict uit een vervlogen tijd. Een dorp waarvan nog altijd wordt gedacht dat het alles nog heeft wat de rest allang kwijt is.

'Maar niemand wist toen raad met ons, hè,' zegt Rinke. 'Ook niet na die inpoldering. We kregen amper landbouwgrond toegewezen en bleven toen maar vissen.' Het dorp behoorde eerst tot Noord-Holland, daarna tot Overijssel en nu dus tot Flevoland. De bestofte volkscultuur, het oude ambacht, de visgeur: al wat het dorp Urk voorstond, strookte niet met de nieuw te verrijzen supersamenleving in de polder. Ik zal de grap een paar keer horen de komende maanden: het is groen en keert terug in de tijd? De bus naar Urk. Voor het rijk was het dorp, dat stukje *oud Nederland,* die oude bult, een steentje in een schoen.

We maken vaart. Behalve mijn gezicht verkleurt ook het water. Het krijgt een andere lading. Achter ons glanst het water in het zonlicht, heeft het een zilverblauwe schijn die fel in de ogen prikt, die het IJsselmeer belicht als in een toeristische brochure. Voor ons haken de wolken in elkaar en schuiven gedeeltelijk voor de zon. Richting Urk krijgt het water een doffe, mosgroene kleur. Grauw en troebel. Dat is ook hoe ik me voel.

Waar ben ik aan begonnen.

'Weet je,' zegt Rinke, die onbestemd voor zich uit kijkt, 'dat het plezier altijd elders lag. Als kind gingen wij in de zomervakantie af en toe familie bezoeken in Enkhuizen. Prachtig was dat. Daar zag ik mensen op zondag werken in de tuin. Werken op zondag! Daar was zelfs kermis in het dorp. Ik keek mijn ogen uit. Nu we op weg zijn naar Urk denk ik aan toen. Hoe dichter bij het dorp, hoe meer ik *het oordeel* voelde naderen. Je voelt zoiets als kind, hè, hoe mensen je keuren, bij al wat je doet, hoe God altijd meekijkt, zeker op zondag. Nu voel ik dat niet meer, althans niet meer in die mate als vroeger, al is er een residu in me achtergebleven. Bij al wat ik doe, heb ik op Urk toch een soort verantwoording klaar, een verhaal, voor het geval iemand mij erop aanspreekt. Ik hoop dat je mensen zover krijgt, dat ze dat durven vertellen. Want het is er. Dat weet ik.'

Ik richt me op en zie de contouren van het dorp. Daar ligt die kleine keilemen bult, als een bel op het water, een blaasje op een regenplas. Urk ligt in de schaduw. 'Die witte staaf, ja, daar, recht voor je, dat is de vuurtoren,' zegt Rinke. Ik zie ook kerktorens. Ze reiken naar de hemel en doorbreken de vlakke egale lijn van de bebouwing. De skyline van Urk is een zaagblad van kerktorens, met zware klokken die in gedachten eeuwig beieren, tot je er gek van wordt en de klepel de hele tijd tegen je schedelpan tikt. *Ja, ja, ik kom.* Het lijkt alsof het dorp niks te verbergen heeft, alsof de identiteit in steen is gebeiteld, met een vuurtoren en een hoop kerktorens: het gelovige vissersvolk. Zo heb ik het tien jaar geleden niet gezien. Toen liep ik blindweg in het rond, met een notitieboekje onder mijn arm, hengelend naar reacties. Opnieuw overvalt me de twijfel. Waarom zou het me nu wel lukken? Waarom zou ik dit dorp en de eilandmentaliteit nu wel kunnen doorgronden? Omdat het moet. Ik wil mijn vreemde, onwennige geschiedenis met Urk goedmaken, herschrijven. 'Achter het dorp,' zegt Rinke, 'ja, die groene strook daar, dat is het Urkerbos. Je was hier toen toch voor dat jongetje, niet? Wel, daar is hij gestorven.'

Op dinsdag 17 november 2009 wandelt Dirk Post het Urkerbos in. Een vriend wil hem een 'gave hut' laten zien. Met z'n vieren zijn ze: de veertienjarige Dirk Post, de vijftienjarige vriend en nog twee kereltjes, van dertien en twaalf. De 'gave hut' is een vals voorwendsel. De vriend is kwaad op Dirk en wil wraak. 'Ik ga hem vermoorden,' zegt hij tegen de twee jongsten, die geen kwaad vermoeden. Wraak omdat Dirk een geheim zou hebben doorverteld, over 'glaasje draaien' en geesten oproepen. De vriend kampt met psychotische ervaringen. Sinds het glaasje draaien hangt er naar eigen zeggen een vloek over hem. Soms ziet hij een akelige man die voorspellingen doet. De jongen is ook gefascineerd door horrorfilms, messen en games met veel bloed en geweld. Volgens hem heeft Dirk zijn geheim – de vloek, het glaasje draaien – aan anderen verteld. Hij ziet maar één oplossing: 'Ik ga hem afmaken.'

Ze gaan het Urkerbos in. Dirk heeft zijn skateboard bij zich. Hij is zich van geen kwaad bewust. De twee jongsten rennen in paniek weg wanneer de vriend een mes tevoorschijn haalt. Hij steekt Dirk. Zevenenveertig keer. Kort nadien vindt de politie een bebloede spijkerbroek op de slaapkamer van de vriend. Het DNA komt overeen met dat van Dirk. En dan is er de jas in het bos, het mes, het occulte en de *shell shock* die Urk overvalt. De dader is de tiende in een gezin van twaalf. Het psychiatrisch rapport spreekt later van een jongen met een ontwikkelingsstoornis. Iemand uit een gebroken, conflictueus gezin. Een ongelukkige eenling, gepest om zijn puistjes, gestotter en Scheveningse afkomst.

Op zondagavond 22 november 2009, vijf dagen na de moord, krijg ik telefoon in Gent, waar ik woon. 'Declercq, neem een paar verse *onderbroekskes* en doe je botten maar aan.' De adjunct-hoofdredacteur van *De Morgen* hangt aan de lijn. Een forse vent, die spreekt in turbotaal. Hij heeft het over mijn 'eerste echte buitenlandse opdracht'. Even droom ik weg en denk aan Canada, aan het poollicht, aan Ghana, sweatshops, houtkap en *revolución.* 'Er is een jongen vermoord in Urk,' zegt hij, 'door een vriendje.' Niks te dromen. 'Ergens in een bos of zoiets. Urk is een of ander raar Nederlands dorp, met van dat strenggelovige volk, je kent het wel. Zo'n oude, wantrouwende plek waar niemand in geraakt. Jij wel.'

Een moordzaak in een Nederlands dorp. Ik ben pas sinds een paar maanden officieel journalist en behalve wat verhalen over verkeersongevallen, griepvaccins en treinstakingen is mijn cv een leeg blad. Stoer ben ik niet. Ik ben een West-Vlaams jongetje met een bril, donkere jeans en een hemd, en heb de uitstraling van een golden retriever. Als kind had ik geen besef van een buitenwereld. Het leven bestond alleen uit voetballen en schoolrapporten, een eindeloze druk om te scoren op gras en op papier, en vooral te doen wat iedereen doet, uit angst er niet bij te horen. Als noviet bij de krant breekt de eierschaal heel langzaam open. Nu slaat de adjunct de schaal aan gruzelementen en wil hij mijn genese als journalist versnellen. 'Beuk de deur maar open in dat dorp!' hoor ik aan de telefoon, en ik klap mijn laptop stilletjes open. Terwijl hij me als een generaal voorbereidt op een missie – 'niet wijken, gaan' – maakt internet me een klein beetje wijzer. Ik lees over *het voormalig eiland in de Zuiderzee*, dat is ingepolderd, lees ook over de protestantse kerk, over het calvinisme en de gereformeerden in de Nederlandse Biblebelt. Het is een voor mij totaal onbekende wereld. Ik moet even zoeken voor ik begrijp dat de Zuiderzee eigenlijk het IJsselmeer is. Van de protestantse gezindte weet ik ook niks, ook niet van de Biblebelt. Ik heb nog nooit van gereformeerden gehoord. 'Het verhaal moet er dinsdagmiddag liggen. Oké, *chiefke?* Twee volle pagina's, 2500 woorden, liefst zo vroeg mogelijk. Succes.'

Bij aankomst op maandagmiddag val ik al door de mand. Je zegt niet 'in Urk', maar 'op Urk'. Een hotel vinden is lastig. Behalve een paar kleine B&B's en een verouderd pension vind je er bijna niks. Urkers willen geen hotels in hun dorp, dat zou het toerisme alleen maar aanwakkeren en bovendien: wat doe je dan op zondag? Hoe respecteer je de zondagsrust als er in het weekend toeristen overnachten en 's ochtends wachten op hardgekookte eieren en parmaham? Het wordt een kamer in het Van der Valkhotel, op twintig minuten rijden van Urk.

Ik bel aan bij pastorieën, ga op zoek naar dominees, ga een café binnen en praat met oude mannetjes. Sommigen dragen antieke pakken en klompen. De gesprekken verlopen stroef. Een paar moeders keren me de rug toe. 'Want dan zijn ze er, hè, de journalisten, als er bloed aan de paal kleeft.' De eerste die me te woord wil staan, schetst een beeld van een hechte, eensgezinde gemeenschap: 'Bij wekelijkse bijeenkomsten zitten zalen en kerken barstensvol als de predikant het woord neemt,' zegt de man, die tot een zware kerk behoort. *Zwaar* en *licht* vormen de terminologie die de Urkers zelf gebruiken, al naargelang de kerkregels en het godsbeeld. De man begint ook spontaan te zingen: 'Wij hebben zelfs een eigen volkslied! Urk dat iiiiiiiiis een soetendal. Wie er iiiiiiiiis, die blijft er al.'

Op mijn hotelkamer zoek ik online verder en lees dat Urk de grootste visafslag van Nederland heeft, het hoogste geboortecijfer, de meest autochtone en ook de jongste bevolking. Ik lees dat Urk ook de gulste gemeente van Nederland is, de meest kerkelijke gemeente, en dat het dorp een alcohol- en drugsproblematiek heeft. Urk staat boven aan alle lijstjes over de kerk, kinderen en vis. Ik kijk de meegereisde fotografe in de ogen en schud het hoofd. Ik ken de kerk niet, de kinderen niet, de vis niet, en alsof dat niet genoeg is, blijkt er ook een schaduwwereld van drank en drugs te bestaan waar ik nog veel minder van afweet. Die wereld moet ik zien te ontdekken, *beuk de deur maar open!* Lukt dat niet, dan hangt de redactiechef ongetwijfeld aan de lijn: 'Hoe zit dat daar met die drugs?' Want dat is sexy toch: kerken – en dan coke?

Aangezien ik er niet in slaag om wat ik online lees met eigen ogen te zien, dat kan ook moeilijk anders met één schamele dag tijd, bel ik een paar mensen op die het me moeten vertellen. Bert Wagendorp van *de Volkskrant* is zo iemand. Hij praat me bij over alcoholgebruik. Wagendorp groeide op in het nabije Lemmer. 'Die verhalen dateren al van de jaren zeventig,' zegt hij aan de telefoon. Het gesprek gaat ook over drugs: 'Er wordt heel wat cocaïne gesnoven op Urk, net als in soortgelijke gemeenten zoals Volendam en Spakenburg.' Ook Durk Hak, godsdienstsocioloog en antropoloog, helpt me verder op weg: 'De ouders van die jongeren treden daar niet tegen op. Tot op een bepaalde leeftijd laten ze hun kinderen begaan, worden misdragingen door de vingers gezien. De achterliggende gedachte – het komt wel goed – staat zo'n opvoeding toe. We zijn hoe dan ook zondig, het geloof zal de problemen wel oplossen.'

Ik voel me een steekvlamjournalist. Plots laait een nieuwsfeit op en haast iedereen zich naar de plek des onheils; en breekt de pleuris daags nadien uit op Schiphol, dan maakt iedereen een U-bocht en rijdt plankgas naar de luchthaven. Ik hol van de ene naar de andere steekvlam, en vergeet dat de echte brand ergens smeult waar niemand kijkt. Bovendien: wat zegt deze steekvlam, de moord, over dit dorp? Valt er überhaupt iets te zeggen over een particuliere dood in een dorp? Neen. Lopen alle jongeren hier met messen op zak? Neen. Is de Urker jeugd in de ban van het 'glaasje draaien'? Neen. Wordt er in Apeldoorn een jongen neergestoken, sturen ze me dan ook naar Apeldoorn, met mijn *onderbroekskes?* Neen.

Over de moord is die maandag nog niet veel bekend. Het zou gaan om een liefdesdrama, lees ik in Nederlandse kranten. Twee jongens strijden om een meisje. Het gaat over de 'skateboardmoord' en over 'doodknuppelen'. Over een mes is dan nog niks bekend, niks over de 'gave hut' en niks over glaasje draaien. Sommige kranten bellen het meisje. Ze publiceren ook foto's.

Dirk Post wordt begraven in De Ark, in de Hervormde Gemeente. Ik heb geen flauw idee wat voor kerk dat is. Jesaja 43:1b staat op de rouwkaart: *Vrees niet, ik heb u bij uw naam geroepen, gij zijt Mijn.* Ik sta achter een rood-wit lint tussen cameraploegen die het kerkvolk registreren. Mijn telefoon rinkelt onophoudelijk. De redactiechef wil nieuws, feiten, details, kleur, sfeer. 'En? Hoe zit het daar? En met die coke?' Ik zeg dat het goed gaat, om ervan af te zijn, en verbreek de verbinding. Ik ken Urk niet. Ik ken de mensen niet. Ik ken Dirk Post niet.

Wat doe ik hier?

's Avonds wandelen duizenden Urkers in het donker door het dorp. Ze dragen lichtjes en volgen de familie, die vooroploopt. Vader André Post, een tenorzanger, zal zijn zoon een jaar later herdenken in de opera *Ça ira* van Pink Floyd-voorman Roger Waters. De opbrengst gaat naar een stichting tegen zinloos geweld. Het is één lange, ingetogen sliert mensen. Eentje draagt een kaars en houdt een hand voor de vlam. Het lijkt wel of alle inwoners aanwezig zijn.

Wat is dit voor dorp?

Het verhaal is er op tijd. 'Verderf in Gods eigen dorp' is de titel. Tijd om dit te laten bezinken is er niet. Als jongeling op een krantenredactie schrijf je op dinsdag over Urk, op woensdag over U2 in het Koning Boudewijnstadion, op donderdag over een pas ontdekte papegaaiensoort en op vrijdag weet je niet meer waar je op maandag bent geweest. Maar dit verhaal kan ik niet zomaar naast me neerleggen. Urk hangt als kleefkruid op mijn rug, en ik kan er met mijn vingers niet bij.

Waar ben ik eigenlijk geweest?

Jaar na jaar na jaar denk ik aan dat vreemde drieletterwoord. Ik wil de waarheid zelf zoeken. Ik wil door de buitenkant heen prikken, ervaren, bevoelen en zien waar ik eigenlijk over geschreven heb. Ik wil verder reiken dan de landkaart.

Thuis, na het werk, blijf ik lezen over Urk, over het *typische, oude Holland*. Anderhalve eeuw geleden al spraken cultuurnationalisten over de plattelands- en vissersdorpen als authentieke volksculturen. Plekken waar alles tenminste nog is zoals het ooit was, onbezoedeld door de oprukkende industrialisering en alle bijhorende sociale problemen. De vissersdorpen aan de Zuiderzee stonden voor al wat het land zo groot had gemaakt: het sobere, godvrezende, hardwerkende volk. De bekende Franse cultuurhistoricus Henry Havard heeft Urk ooit aangedaan. Dat schrijft hij in *La Hollande pittoresque: voyage aux villes mortes du Zuiderzee*: 'De kleine haven vol visschersvaartuigen, die, met wapperende roode vlaggen en hooge masten, zorgvuldig op eene rij geschaard liggen, de groote zwarte palen, die het hoofd schragen, de met gras begroeide, zacht glooijende kaaijen, vervrolijken het hart en doen het oog goed.' Vooral Marken en Volendam zijn in Nederland relicten van dat verleden. Urk minder, door de beperkte bereikbaarheid. Anno 2020 reizen toeristen nog altijd naar de 'pittoreske visserijdorpen', in een touringcar, en ja, ze rijden ook naar Urk. Een voormalig eiland, geef toe, dat klinkt aantrekkelijk, een tijdreis naar het verleden.

De Urkers houden niet van de buitenwereld, lees ik. En omdat ze niet van de buitenwereld houden, houdt de buitenwereld ook niet van hen. Of is het omgekeerd? Media zetten hen neer als een dommig, gelovig vissersvolk, waar ze stiekem toch alles doen wat God verbiedt. Uit alle boeken die ik lees en uit alle docu's die ik bekijk, distilleer ik het altijd terugkerende verhaal van Urk als de meest gesloten gemeenschap van Nederland, die zich van de rest niks aantrekt. Altijd gaat het over volksfeesten in klederdracht, over de bouw van nieuwe kerken, over collectebussen, enorme giften, enorme vangsten en de typische eilandmentaliteit. Het gaat altijd over het beeld dat ik zelf ook heb gezien: Urk als monoliet – de sliert lichtjes –, het eensgezinde dorp waar alles wat de geseculariseerde wereld is kwijtgeraakt nog in volle glorie wordt beleden. Maar wat Wagendorp me vertelde en wat internet me verder leert, is dat de schaduwwereld er veel groter is dan ik eerder dacht. Ik tref verhalen over 'Jezusklappers' (een cocktail van whisky, Strohrum, Sambuca, Jägermeister, citroenjenever en Martini), comazuipers, visfraudeurs, coketransporten, vaccinatieweigeraars en filmproducenten. Maar in die verhalen en docu's gaat zelden iemand *on the record*. De verhalen zijn gebaseerd op rechtszaken en politieverslagen. Urk praat niet, maar komt wel naar buiten als Christopher Nolan in het dorp aankomt, samen met acteur Harry Styles, om scènes van *Dunkirk* te filmen. Dan is iedereen figurant. Ik lees ook over het drijvend Bijbelmuseum 'De VerhalenArk', naar analogie met de Ark van Noach, die op drift raakt in de Urker haven en zeilboten ramt. Het kan haast niet symbolischer. Het lijkt alsof de moderniteit, wat dat ook mag wezen, binnenstroomt en Urk snel zandzakjes aanvoert.

Bij het lezen voel ik een grote aantrekkingskracht. Ik wil meewandelen in de sliert lichtjes, meegaan naar de kerk, meevissen, meedrinken. Ik wil de comazuipers zien, de visfraudeurs spreken, de coke zien liggen, de predikant horen roepen.

Wat heb ik toen allemaal níét gezien?

Ik wil begrijpen waaruit de cohesie op Urk bestaat, waarom iedereen er blijft. Een mens wordt op Urk geboren, trouwt een Urker man of vrouw en wordt begraven in de Urker aarde. Ik heb genoeg geschreven over wielrenners, muzikanten en auteurs. Het is tijd om de cirkel rond te maken en de binnenkant te ontdekken. *Proberen* te ontdekken. Beslist: ik verhuis naar Urk. Ik keer als Romein terug naar het dorp van Asterix.

Net voor het binnenvaren van de haven schrikt Rinke er zelf nog van: 'Je ziet overal kerken, hè. Ik ben hier al zo vaak langsgekomen, en nu pas zie ik hoeveel het er zijn. Daar links zie je de toren van de Eben-Haëzerkerk, in het midden van de bult zie je het oude Kerkje aan de Zee, wat verder de toren van de Bethelkerk en de Petrakerk, en daarachter zie je zelfs een stukje van de Jachin Boazkerk. Het dorp ziet er echt oud uit vanaf het water.'

Mijn hoofd duizelt bij alle namen en verlangt naar de kade. Daar steken de puntige daken af tegen de grauwe lucht, met daarachter, als wakende ogen, de kerken. In de hoek van de haven liggen oude botters. Zo heten de platbodems waar de Zuiderzeevissers vroeger mee voeren. Allemaal hebben ze een code, zoals de UK114, de *Jonge Jacob*, het bootje waar Lennaert Nijgh lange tochten mee maakte, de tekstschrijver die samenwerkte met Boudewijn de Groot, Ramses Shaffy en Liesbeth List. Nijgh hield van het water en van Urk. Zijn boot ligt hier nog altijd. De letters UK verwijzen naar het dorp Urk, zoals OD staat voor Ouddorp, Z voor Zeebrugge en PD voor het Schotse Peterhead. UK staat op Urk voor *Uncrowned Kings*. Ik zie oude mannetjes op een bank zitten. Ze roken shag en kijken naar de botters. Een van hen rust met beide handen op een houten stok, de ander ligt voorover op het stuur van zijn scootmobiel. De tijd is hier gestold als kaarsvet.

We varen langzaam voorbij een kleine IJsselmeerkotter. Dat is het woord dat ik hier een paar duizend keer zal horen: 'kotter', het is de benaming voor de vissersschepen waar de Urkers, maar ook andere vissers, nu mee varen. De stalen kotter is de opvolger van de houten botter. De echt grote kotters varen op de Noordzee en liggen niet in de haven van Urk. De schepen zijn te groot en te diep geworden om over het IJsselmeer te varen. En overigens, waarom zou je dat doen? Het kost je alleen maar tijd en brandstof, aangezien ze allemaal op de Noordzee vissen. Daarom blijven de Urker kotters elders aan wal liggen, aan de kust, zoals in Harlingen in Friesland, en als de vangst binnen is, rijdt een chauffeur de vis per vrachtwagen naar de afslag op Urk. Na de inpoldering verdwenen de haring en de ansjovis uit het nieuwe IJsselmeer, kozen de Urkers voor de Noordzee en bleven er zoveel jaar later maar een paar IJsselmeervissertjes over. Die varen nog altijd uit en vissen vooral op paling. Het zijn de laatsten der Mohikanen.

De bemanningsleden van het kottertje, jonge kerels in een blauw pak, zetten een grote plastic ton op de kade. Een groepje toeschouwers buigt voorover. In de ton buitelen de waterslangen over elkaar heen. De mannen knikken. Op het dek rochelt een kereltje en spuugt in het water. Zijn haar staat recht overeind, als was het elektrisch geladen. Hij draagt een gouden oorbel. Dat is bij zijn collega's niet anders. Allemaal hebben ze een gouden kotter in. Ze dragen die met trots. Zoals de Hondurese straatbendes dezelfde tatoeage op de rug hebben, dragen de Urkers een oorring. De ring verbindt. Sloeg een visser vroeger overboord en werd hij teruggevonden in de netten van een collega, dan diende de opbrengst van de gouden oorring voor het betalen van de begrafenis. Nu is die ring een paspoort: kijk, ik ben een *echte* Urker. Ik haal mijn rugzak uit het ruim van de zeilboot en schud Rinke de hand. Ik zal hem de komende maanden nog vaak zien.

De misselijkheid ebt weg als ik eenmaal op de kade loop, die is opgetrokken uit rode baksteen, net als de huizen. Bidden en werken, dat moet je hier doen. *Ora et labora* staat in gouden letters op een trapgevel. Veel daken hebben een groene kleur en vaak is de

bovenste driehoek van de voorgevel bezet met houten planken. Het lijkt alsof alle huizen gisteren nog zijn geschilderd, speciaal voor mij, maar niemand weet van mijn komst.

De haven is erg mooi, alsof hij uit een doosje komt. Zet er een stolp overheen, schud even flink, en het sneeuwt. Oude botters liggen aan de ene kant van de haven; aan de andere kant, op een oude scheepswerf, zijn een paar Noordzeekotters het droge op getrokken voor het jaarlijks onderhoud. De vuurspetters van de lasmachine komen boven het dek uit en onder aan het schip geeft een man in een blauwe stofjas de boeg een verse laag verf.

Dit dorp ziet er net zo uit als in de geschiedenisboeken. Ook het stratenplan, of wat daarvoor moet doorgaan, is onveranderd. Achter de kade, langzaam oplopend tot het hoogste punt van de bult, 8,5 meter boven de zeespiegel, ontvouwt de oude dorpskern van Urk zich als een moeilijk te ontwarren knoop van smalle stegen, als waren het de snoeren van de oortjes in je broekzak. Sommige stegen zijn nog geen meter breed. Hier kun je ongezien verdwijnen. De huisjes in het oude dorp zijn dicht tegen elkaar aan gebouwd en overal liggen kleine ankers voor de deur, zijn oude botters op de gevels geschilderd en dicht bij de vuurtoren hangt een walviswervel aan een zwart tuinhek. Hier hebben de straten geen naam. Urkers bouwden vroeger zo veel mogelijk op het hoogste punt van het eiland, uit angst voor het water. Die wanorde maakt dat ze hier spreken over wijken, en niet over straten. Nog altijd heet de buurt het dichtst bij de haven gewoon Wijk 1, daarachter ligt Wijk 2. De nummering loopt op tot wijk 8 en het is moeilijk je te oriënteren in de dorpskern – Urkers noemen het gewoon *het oude dorp*. Met de auto is het ondoenlijk. Nergens is de weg breed genoeg om elkaar te passeren. Ik zie vooral kleine autootjes en fietsen op het kerkplein en overal zitten Urkers op een bankje voor het raam. Ik denk aan 2009. Toen liep ik hier verdwaald rond en sprak vergeefs mensen aan over de dood van Dirk.

Ik wandel door Wijk 1, zit plots in Wijk 3 en zie de vuurtoren op het einde van de straat. Aan weerskanten van de toren zijn huizen aangebouwd. Ik gooi twee euro in een potje aan de ingang en ga de trap op. Boven op de toren zie ik nu wat ik toen niet zag. Dichtbij leunen de oude, wijnrode daken tegen elkaar. De vuurtoren kijkt als een predikant op de kansel uit over het dorp dat aan zijn voeten ligt. Achter het kluwen aan stegen en wijken ligt een wereld die ik niet ken, of in elk geval nog nooit heb gezien, ook toen niet. Nieuwbouwwijken en poldergrond. Met de wijzers van de klok mee is dit wat ik nu zie: ten noorden van het oude dorp ligt het Urkerbos, de groene long waar het jongetje de dood vond, ten oosten liggen grote, anonieme buitenwijken die grenzen aan de landbouwvelden van de polder, ten zuiden van het dorpshart liggen twee industriegebieden. Daar zie ik witte vrachtwagens vertrekken. Ze spugen grijze rook uit. Na het bos, de wijken en de industrie blijft alleen het westen over, daar ligt het IJsselmeer, dat blauwe vlak.

Dit is het. Dit is mijn nieuwe thuis. En ik ken hier niemand.

Wil ik echt integreren in deze gemeenschap, dan heeft het geen zin om een anoniem appartement te huren. Dus zoek ik een gastgezin. Via Rinke en Airbnb leer ik een groepje jonge kerels kennen. Aan de rand van het dorp hebben ze een eigen schuur en sportclub. In die schuur staat een bar, hangt een dartbord, ruikt het naar verschaald bier en brandt het rode lampje van het enorme tv-scherm. Ze zweten zich de pleuris in hun sportclub, want allemaal willen ze een brede bast, dan horen ze er kennelijk bij, voelen ze zich Echte Urker Mannen. Een van die jongens vertelt me over een kamertje dat zijn ouders net hebben aangebouwd. Dat kamertje staat leeg. Zo gebeurt het dat ik op een voorjaarsdag in 2019 plots in het midden van een beige woonkamer sta, omringd door een gezin met zes kinderen. Ze wonen niet in het oude dorp, maar wat verderop, dicht bij het Urkerbos. Het gezin is orthodox protestants, geeft me een warme ontvangst en legt me in de maanden dat ik bij hen zal inwonen geen strobreed in de weg. Ik heb geluk. Zonder het te weten trek ik het juiste lot.

Het zogenaamde *tiny house* is efficiënt ingericht. Het is kleiner dan een studentenkamer, maar heeft wel een douche en een toilet. Aan de ene kant van de kamer, die grenst aan de witte, bakstenen muur van het echte huis, is een houten tafel vastgemaakt waar een spoelbak is in gezet. De laminaatvloer is koud, en rijdt er een fietser over de losliggende tegels van het aanpalende steegje, aan de andere kant, dan lijkt de wand van het kamertje als van papier en zwelt de echo van de tegels aan tot luid gedonder. Alsof de fietser over een xylofoon rijdt. De melodie zal me iedere ochtend wekken, een half jaar lang.

Bij aankomst ligt een minuscuul boekje op de tafel. 'Hoe kan ik God leren kennen?' Op de achterflap lees ik dit: 'Heeft iemand je weleens verteld dat God van je houdt en een geweldig plan met je leven heeft? In dit boekje ontdek je dat God veel om je geeft en dat je Hem persoonlijk kunt leren kennen.' Een stappenplan om het Licht te zien. Ik moet me laten dopen, moet praten met God, luisteren naar God, vertrouwen op God, leven met de Heilige Geest, andere gelovigen ontmoeten en anderen vertellen over Jezus. Terwijl ik mijn boeken uitstal zie ik buren nieuwsgierig naar me loeren. Die nieuwsgierigheid slaat kort nadien om in argwaan.

'*Hei*, wat moet dat?! Waarom film je mij?'

In een videogesprek met mijn vrouw, die in Gent blijft wonen, toon ik haar het vissersmonument, vlak bij de vuurtoren. Ze vraagt of ik goed ben geïnstalleerd in het kamertje, of de Urkers me accepteren. Op dat ogenblik wandelt een jonge kerel op klompen voorbij het monument en denkt dat ik hem film. Hij stapt op me af. Vlassig haar, zwart pak, breedgebouwd.

'Ik filmde jou niet, maar was net in gesprek met mijn lief. Ik toonde haar het monument.'

'*Hejo*, nog een vreemd accent ook. Wie ben jij?'

'Matthias.'

'Die kerel die hier is komen wonen? Om *ons durp* zogezegd te leren kennen?'

'Dat ben ik, ja.'

'Waar woon jij?'

'Wat verderop, bij een gastgezin. Hoe heet jij?'

'En wat doe je hier de hele tijd dan?'

'Ik doe wat jullie doen.'

'Ben je gelovig?'

'Nee.'

'Maar hier ga je wel naar de kerk?'

'Ja.'

'Waarom dan?'

'Om het dorp te begrijpen.'

'Heb je een Bijbel in dat kamertje van je?'

'Ja.'

'Welke vertaling heb je? Toch niet de herziene Statenvertaling, hè? Man toch. Dat is een kinderboek. Wil je vasthouden aan de oude, christelijke waarden, dan moet je toch weten wat God precies heeft gezegd? Op school, daar kreeg ik ooit zo'n bijbeltje in handen met de herziene vertaling. Ik ben naar het bureau van de directeur gestapt en heb hem gevraagd wat ik daarmee aan moest, met zo'n ding. Er is maar één vertaling, één Woord Gods, en dat is de Statenvertaling. Wat vindt je vrouw ervan dat jij hier woont?'

'Die vindt het een boeiend avontuur.'

'Dat gastgezin van je, naar welke kerk gaan die?'

'De meesten naar de Christelijk Gereformeerde Kerk, De Schuilplaats. Kom jij uit een groot gezin?'

'Ik kom uit een vissersgeslacht, bijna mijn hele familie is visserman.'

'Kom je uit een groot gezin?'

'Onlangs werd hier iemand geïnterviewd door de media. Ze vroegen hem waarom Urk geen genderneutrale toiletten heeft. Kun je dat geloven? Genderneutrale toiletten!'

'Kom je uit een groot gezin?'

'Ze vroegen ook waarom Zwarte Piet hier zwart is. En waarom we de straten vernoemen naar Michiel de Ruyter. De buitenwereld is de draad he-le-maal kwijt.'

'Kom je uit een groot gezin?'

'Ach man, ik kom uit een groot gezin, ja, wat maakt dat uit. Wij zijn thuis met ruim meer dan tien kinderen, ja. Op een zondag zoals vandaag gaan wij allemaal samen naar de kerk, de Jachin Bo-azkerk inderdaad, en gaan na afloop, 's ochtends en 's middags, op de koffie bij vader en moeder. De wereld houdt zich bezig met toi-letten en het klimaat, en is helemaal vergeten waar het om draait in het leven.'

'Kan ik eens bij jullie langskomen?'

'Langskomen? Waarom dan?'

'Laat mij eens zien hoe jullie leven. Vertel mij hoe jullie denken.'

'Dat moet ik eerst aan mijn vader vragen.'

'Heb jij een mobiele telefoon?'

'Natuurlijk heb ik dat.'

'Mag ik je telefoonnummer noteren?'

'Op zondag mag ik mijn telefoon niet gebruiken.'

'Maar je hebt die wel bij je?'

'Hier, schrijf maar op.'

'Ik stuur je gauw een bericht om af te spreken.'

'We zien wel.'

'Maar *manneke* toch, Urk begrijpen? Dat lukt je nooit.' Dat zei een goede Nederlandse vriend, een paar weken voor mijn vertrek naar Urk. We dronken wijn in de woonkamer. De vriend haalde een pakje shag tevoorschijn, vouwde zijn handen om de vlam en blies de rook voor zich uit. 'Bezint eer ge begint,' zei hij. 'Zoals in andere dorpen in de Bijbelgordel kun je er beter gewoon wegblijven. Op de televisie zien we wel nieuwsberichten over Urk, of documentai-res, of we lezen verhalen in de krant, maar nooit weet je wat er écht speelt, wat dat dorp nu écht bij elkaar houdt.' De vriend vertelde me dat een vreemde er nooit voet aan de grond krijgt. 'We kennen dat dorp allemaal. Maar tegelijk kent niemand het.'

Urk is geen gesloten gemeenschap, althans niet op het eerste gezicht. In een interview in het lokale krantje, *Het Urkerland*, kondig ik mijn komst aan, ik leg uit wat mijn doel is, en vraag de redacteur om een bijhorend e-mailadres te publiceren, waarop de Urkers me kunnen bereiken. Ik hoop via het mailadres een paar mensen te leren kennen. Nog voor de inkt van de krant droog is reageren vijftien families. 'Dag Matthias,' schrijft iemand, 'mijn vader verloor drie vingers in een fileermachine.' En: 'Ik mocht me niet ontwikkelen, raakte gefrustreerd en depressief.' Een koorlid schrijft dat 'zingen twee keer bidden is' en afspreken op zondag is lastig bij sommigen: 'Dat is in principe een rustdag, maar als het niet anders kan mag je komen. Kom dan als het wat donker is, want ja, alle buren kijken mee.' Eentje stuurt een psalm: '*Zult Gij ons niet weder levend maken, opdat Uw volk zich in U verblijde?*' En als door een leger onlinetrollen bestookt, zal ik nadien maandenlang 's ochtends opstaan en eerst alle berichten lezen die Urkers me sturen, dag na dag, opdat ik toch eindelijk het Licht mag zien, liefst dat van hún kerk.

Van meet af ben ik een curiosum in dit Bijbeldorp. Ik ga overal op bezoek en altijd rijd ik op mijn vouwfiets, bijna als enige van het dorp. Wat heb je aan zo'n fietsje als je het dorp zelden verlaat? In tegenstelling tot vroeger ben ik geen golden retriever meer. Bijna altijd draag ik zwarte kledij, bewust. Niet dat ik mezelf wil uitwissen, maar het zwart moet de ruis verdringen, maak ik mezelf wijs, het is een blanco vel. Een curiosum door mijn taal, mijn notitieboekje en mijn plan.

Een Urker haalt me op in zijn witte camionette, rijdt rondjes in het dorp en draait het raampje naar beneden als hij een bekende treft: 'Kijk hier, ik heb die Belg bij me! Jaaaaaa, die Belg!' Net na de publicatie in *Het Urkerland* drommen kinderen samen voor het raam van mijn kamertje. Ze dragen zwarte rokjes en wijzen naar me. Draai ik me om, dan rennen ze snel weg. Fietsers vertragen voor datzelfde raam. *Kijk, daar zit hij.* Hun ogen vernauwen zich, ze scannen de kamer, en volgt er oogcontact dan vertrekken ze weer. Er schuilt een zekere trots in die nieuwsgierigheid. Of vrees. Alsof de aankomst van een vreemde bewijst dat Urk, dat volgens de inwoners door de buitenwereld bespotte, voormalige eiland, ook bestaansrecht heeft. En vrees opnieuw bespot te worden. Vrees dat de vreemde andere denkbeelden meebrengt die dat stabiele, al eeuwen onveranderde bestaan aantasten, dat hij een spiegel meebrengt, vragen oproept en verwarring zaait. Ik voel de aarzeling. *Van wie ben jie er iene?*

Die aarzeling is, althans in mijn beleving, ondergeschikt aan de hartelijkheid. Urk is een vriendelijk dorp. Dat is het echt. Altijd en overal zegt iedereen goeiedag. Of je nu in een scootmobiel rijdt, tatoeages hebt of zweert bij de duivel: de vriendelijkheid is collectief, ze is warm en overdonderend. Van meet af aan gaat de deur voor me open. En niemand die die gastvrijheid beter verbeeldt dan Reijer ten Napel, een man die ik op Urk vaak bezoek.

Teken een schipper en je krijgt Reijer. Witgrijze baard, gegroefd gezicht, sterke handen. Draagt Reijer een rode trui, dan vragen de kinderen op kerstdag waar de cadeautjes blijven. Hij is een van de eerste Urkers die ik in het voorjaar ontmoet. Zijn dochter Janna klopt op een dag op het raam van mijn kamertje en leidt me per fiets naar haar vader, laverend door woonwijken en smalle stegen. 'Hier,' zegt ze, aangekomen bij een huisje aan het water. 'Vader leefde z'n hele leven op zee. Vraag hem alles maar wat je wilt.' Op een ziekbed ligt een beer van een vent met een gebroken voet. Het witte gesteven linnen kraakt als hij de gipsvoet met z'n handen vastneemt en op de tafel legt. 'Nou, doe-oeg,' zegt Janna, en ze vertrekt. Zit ik daar, in de woonkamer van een man die ik niet ken, wiens partner, Dicky, ik niet ken en wiens dochter, die ik ook niet ken, me daar net heeft gedeponeerd, terwijl niemand ook maar enig idee heeft wie ik ben en wat ik daar kom doen. De beer kijkt me in de ogen: 'Nou, zeg het maar.' Dicky maakt koffie, en brengt chocolade, en als ze later vertrekt, word ik een soort gerant in Reijers huis. Hij vertelt over de Noordzee. Reijer verkoopt me zijn leven als was hij een straatventer, en stalt de verhalen als koopwaar voor me uit. Het gesprek wordt de hele tijd onderbroken door de bel. Telkens vraagt Reijer me om even open te doen. De buren zijn verbaasd. Ze verwachten Dicky, 'maar kijk es aan, het is die

Belg'. De buren brengen soep, biefstuk en brood, 'want Reijer kan het huis niet uit met dat been, toch?' Na een paar uur praten over het zeeleven is de keuken verworden tot een kruidenierswinkel en geeft Reijer me een deel van de vangst mee naar huis: 'Ik krijg het zelf nooit allemaal op.'

Ik kijk mijn ogen uit. Breekt iemand zijn been, dan puilt in een mum van tijd de koelkast uit en krijg je een jutezak vol postkaartjes. Vrouwen die net zijn bevallen, krijgen op Urk een stuk biefstuk als geschenk, om op krachten te komen, en overal waar je komt staat de koffie klaar. De collectieve burgerzin die ik de eerste weken voel, is echt ongekend. Dat is het nog altijd, en dat lees je nergens.

Maar hoe langer ik op Urk woon, hoe meer de schaduwkant van de Urker identiteit zich zal blootgeven en hoe meer *de Ander* gestalte krijgt.

Aanvankelijk is de chaos totaal. Dat eindeloze geloei van kerkklokken, de gouden oorbel van de mannen, de rokken van de vrouwen, de sms'jes, mails, psalmen, uitnodigingen, de taal, de gewoontes, het zuipen, het schreeuwen, de kloof tussen gedrag en zeden, de stringente opdeling tussen man en vrouw, tussen de Bijbel en de werkelijkheid, tussen wat de dominee zegt en wat de Urker doet, maar vooral de volstrekte onmogelijkheid om namen te onthouden, werpt een barrière op. Niet dat de namen moeilijk zijn, maar op Urk heeft iedereen dezelfde naam. Zeker de jongeren.

Bijna de helft van de Urker bevolking is jonger dan 24 jaar (!). Die kinderen wonen in kroostrijke gezinnen, met soms meer dan tien of vijftien kinderen. Overal zie ik dezelfde hoofden met dezelfde naam en overal bots ik tegen hen aan. Er wonen bij mijn aankomst op Urk zo'n 21.000 mensen in het dorp, en in het voorjaar van 2019 blijken er 1293 De Boers rond te lopen, 1218 Kramers, 1145 Bakkers, 1129 Post'en, bijna 1000 Romkes, 700 Hakvoorts, dik 500 Vissers en al evenveel Koffemans, Van Slootens en Van den Bergs. Behalve de familienaam blijkt iedereen ook dezelfde voornaam te hebben. Van die 1293 De Boers heten er 53 Jan. Ja, Urk telt 53 Jan de Boers, 45 Meindert de Boers, 42 Jan Post'en, 41 Jan Bakkers, 39 Klaas Kramers en 35 Jannetje Bakkers. Na een week ken ik 4 Jan van den Bergs.

Kinderen worden op Urk, zoals op meerdere plaatsen in Nederland, naar vader, moeder, grootvader of grootmoeder vernoemd. En als die aan de beurt zijn geweest, naar ooms en tantes en al wie in het rijtje past. Op het afscheid van de burgemeester staat een man in een pak aan de ingang van een feestzaal. Hij zegt een belastingambtenaar te zijn, maar roept de plicht, dan verkleedt de man zich tot cipier of lakei, en heet het volk welkom. Zijn naam is Willem, zijn vader heet Jan en zijn grootvader ook Willem. 'Dus,' zegt hij, 'zoals dat gaat op Urk moet je verwijzen naar vader en grootvader, opdat je iemand meteen kan plaatsen. Ik ben dus Willem van Jan van Willem van Jan van Willem van Jan van Willem van Jan van Willem van Jan van Willem!'

Daarom heeft op Urk iedereen een bijnaam, want spreek je als leerkracht Jan aan, dan kijkt de hele klas op. Sommige bijnamen worden ook van vader op zoon doorgegeven. Op Urk heb je de Kip, de Geit en de Kanarie, en nazaten van die beesten. De *Gaanze* kreeg zijn etiket opgeplakt toen hij van een Duitse schipper een paar ganzen kreeg. Die liepen achter hem aan naar school. Er is, en was, en zal altijd ook een Albertjen Dance zijn, omdat hij vroeger vaak danste, zijn broer niet, dat was de Nep Dance en zijn kleine broer de Mini Dance. Een kwam er ooit met een verwaaid kapsel een visfabriek binnen. 'Aone' werd hem toegewezen, hanenkam. Zijn vriendin wist zijn echte naam niet eens: 'Moeder, ik ben samen met Aone.' 'Ach zo, met Gerard.' Een broekventje, Reinier, leek volgens klasgenoten op een vis. Ze doopten hem Gup. Urk kent ook een Drol en een Caransa, vernoemd naar de ontvoerde zakenman Maup Caransa. Sorbo komt van de reclameslogan *Sorbo hier, Sorbo daar* en zijn kleine broer is Sorbet, en iedereen weet waarom er eentje Soa heet. De man die voor het eerst op skireis ging, kwam terug als De Sneeuwman. Er is ook een Blanke Neger omwille van zijn kroeshaar, een Witte Tovenaar, omwille van zijn lange, witte haar, en De Onvoltooide komt twee vingers tekort. Of ik zelf een bijnaam heb, weet ik niet. Maar bij De Belg weet iedereen om wie het gaat.

Hoewel mijn mailbox snel volloopt na het interview en het lijkt alsof de Urker me meteen de hand reikt, voel ik na de eerste handdruk wel veel warmte, maar ook veel voorzichtigheid en lichte vertwijfeling. Bij aanvang van ieder gesprek word ik daarom eerst gegrild. Wie ben jij? Waar kom je vandaan? Ben je getrouwd? Heb je kinderen? Ben je gelovig? Tot welke kerk behoor je? Waarom Urk? Wat kom jij als totale onbekende in ons dorp doen? De Urker ziet niet dat er een groot verschil is tussen waar ik vandaan kom en waar zij wonen.

Veel keuze heb ik niet: of de Urker accepteert mijn antwoorden en stelt zich voor me open, of ik keer terug naar huis. *Bezint eer ge begint.* Maar het gaat zo snel. Het gaat zo vreselijk snel vooruit. Van vuurwerkbommen en drugsfeestjes tot zelfverklaarde religieuze revoluties, een vreemde vangst op zee, een doop in het IJsselmeer en de verdrukkende zwijgcultuur die zich in verschillende vormen openbaart. Ik bezoek alle kerken, spreek met dominees, met jongeren, ga op café, drink mee in de illegale bars en heb na een paar weken al een groot netwerk en een harde schijf met meer dan 250 uur interviewtape. Ik beland ongemerkt in een eindeloos uitdijend verhaal, waarvan ik de afloop lange tijd zelf niet ken.

2

Volgt Mij na

He came to claim
What was his
And for years you lived
A solitary reign

Amenra

Een avondwandeling op Urk is een belevenis. 's Zomers doet het volk een *roendje op de aven*, tot aan het strand en terug. Wandelaars groeten elkaar – 'warm, hè, vandaag' – en lopen verder, handen op de rug. Iedere avond meng ik me onder het volk en merk dat ik algauw veel mensen ken. Dag Albert. Dag Jelle. Hé Klaas. Dag Janneke. De choreografie van de avondwandeling is iedere avond anders. Als een zwerm spreeuwen troepen de Urkers samen en vliegen door het dorp. Tijdens de vlucht wisselen ze nieuwtjes uit in steeds wisselende groepen die zich losmaken, als vuurwerk uit elkaar spatten, weer samenvloeien, zwaaien, omdraaien, wegvliegen, om voor het donker als met een vingerknip te verdwijnen in de goed verborgen stegen van het oude dorp. Zo'n wandeling is de ideale manier om bij te blijven. Op nog geen honderd meter weet je wie is geboren, wie is gestorven, wie veel heeft verkocht op de afslag, wie een nieuw schip bouwt, wie een nieuwe auto heeft, van welk merk en in welke kleur, welke dominee in welke kerk is beroepen en *ew je ut al oort van Alie? Ze is ziek en zit de iele teed op ût uisien*'.

Nu, in november, blijft het volk binnen. De winter is op komst en de kou marcheert door de straten. Overal branden lichtjes en stoken mannen het vuur op. Ik zie mezelf in de ramen. Een paar brommertjes scheuren me voorbij. De bestuurders zijn piepjong en dragen geen helm. Een steekt zijn middelvinger op. Het scherpe geluid van de brommers kaatst als een springbal door de straten en herinnert iedereen aan de kracht van de jeugd, aan spierballen en doorgeprikte uitlaatpijpen. *Yeeeeeaaaaahh.* Veel vaders zijn nu op zee en keren pas op vrijdag- of zaterdagmiddag terug. Hun zonen hebben het rijk alleen, ze rijden als in een ronde kooi om het oude dorp, steeds harder, steeds hoger.

Bij de Bethelkerk haasten moeders zich naar de oude bakkerij. Ze lopen het kerkplein over met hun kinderen aan de hand, van groot naar klein: '*Opskieten kiengeren.* Om bij te blijven ga ik in de

Torenstraat een bar binnen, Het Haventje van Urk, bestel een glas bier en lees *Het Urkerland* dat voor me ligt. Het Haventje is een prachtige bar. Er hangen oude botters aan de muur, touwen en netten aan het plafond en altijd is er het zachte stoten van de ballen op de biljarttafel en de blauwe krijtafdruk op bierglazen. Hier zit ik heel vaak, ook 's ochtends, om koffie te drinken. 's Avonds is dat een glas bier of een *spaetje* – cola met Berenburg, een sterke drank van dertig procent – om de cirkel rond te maken en de dag in het archief op te bergen. Dan zit ik met mijn rug tegen de houten lambrisering en kijk naar het kroegvolk als naar een toneelstuk. Het Haventje is de plek waar ik altijd naartoe kan, de verdwaalpaal van het strand, om te kalibreren als ik me weer eens suf heb gepeinsd over dit dorp. Kalibreren, want in Het Haventje word ik er altijd aan herinnerd waar het in dit dorp om draait: de kerk, de vis en de *kiengeren.* Alsof er een souffleur achter de toog zit verscholen, debiteren mannen iedere avond dat het gaat waaien morgen, dat de vangsten tegenvallen en dat hun jongste niet geeft om schoolwerk. Haast altijd zie ik dezelfde mannen. Jonge kerels, maar ook oud-vissers. Ik ken hun namen niet, maar wel hun contouren. Zoals de man die zijn koekje 's ochtends zorgvuldig in de koffie sopt en 's avonds het bier als per emmer naar binnen giet. Zijn lijf is peervormig, met bovenaan geen steeltje maar een puntmuts.

Vanavond zit een groepje bouwvakkers aan de toog. Een van hen heeft een duimstok in zijn broekzak. Ze lachen luid. '*Dûr is stûrum op komst*,' zegt de barvrouw, en ze neemt mijn lege glas weg. In het bierviltje staat de natte afdruk van de pint. 'Nog eentje?' Ik schud het hoofd. Komend weekend staat *Urk in Wintersferen* op het programma, lees ik. Een jaarlijks evenement waarbij Urkers de geschiedenis naspelen. Dit jaar is dat een *re-enactment* van de inpoldering: 'Terug naar de tijd van kwakzalvers, veldwachters en klederdracht'. 'Straks waait iedereen nog van de kade af met die storm,' zegt de barvrouw. Ik leg gepast geld op de tafel, knik haar gedag en vertrek. 'Tot morgen.'

Op weg naar huis zie ik jonge mannen in fabrieksklеren. Ze leunen voorover op hun fietsstuur, als tijdrijders, en trappen tegen de wind in. Het is een avond zonder geschiedenis. Een avond waarvan Frits van Egters zou verlangen dat die gauw voorbij is. Het is een avond waarin niemand kan bevroeden dat het leven een paar uur later zal kantelen, 's ochtends vroeg, nabij de Waddeneilanden.

Die ochtend is de zee nog zwart. Aan boord van de UK165, een garnalenschip, reikt het leven tot waar de lamp schijnt. Daarachter ligt alleen nog geluid. Meeuwen en golven. 'Lummetje' heet het schip en Lummetje is op de Noordzee op zoek naar garnalen die straks eindigen in uitgeholde tomaten en dikke soepen. Het kleine schip kent maar twee bemanningsleden: Jochem Foppen, de kapitein, en Hendrik Jan de Vries, zijn compagnon, een jongen uit een gezin van veertien kinderen. Ze gooien de netten een laatste keer uit, omdat het moet. 2019 is een klotejaar. De brandstofprijs is hoog, de vangst laag en telkens werpt het weer een muntje op: springtij dit keer, en een achtergebleven zuidwester die de kotters met een bezem de zee uit veegt. *Ga naar huis, de kachel brandt.*

Het schip is dicht bij de haven van Den Helder. Daar gaan Jochem en Hendrik Jan straks aan wal en verkopen de vangst. De twee kennen elkaar goed. Al jaren zitten ze tot vijf dagen per week samen op het schip, en altijd leest Jochem voor uit de Bijbel. Voor de afvaart legt hij hun lot in Zijn handen. Voor de UK165 is het een van de laatste visreizen nabij de Waddeneilanden, voor dit jaar althans. In de winter stoomt Jochem door naar het noorden, voorbij de Wadden, tot in de Duitse Bocht, waar Duitsland in Denemarken overgaat. In het weekend blijft de kotter dan in het Duitse Cuxhaven liggen en rijden Jochem en Hendrik Jan met de auto en met kleine ogen terug naar Urk.

De familie van Jochem Foppen is vergroeid met het water. Vader leerde hem de Noordzee lezen, en met hem ook neven, oomzeggers, vrienden, collega's. *Ja, daar in die bocht, ja, probeer maar.* Jochem droomde als kind van snelheid, hij zou als truckchauffeur door het land reizen, met bananen uit Ecuador of kiwi's uit Nieuw-Zeeland, en luid toeteren als hij het dorp met een lege truck binnenreed. Nog altijd is hij lid van de oldtimerclub op Urk. Jochem heeft een loods op het industrieterrein, een 'vissersbox'. Daar worden de netten gerepareerd, maar daar staat ook zijn rode sportwagen, een Porsche 924 uit 1981, naast een Tomos- en een Suzukibromfiets.

Toch koos Jochem voor de zee. Of koos de zee voor Jochem?

Eén keer ging hij mee met een kotter. Eén keer. Als tiener was dat. Na alle verhalen die familieleden hem al hadden verteld, ging hij aan boord bij een bevriende schipper. De zee riep 'm bij zich. Bij terugkomst op Urk tikte hij zijn vader op de schouder: 'Vader, ik word visserman.' Vijfentwintig jaar later volgt vader z'n vissende zoon nog altijd, ook nu, thuis, met de laptop op schoot. Op het computerscherm ziet vader Foppen het kleine stipje van Lummetje langzaam bewegen in dat grote, blauwe vlak.

Jochems vader had de UK165 indertijd met pijn in het hart verkocht. De man overleefde drie hartinfarcten en bleef aan wal. De UK165 was toen nog een ander schip, geen garnalenkotter zoals nu. Toen vader Foppen de kotter verkocht, zette hij zo ongewild een punt achter een langlopend familieverhaal. Dat vrat aan hem. De man miste het water, want de zee had de Foppetjes, zoals Urkers ze noemen, alles gebracht: de vis, de moraal, het goede leven. Altijd hadden ze hun mouwen opgestroopt. In de geschiedenis van de Foppetjes lees je de geschiedenis van Urk: het houten schip werd een stalen schip, het oude zeil een luide motor, en groter werden de huizen. Met dank aan de Noordzee: *Ex Mare Gratia.* Dat was ook de naam van het schip waar grootvader Foppen op voer, Willem heette die, samen met zijn oudste zoon, Klaas.

Op oude foto's draagt grootvader een blauwgrijs, besmeurd pak. Zijn hand ligt op een mand platvis. Er rust pijn in zijn blik, in een lichaam dat door de zee is gelooid. Feiten uit die tijd zijn nu verhalen en legendes die voortleven in zonen en kleinzonen. Zij gooien het net uit. Want grootvader was visserman, vader was visserman, oom was visserman, en er zijn garnalen genoeg in de Noordzee.

Eind januari '66 varen grootvader Willem en zoon Klaas Foppen samen met drie bemanningsleden de Noordzee op. De kotter is voorzien van een boomkor: twee stalen 'bomen', hefbomen, aan weerszijden van het schip, die een net voorttrekken dat over de bodem sleept en de platvis opschept: tong, schol, schar, griet en tarbot. Plots valt alle radiocontact weg en is er dagenlang geen nieuws. Collega-schippers gaan op zoek. Ze vinden niks, vermoeden dat de netten bleven haken aan een wrak en dat het schip zo is gekanteld. Op Urk verliest de grootmoeder van Jochem Foppen haar man Willem en haar oudste zoon Klaas. Ze blijft achter met negen kinderen en richt haar handen ten hemel: *Eli, Eli, lama sabachtani*. Mijn God, mijn God, waarom hebt Gij mij verlaten.

Vijf jaar na het verdwijnen van de kotter vist een goede vriend van grootvader Foppen een stuk wrakhout op. Gebeurt zo vaak op zee. Hij haalt het uit de netten. *Gratia* leest hij op het afgebroken naambord. Het is het enige wat rest van het vergane schip. De vader van kleinzoon Jochem gaat zelden naar het vissersmonument. Hij ontwijkt de namen die in marmer zijn gebeiteld. De pijn is te groot. Niemand zal ooit weten wat zijn vader en broer precies is overkomen. Zijn ze echt blijven haken? Soms kijkt vader Foppen naar de zee en denkt aan toen. En bij ieder ander schip dat vergaat jeukt het litteken en borrelen de herinneringen op. Dan rinkelt de telefoon en hangen de kinderen aan de lijn: *Gaat het?*

Die avond ziet vader Foppen het stipje van de UK165 op het scherm. Daar gaat zoon Jochem. Hij ziet dat het schip Den Helder nadert en is gerustgesteld. Hij gaat slapen. Een paar uur later, in de buurt van Noorderhaaks, hapert het stipje.

Noorderhaaks is een zandplaat. De golven zijn er soms tot twee meter hoog en knagen gulzig aan de rand van het eiland, dat zich op handen en voeten terugtrekt. Noorderhaaks ligt net onder Texel en ten westen van Den Helder, het vasteland. De bijnaam van de zandplaat is de Razende Bol, als was het een stripalbum waarin een kaalkop met een roodgloeiend hoofd stampvoet en sigaren knakt.

Zoals zoveel zandplaten in dit rusteloze overgangsgebied tussen Noord- en Waddenzee sleept ook dit eiland zich langzaam naar de kust toe, om zich binnen enkele tientallen jaren vast te hechten aan Texel, als een bijrijder. Misschien. Op de Bol zijn geen zekerheden.

Schepen zijn er gezonken, bommen ontploft en in 2012 spoelde Johanna aan, een jonge bultrug. Niemand wist wie over het lot van de walvis kon beslissen. Experts discussieerden over de juiste aanpak. Vier dagen zwaaide Johanna met haar vinnen, waarna ze een dodelijke injectie kreeg ingespoten en er 'Moordenaars' werd gekalkt op Texelse gevels. De Razende Bol is ook een belangrijke plek in het ecosysteem van de Waddenzee. Nederlandse militairen houden schietoefeningen op het eiland. Trekvogels komen er op krachten. Door de lens van de verrekijker zie je slechtvalken, drieteenstrandlopers en wulpen. Ze strijken hun veren glad en wachten op goede wind. De Bol is ook een kraamkamer voor zeehonden, het is een stilteplek voor mensen en een grote uitdaging voor schippers. Als een uitgestorte zak schroot liggen scheepswrakken er over de bodem verspreid. Van weggeteerde VOC-schepen tot bronzen kanonnen, onderzeeërs, kotters, vrachtschepen, passagiersschepen en kisten vol explosieven. Er ligt ook een stoomschip. In de nacht van acht op negen mei 1942 voer de Ruth onder Zweedse vlag een lading kolen in een Duits konvooi van Rotterdam naar Göteborg. Engelse gevechtsvliegtuigen zagen lichtjes branden en gooiden bommen op de Ruth. Het meer dan honderd meter lange en bijna zesduizend ton zware schip zonk en boorde zich in de zandbodem. De Dikke Kees noemen schippers het wrak.

Het is vroeg in de ochtend. De wind trekt aan. Het stipje van de UK165 blijft vijf minuten hangen. Tien minuten. Vijftien minuten. Op de radar dijt de stip uit tot een dikke kras, in de buurt van de Ruth. De UK165 lijkt te worstelen met zichzelf, vaart vooruit, achteruit, zijwaarts, dan weer vooruit, dan weer achteruit. En niemand die het ziet. Dan komt een noodbaken in contact met het water. De automatische transponder in de mast van het schip verzendt een noodsignaal. Het is 05.46 uur en het signaal bereikt de kustwacht van Den Helder.

Ping.

Een uur later word ik wakker. Mijn mond is droog van het bier van de avond tevoren. Op mijn telefoon lees ik de religieuze teksten die me zijn doorgestuurd, ga aan tafel zitten en eet een boterham. Online lees ik dat alles in gereedheid gebracht wordt voor *Urk in Wintersferen.* Ik neem een douche, trek mijn kleren aan en fiets naar het oude dorp. Altijd komt het leven op Urk vroeg op gang, en altijd met ferme tred, al ben je op weg naar het schip of de supermarkt: haast je. Iedereen is driftig op weg naar nergens.

Ik kijk om me heen en zie hoe het leven plots vertraagt, een uitgesteld relais. Het noodsignaal bereikt het dorp, en iedereen kijkt op, als laat een ober een glas vallen tijdens een toespraak.

Een schip.

Er is een schip vermist.

Overal om me heen, op de fiets, in de truck, in de auto, aan de lopende band, bij het bushokje, in het trapportaal van het gemeentehuis, op het bureau van de nieuwe burgemeester, in de kruipkelder van het dorpscafé, in het atelier van de knipkunstenaar, de hal van het museum, bij de printer van de visserijvereniging, op het bankje aan de haven, bij de koffiemachine van de krantenredactie, bij de klok op de afslag, aan de voordeur van de windmolens, in de kleedkamer van de zalmrokers, in de file bij de rotonde, in de machinekamer van de sluis, aan de poort van de school, de kassa van de Jumbo, in de sacristie, het washok en de keuken, bij de havenmeester, de wethouders, de ouderlingen en de dominees, bij de poetsploeg, de groendienst, de Polen, Filipino's en Bulgaren, bij de voetbalcoach, de leerkracht, de kerksecretaris, en bij alle vissersvrouwen, overal stopt de tijd, kijkt iedereen naar elkaar, en krijgt de dag een geschiedenis.

Ping.

Ping.

Ping.

De herhaalde oproepen van de kustwacht zijn vergeefs. De UK165 reageert niet. Een vloot aan reddingswerkers haast zich naar het stipje op de radar. De Guardian en de Visarend van de Kustwacht, reddingsboot Joke Dijkstra van de KNRM, de mijnenjager Zijner Majesteit Makkum van de Koninklijke Marine, een groot aantal collega-garnalenkotters uit Urk, Wieringen en Texel, twee *search and rescue*-helikopters en een kustwachtvliegtuig. Ze zoeken naar de UK165 en staan in contact met het pas opgerichte calamiteitenteam in het gemeentehuis. Op Urk zoekt iedereen op sociale media naar nieuws en verlossing.

Als een mensenketting die bij een vermissing een bos doorzoekt, vaart de vloot op één rechte lijn en speurt de omgeving af. Een garnalenkottertje dat als eerste op het noodsignaal afging, geeft de rest weinig hoop. De schipper zag een lichtje, keek even, en zag toen niks meer. Hij naderde en zag een nieuw lichtje. Dat van een reddingsvlot. En dan een reddingsboei met het opschrift 'UK165'. En daarna het touwwerk van 'Lummetje'. En lekkende brandstof. En weg was de hoop. Nu stoot sonarapparatuur van de mijnenveger op een wrak.

De UK165 ligt op de zeebodem.

Nieuwswebsites openen live-blogs. De tijd verstrijkt. Waar is de bemanning? Het weer is te slecht om te duiken naar overlevenden. Een minuut, een uur, twee uur. Reddingswerkers wachten op minder wind en minder stroming. Media berichten dat er geen nieuws is. Urk kijkt omhoog.

Ik fiets instinctief naar het vissersmonument in het oude dorp. Dat beeldt een vrouw af in traditionele klederdracht. Haar rok waait op en de vrouw draait zich een laatste keer om. Ze kijkt naar het water waarin haar geliefde is vergaan. Om het beeld heen hangen tientallen marmeren platen met namen, leeftijden en kotternummers van gestorven zeelui. Ook die van Willem en Klaas Foppen, de grootvader en oom van de nu vermiste Jochem.

Ik voel geen behoefte aan gebed om hulp van hierboven. Voor mij is de vermissing de noodlottige continuïteit van de geschiedenis. Ik voel hoe deze eerder nog anonieme dag plots deel uitmaakt van een verhaal, van een dorp dat om de zoveel tijd dooreen wordt geschud en altijd dezelfde vragen stelt, waar altijd dezelfde antwoorden op volgen. Ik voel ook mijn gsm trillen: *Weet je 't al?* Altijd angst, altijd vrees.

Ik leg mijn hand op het monument, als was het een boei, maar de echte boei van de Urkers staat een paar meter verder. Daar vinden ze de antwoorden, in de kerk, in dit geval Het Kerkje aan de Zee, het oudste en ook mooiste gebouw van Urk. Daar schudt de Urker de angst en vrees van zich af, als een hond die zijn vacht uitschudt.

Het Kerkje, heropgebouwd in 1786, is het hoogste punt van Urk en ligt zo'n 8,5 meter boven de zeespiegel. De kerk en het monument zijn met elkaar verbonden. Ze staan naast elkaar. Om wie is gestorven op zee wordt gebeden in de kerk. De Bijbel als medicijn.

Het monument ligt haast even hoog als de kerk. Breken ooit de dijken, trekt een stormvloed over Urk en dekt het water het dorp als een deken toe, dan zullen het monument en de kerk als laatste overblijven, ze zullen oprijzen en niet toegeven. Alsof Urk z'n vissers heeft moeten afstaan, maar de herinnering en het geloof in de wederopstanding voor altijd bewaart.

Nu, zo kort na de vermissing van Jochem en Hendrik Jan, lopen

een paar Urkers om het monument heen. Dit is het punt waar je altijd terecht kunt, als de zee zich roert en de doodsangst als een mistbank over het dorp neerdaalt. Iemand verbergt zich achter een dikke sjaal, kijkt naar het water en dan naar de grond. Ook zij die nooit hebben gevist, die schilderen of timmeren voor de kost, denken aan de twee vermiste dorpelingen. Het lijkt wel alsof iedereen denkt wat niemand zegt. Dat het niet goed komt. Dat er straks twee namen bij komen.

Hoeveel dorpen zijn er nog waar één ambacht het dorpsleven bepaalt? Een ambacht waarin de dood zich verschuilt. Een ambacht waarvan iedereen de verhalen kent en velen het leed hebben ervaren. Het leed dat zit versleuteld in de blikken, in korte zinnen, *de zee neemt*. Kijkt een Urker naar het water, dan ziet hij het hele leven. Het brood, de overleving, de latere welvaart, maar ook het gevaar, de kracht Gods. Urkers houden van het vissersleven en het erbij behorende geloofsleven, ze omhelzen de autonomie en de vrijheid waar dit dorp naar streeft. De eilandmentaliteit strookt met dat leven. Crises worden altijd 'makkelijk' opgevangen op Urk, omdat de visserij zoveel meer is dan werk, het is een overtuiging, een *geloof*, en dat geef je niet zomaar op. Ze kennen niks anders.

Telkens als de buitenwereld openlijk twijfelt aan het voortbestaan van het dorp en de visserij, recht die de rug en kruist de vingers. Ook na de inpoldering. Eind jaren vijftig, begin jaren zestig verbaast Urk alles en iedereen en legt de basis voor de huidige welvaart. Nog altijd spreken ze in het dorp over het 'Wonder van Urk'. Maar de keerzijde kent een lange schaduw. Samen met het geloof is de visserij de poot waar dit leven op steunt. Als die wankelt, dan deint het dorp.

'Nee, het komt niet goed.' Ik bezoek Reijer, die vlak bij het monument woont. Reijer spreekt het onuitspreekbare wel uit. 'Echt niet.' Hij, de man met de grijze baard, staat op uit de zetel en kijkt door het raam. Buiten gedraagt de zee die een meer werd, zich nog altijd als een zee. De golven zijn wit gerand.

'Wat betekent dat?' vraagt Reijer. Hij schrijdt naar het tafeltje tussen de zitbanken in de woonkamer en wijst naar een boek dat tussen kruimels en koffiekopjes ligt. *Een zee te hoog. Scheepsrampen bij de Nederlandse zeevisserij* lees ik. Reijer kijkt me aan. Bach speelt op de achtergrond, op de commode liggen romans, en om zijn voet zit geen gips meer, maar een strak verband.

Reijer is de man bij wie ik als een postpakket door zijn dochter werd afgeleverd. Hij was een van de eerste Urkers die de deur voor me openzette, ook die van zijn gedachten. Reijer is een barometer en nu wijst de pijl naar beneden. Hij kijkt naar het boek. Het omslag toont een vrouw met een kapje die biddend naar boven kijkt. Een andere vrouw houdt de hand voor de ogen. Nog een ander houdt die voor de mond. Ze rouwen.

'Pas gekocht,' zegt Reijer. 'En zeggen dat ik niet eens zo gelovig ben. Een wrak, dat zal het geweest zijn. Blijven haperen en dan kapseizen.' Hij klapt het boek open. Dicky, zijn partner, dompelt een theezakje in een hete kop water. Ze kijkt naar Reijer. Die klapt het boek weer dicht, schuift het ruw aan de kant.

Reijer ten Napel heeft de wereld gezien. Hij spoelde het zout van de armen. Altijd keerde Reijer terug naar Urk. In zijn woorden zie je plaatjes van palmbomen en vrachtschepen. Wat had het leven anders te bieden, toen vader zo vroeg wegviel? Als zestienjarige ging hij met de trein naar Schiphol, per vliegtuig naar Genua, per bus naar La Spezia, waar hij met een groep Scheveningers en Katwijkers op z'n vingers floot en inscheepte op een sleepboot van een Rotterdamse reder. Acht maanden lang was de jongen weg van huis. Hij voer vanaf Italië via het Suezkanaal richting de Golf van Aden, om dan voet aan wal te zetten in het Zuid-Afrikaanse Port Elizabeth. Terwijl het leven van zijn vrienden op Urk bleef haken aan visnetten, breiwol en de hand van vader, sleepte Reijer boorei-landen van Aruba naar Houston en voer *mid-bodies* de Atlantische Oceaan over. Tijdens de Tweede Wereldoorlog rolde in de Verenigde Staten het ene na het andere vrachtschip van de kade, om de verliezen in Europa aan te zuiveren. De Duitse U-boten kelderden de geallieerde vloot en de Amerikanen bouwden snel een paar duizend schepen. Na de oorlog bleken sommige van die Victory's en Liberty's te klein voor hun nieuwe taak. Die zaagden ze middendoor en lieten tussenstukken overbrengen uit Duitsland, door Reijer.

Nu zit hij op de bank en weet niet goed wat te zeggen. Al heb je de wereld gezien: raak je aan de geboortegrond, dan raak je aan de mens.

'Ik was ooit nog aan boord bij Jochem,' zegt Reijer. 'Op de 165. Leuke gozer.'

Contact met z'n moeder had Reijer niet. Zijn zus verbleef in het sanatorium. Die had tbc en kreeg luchtpostbrieven uit Kaapstad: *Groetjes, Reijer.* De man met de waterige ogen zag orka's, albatrossen en een voorbijdrijvend walviskadaver, en hij wist het toen al heel zeker: het wordt de zee en het blijft de zee. Later, als schipper, bracht hij oud schroot naar Afrika. Gesaneerde Urker kotters voer Reijer naar Libië of Marokko. Of naar Zuid-Amerika. Weer doorkruiste hij de Atlantische Oceaan, liet het schip achter in Suriname of Venezuela en vloog terug naar Urk, de plek waar zijn ware leven lag. *Dag moe.*

Reijer vertelde me dat hij de rest van zijn leven had gevist op de Noordzee, eerst als bemanningslid, later als zetschipper. Je kon hem overal inzetten. Reijer was de *mid-body.* Kwam hij aan boord dan stegen de kansen en groeide het schip. Vissers geven het toe: Reijer glipte tussen zandbanken door waar de rest op vastliep. Nu ligt er een boek op tafel en is hij verward.

Alle zeelieden die ik voor de vermissing sprak straalden kracht uit, zelfverzekerdheid ook. Altijd was er het geloof. Dat Hij bepaalt, dat je weerloos bent, dat je alleen bidden kunt. Soms duurde het lang voor de schelp openbrak. Een van hen zei: 'Je relatie met God is duidelijk. Je weet wat te verwachten. Je relatie met de zee is veel moeilijker. Je verdient je boterham en verliest je vrienden en collega's. Dat is zo dubbel.'

De vermissing van Jochem en Hendrik Jan is de magneet naast het kompas. Aan de telefoon, de keukentafel of de toog vinden vissers de juiste woorden niet, ze lijken iets te zoeken, schenken een borrel in. Buiten het zicht van de camera's die toestromen op Urk zitten veel vissers en oud-vissers thuis op de sofa, veilig achter een gordijn. Het kost moeite om het deurtje in hun hoofd dicht te houden, opdat ze niet afglijden naar het hoe, wat en waarom, naar het besef dat dit leven ongerijmd is.

Er is niets wat een collectieve identiteit zo schraagt als de dood. *Known Unto God* staat op oorlogsgraven die mensen bezoeken. Hun volk, hun land. Ik denk aan de tekst op het vissersmonument:

Hier wendden zij de steven
en door wie achterbleven
werd hier op hen gewacht.

Hier werd voor hen gebeden
maar ook intens geleden
als 'tinge' werd gebracht.*
Velen in zee gebleven
en hier staan ze ingeschreven
en wordt aan hen gedacht.

'De dood vaart mee,' zegt Reijer. Zijn hoofd ziet rood. 'Gisteren kocht ik dat boek in de kringloopwinkel, bij Waypoint, de organisatie die drank- en drugsverslaafden bijstaat. Waarom gisteren? Weet jij dat?'

'Toeval.'

'Dit kan toch geen toeval zijn? Ik las over rampen in dat boek en toen verging de 165.'

* tijding

'Toeval.'

Rcijer kijkt door het raam, ziet het water. Zo'n man herkent de minste rimpeling en weet dat je de kaarten niet zelf schudt. Jaren geleden hing er een mijn in z'n netten, zo'n grote bol met stekels. Reijer bleef kalm. Dat bleef hij ook toen er een paard bovenkwam. Een paard, ja, wellicht ziek en overboord gekieperd. De bemanning haalde de netten op en het kadaver scheurde open. De rotte ingewanden gleden over het dek.

De dood is de bijsluiter van de visserij. Je leest de kleine letters wel, maar houdt geen rekening met wat erin staat. Reijer ten Napel krijgt het beeld met geen schuurspons gewist: dat Deens meisje dat in zijn netten lag. Hij herkende de kleding, wist dat er twee dagen voordien iemand overboord was geslagen, en hij keek omhoog. Deze man dronk cocktails op Aruba. Toen was zijn haar nog bruin. Hij zwom in de zee bij Kaapstad. Altijd keerde hij terug naar het nulpunt, Urk. Nu zit hij in de zetel en is zijn haar grijs.

'Ook Jochems vader ken ik. Iedereen kent hem. Het hele dorp kent de vissers, de schepen, de nummers en de verhalen. *Een zee te hoog*, wat een titel.'

Op Urk maakt de dood, veel meer dan elders, deel uit van het leven. In 1868 sterven zesentwintig Urker mannen bij een storm op zee, op één dag. Vijftien jaar later, bij een vergelijkbare storm, zijn dat er achtentwintig. Tussen 1865, toen er nog geen vijftienhonderd mensen op Urk woonden, en 1904 sterven meer dan 210 Urkers op zee, onder wie kinderen van 10 en 11 jaar. Altijd jongetjes. Het zijn de vrouwen en meisjes die achterblijven. Het is als bij de Britten in de Eerste Wereldoorlog, waarbij jongens uit hetzelfde dorp en hetzelfde regiment samen sterven aan het front. Hele families worden weggevaagd. Families waarbij de vrouwen witte lakens voor het raam hangen, als teken van rouw. Bij opeenvolgende rampen hangen die lakens soms eindeloos lang voor het raam, en komt de weduwe met haar gezin niet onder de rouw uit.

De zee herinnert de vissers aan de dood, ook op dagen zonder wind en golven. In 1999, op 27 januari, stijgen twee Duitse gevechtsvliegtuigen op voor een trainingsvlucht boven de Noordzee. Nabij het Duitse Waddeneiland Norderney botsen ze frontaal. De bemanning van het ene vliegtuig kan zich tijdig in veiligheid brengen met de schietstoel, van de andere is geen spoor. Vijf maanden later vist Urker Freek van Slooten in die buurt. Ze halen de netten op en het hart van de bemanning bevriest. Tussen de spartelende schol en tong zien ze een schietstoel met daarin het lichaam van de vermiste piloot, bijeengehouden door de gordels. Ze snijden de netten open. De helm valt af en rolt over het dek. 'Ik wist niet wat ik zag,' zegt Freek.

In 1985 ontploft een zogenaamde 'mijnengrijper', een toestel van de Duitse marine om mijnen uit de Tweede Wereldoorlog op te ruimen. De marine raakt een aantal van die grijpers kwijt. Eentje belandt in de netten van de UK368. De grijper ziet er niet uit als een mijn. Niemand van de bemanning kan het ding thuisbrengen. Eentje houdt het nieuwsgierig in de hand, waarna het ontploft. De explosie rijt de jongen uiteen. De schervenregen raakt ook andere bemanningsleden. Iemand krijgt een stuk ijzer in de rug en zit de rest van zijn leven in een rolstoel. Een andere visser krijgt een scherf van elf centimeter in zijn been en voelt het bloed uit zijn gezicht druppen, overal zitten stukjes metaal. Later, als bewaker in de gevangenis, heeft hij een metaaldetector in de hand om over het lichaam van gevangenen te strijken, om zeker te zijn dat ze geen gereedschap uit de werkzaal smokkelen. Op een dag voelt hij een bultje achter aan zijn hoofd, hij strijkt er met de detector overheen en het ding piept. Jaren na de explosie pulkt een huisarts nog altijd stukjes metaal uit zijn lichaam. De bemanning praat nooit over de ramp. De man van de scherven krijgt in het ziekenhuis bezoek van andere bemanningsleden, die niet zijn geraakt. 'We hebben besloten er niet meer over te praten.' De weken na de ontploffing gaan ze opnieuw vissen.

Iedereen kent de verhalen op Urk. Ooms die nooit terugkeerden, broers die een arm verloren, lijken in de netten. Overal zie je bidprentjes in vitrinekasten, staand op een kanten borduursel. Op een auto-ongeluk reageert dit dorp anders dan op een zeeramp. Auto-ongelukken gebeuren ook in Utrecht, Apeldoorn en Enschede, zeerampen niet. Dan hangen de vlaggen halfstok en stuurt het hele dorp kaartjes naar de weduwe.

Een ramp herinnert iedereen aan de eigen sterfelijkheid. Ook de media-aandacht versterkt de rouw en het medeleven. Dan vertelt de nieuwslezer 'dat het vissersdorp Urk in rouw is' en groeit de sneeuwbal. De dood is op Urk een ventiel, een middel om alles achter te laten en de banden aan te halen. Bij een sterfgeval schudt het hele dorp handjes bij het condoleren. In de dood onderscheidt Urk zich van de buitenwereld en krijgt het geloof de kans om de grip op het dorp te versterken, want zonder Hem redden we het niet.

Sommigen hebben de dood van dichtbij gezien, op een paar meter afstand. Zoals Piet van den Berg. Ik spreek hem een paar maanden voor de vermissing van de UK165. 'In het aardedonker, in een kotter die door een grote golf was omgeslagen en op zijn kop lag, zat ik in het logies met drie andere bemanningsleden,' zegt Piet. 'We zagen niks. De kachel hing aan het plafond. Door de kachelpijp stroomde het water het logies binnen. Daar zaten we, wachtend op de verdrinkingsdood. Het water steeg en ik dacht aan Psalm 130: *Uit de diepte riep ik tot U, O Heere.* Ik was klaar om te sterven in de Noordzee.'

Piet is een man van ruim in de negentig. Hij komt uit een gezin van acht zonen. Fiets ik naar het oude dorp, dan passeer ik de Petrakerk en passeer ik Piet, die tegenover de kerk woont. Altijd zit hij in de groene, lederen zetel. Ik ken een paar familieleden. Ze hebben me verteld over de UK60, over wat hun vader, oom, grootvader... heeft meegemaakt. Ik denk aan storm en zwarte lucht als ik Piet zie. Soms zit ik op de trappen van de Petrakerk en komen jongens en meisjes voorbij. Ze drinken grote blikken MONSTER-energy, eten zakken chips en zien de oude man aan het raam, de scheepjes op de vensterbank, het tapijt en de doodsprentjes in de donkere kast. Hun levens zijn zo anders. Dat is ook het mijne. Ik schrijf stukjes op een computer, bestel met mijn smartphone spullen die in een kartonnen doos worden geleverd. Ik ga op reis en lees boeken. Ik drink wijn en ga naar feestjes. Ik heb papieren handen en besef bij het minste fysieke werk dat ik weinig meer ben dan een mandje sprokkelhout. Ik weet niet wat dat is, afzien, of in elk geval te weinig, heb amper weet van zware, fysieke arbeid. In mijn wereld is alles vloeibaar en lichtvoetig. Mijn wereld staat ver af van mannen met zwarte randjes onder de nagels. Hier, in dit dorp, is fysieke arbeid een vanzelfsprekendheid. Vroeger, nog voor de elektrische hefbomen in de kotters opdoken, braken de mannen hun rug door de zware manden vis die ze aan wal hesen en was hun lichaam na een leven op zee uitgeteerd, kon de buitenkant niet meer verbergen wat iemand aan de binnenkant voelde. In mijn wereld is de dood ook niet tastbaar. Waar schuilt het gevaar? In woekerende cellen en in de dode hoek van een vrachtwagen. Dat is het. Urk herinnert me aan een wereld die we niet meer kennen, of in elk geval aan een wereld die ík niet meer ken, waar ik me te weinig van bewust ben, of was. Dan zie ik zo'n man aan het raam en lees in de ogen een verhaal van leven en overleven. 'Hoe ouder mijn vader wordt,' zegt Lub, de zoon van Piet, tegen me, 'hoe meer hij praat over die ene nacht.'

Dat is de nacht van zes op zeven oktober 1954. Binnen een paar uur tijd ontwikkelt zich op de Noordzee een storm die twaalf Nederlandse zeelui het leven kost. Zes van hen zijn Urkers, onder wie de bemanning van de UK174, de familie Kapitein. De broers Hendrik (15), Rijkent (25) en Cornelis (20) Kapitein sterven op zee. Ook hun neef, Hendrik (37) genoemd, staat op het vissersmonument, net als Cornelis Korf, een vriend van de Kapiteintjes. Allemaal verdronken op zee. ‘Dat lot stond ons ook te wachten,’ zegt Piet.

In 1954 varen de broers Piet, Jaap en Jan van den Berg op de UK60, de Neeltje. Jan is de schipper. De naam Neeltje verwijst naar het zusje dat de familie op éénjarige leeftijd verloor aan tbc. Die bewuste avond in ’54 vissen de Van den Bergs op de rug van Terschelling. Daar is de zee vaak ondiep en kan harde wind tot grote golven leiden. Wanneer een onweer aantrekt tot een storm, halen ze de netten op, maken alles goed vast en wachten in de stuurhut op beter weer. Rond middernacht slaat een golf over het dek, dwars door een raam van de hut. De bemanning is drijfnat, knipt een stukje uit hun oliejas en dicht het gat. ‘Ga maar naar het logies,’ zegt schipper Jan. ‘Trek droge kleren aan en steek de kachel aan.’ Jan blijft in de stuurhut. De andere vier (naast de drie VdB’s telt de UK60 nog twee andere bemanningsleden) steken het dek over, van de stuurhut achteraan tot het ‘vooronder’, helemaal vooraan, waar het logies per trap te bereiken is. Ze spannen een koord, zodat ze straks, bij terugkeer naar de hut, niet verrast worden door een grote golf, of een plotse rukwind, en overboord slaan. Voor in het schip gaan ze naar binnen en trekken het luik van het logies dicht.

En dan gebeurt het.

Een 'grondzee', zo'n grote, door de ondiepte opgestuwde golf, slaat over de UK60. Het schip kapseist en keert honderdtachtig graden om. Neeltje ligt op de kop in een zwarte, wilde zee. De motor slaat meteen af, het licht gaat uit en in het logies regent het plots hete kolen. Via de kachelpijp loopt het water het slaapvertrek in. Het kwartet bemanningsleden zit opgesloten. Het water stijgt snel en een van hen weet het zeker: 'Jongens, onze tijd is gekomen. We gaan sterven. Laten we bidden of God genade wil schenken en hen die achterblijven wil troosten.' Het is bijna ondenkbaar: vier mannen die 's nachts in een gekantelde boot, midden in een ruwe zee, wachten tot het water hen opslokt en ze samen verdrinken. Piet denkt aan zijn broer Jan, de schipper, en vreest het ergste.

Tien minuten later, of een kwartier, twintig minuten, niemand die het exact weet, slaat het schip opnieuw om. Als door een wonder. Het gehavende schip ligt weer in zijn normale positie. De jongens trekken snel het luik open en zien een ravage. De stuurhut is weggeslagen. Piet zoekt zijn broer Jan. Hij schreeuwt. De golven blijven inbeuken op de romp. Jan antwoordt niet. Piet beseft dat zijn broer weg is, hij weet dat Jan nu ergens in zee ligt, vlakbij, onzichtbaar onder de waterlijn. Hij zal hem nooit meer terugzien.

Hoewel bevrijd uit het logies, is het lot van de bemanning broos. Om niet te sterven aan onderkoeling zoekt en vindt de bemanning een pakje droge lucifers. Ze breken de houten slaapkooien af en stoken ze op. Het vuur houdt hen warm, en misschien merkt iemand de rook op, misschien, als het straks licht wordt. Een Noors vrachtschip, de Congo, brengt redding. Door het noodweer is het onmogelijk om de bemanning te evacueren, maar de kapitein van de Congo alarmeert wel de hulpdiensten. Uiteindelijk gaat de storm liggen, houdt wat rest van de UK60 stand en sleept een Oostendse kotter het schip naar de dichtstbijzijnde haven. Daar strompelt Piet de kade op, doodvermoeid, verkleumd, verscheurd, en gaat tegen een paaltje zitten. Het maalt door zijn hoofd: hoe zeg ik dit aan vader en moeder? Hoe zeg ik dat hun oudste zoon Jan op zee is gebleven? Piet durft vader en moeder niet te bellen. Het is een dominee die de familie inlicht. De vrouw van de overleden Jan van den Berg is op dat moment hoogzwanger. Zes dagen na de dood van haar man bevalt de vrouw van een zoon, die ze Jan noemt. Altijd zal de vrouw een doosje bewaren. Thuis mochten haar kinderen dat doosje niet openen. Tot Jan, het jongetje dat werd geboren net na de dood van zijn vader, het doosje op zestigjarige leeftijd opentrekt, en hij er brieven van zijn vader in vindt.

Twee weken na de ramp gaat Piet weer vissen, op een andere kotter van de familie. Jaap ook, die andere broer van de UK60, al stopt hij na een paar jaar. De zee krijgt hem klein. Bij Piet wordt het leed alleen maar groter. Twee decennia na de dood van zijn oudste broer vergaat een ander schip, verdrinkt de hele bemanning en verliest hij een jongere broer, en diens twee jonge zonen van vijftien en zeventien. Nog eens twintig jaar later vindt er een ontploffing plaats op het schip waar de zonen van Piets schoonzus op varen. Een oomzegger komt daarbij om het leven. En in december 2007 verliest Piet zijn negenendertigjarige zoon Jan, ook al vernoemd naar zijn overleden oom; hij sterft bij een ongeval aan boord van een kotter. Piet van den Berg heeft veel verdiend op zee. En heeft daar nog veel meer verloren.

'Laten we zingen, gemeente,' zegt dominee Uitslag op zondag, een paar dagen na de vermissing van Jochem en Hendrik Jan, de bemanningsleden van de UK165, 'in verband met het gebeuren in de afgelopen week, Psalm 103, het achtste en negende vers.' Het is ochtend. In de Eben-Haëzerkerk, vlak bij het oude dorp, zitten veel vissers op de banken. Mannen op zee vrezen kennelijk het meest. Jochem Foppen is lid van deze kerk.

Het wrak van de UK165 weet iedereen intussen te liggen, maar Jochem en Hendrik Jan zijn nog altijd niet gevonden. De live-blogs zijn afgesloten. Urk bidt om een mirakel. Misschien zitten Jochem en Hendrik Jan in een luchtbel op de bodem van de zee. Er wordt gezongen:

Gelijk het gras is ons kortstondig leven,
Gelijk een bloem, die op het veld verheven,
Wel sierlijk pronkt, maar kracht'loos is en teêr

Mannen met grote handen verbijten hun tranen. Vrouwen dragen een rok en een hoedje. Iedereen ziet de lege plek van Jochem. Terwijl de dominee in de kerk voorleest uit Exodus 2:1-10 stijgt de bedrijvigheid in de Noordzee. De zoektocht gaat onverminderd verder, ook al is de hoop vervlogen door het ijskoude water. Zelfs de SOAD maakt nu deel uit van de reddingsvloot, de Stichting Opsporings Apparatuur Drenkelingen. Voor weinig goede doelen is de collectebus op Urk zo snel gevuld. Het elftal van de SOAD komt begin jaren tweeduizend tot stand, wanneer een paar mannen van de Nederlandse Redding Maatschappij nadenken over een efficiëntere manier om 'onderwaterslachtoffers' op te sporen, mensen van wie wordt aangenomen dat ze verdronken zijn. Het is voor de verwerking en de nabestaanden belangrijk dat de lichamen worden gevonden. Ze richten SOAD op en bouwen een eigen dreg. Het metalen gevaarte slepen ze nu over de bodem. Aan die dreg zijn twee rijen haken bevestigd, grote en kleine. Haken die normaal gebruikt worden om op tonijn te vissen, en op kabeljauw. Wat leven brengt, zoekt nu naar de dood. Het is hopen dat de kleine zich vasthaakt in de trui, de grote in het lichaam, waarna ze de dreg kunnen bovenhalen en de lichamen bergen in een lijkzak. De SOAD betekent vaak het einde van het zoeken en het begin van het rouwen.

Er zijn vissersvrouwen die hun man nooit meer hebben teruggezien, van wie het lichaam nooit is teruggevonden, en die daarom hun voordeur niet sluiten, want misschien staat hij er plots, zonder sleutel. Anderen leggen een briefje op de keukentafel: 'even om boodschappen', tientallen jaren na de vermissing. Er zijn legendes van schippers van vergane schepen. Mannen die werden gezien in Rusland en Brazilië. Niemand die het gelooft, maar als, als, als. In de kerk wordt verder gezongen. Bij de Razende Bol gaan duikers naar beneden.

Religie en visserij zijn al eeuwenlang verstrengeld in dit dorp. Het gaat om veel meer dan hulp bij het rouwen. Het vissersleven past perfect in de mal van het calvinisme. Vissen is gevaarlijk, de risico's zijn groot, de onzekerheid is groot en het leven is veel overzichtelijker als je de verantwoordelijkheid kunt overdragen. God beslist. Wat kun je anders doen op zee, als simpele visser, als de wind aantrekt?

De evangeliën staan vol verwijzingen naar de zee en naar stormen. Die verhalen vibreren op Urk. Ze zetten zelfs aan tot vissen. *En Hij zeide tot hen*, lees je in Mattheüs 4:19: *Volgt Mij na, en ik zal u vissers der mensen maken*. En in Lukas 5:4: *En als Hij afliet van spreken, zeide Hij tot Simon: 'Steek af naar de diepte, en werp uw netten uit om te vangen.'* Daar sluit ook het bekende vissymbool op aan, een herkenningsteken van de vroege christenen. Het was in de Romeinse tijd niet eenvoudig om je geloofsovertuiging uit te dragen. Uit angst voor vervolging gebruikten de gelovigen het schijnbaar niet-christelijke visje. Schrijf je vis evenwel in het Grieks, dan krijg je ichthus, wat als acroniem wordt gelezen van Jezus (I, Ièsous), Christus (CH, Christos), Gods (TH, Theou) Zoon (U, Huios), Redder (S, Sootèr). Jezus Christus is Gods Zoon, onze Redder. Een grote kerk op Urk heet Ichthus, en vroeger droeg ook een grote visverwerker die naam. In alle kerken op Urk hangt ook een miniatuurschip aan de muur. Soms hangt dat schip pontificaal in de lucht. In de Ark, de kerk waarin Dirk Post, het jongetje dat vermoord werd in het Urkerbos, werd begraven, heeft het spreekgestoelte zelfs de vorm van een boeg, de voorkant van een houten schip.

Religie vormt ook de basis van de latere, industriële ontplooiing van de visserij, bij de overgang van de traditionele naar de moderne economie. Zeker de voorbije vijfenzeventig jaar ontbolstert het dorp op een ongekende manier en groeit het geld aan de bomen. Max Weber, de Duitse socioloog, schrijft begin twintigste eeuw al over *Die Protestantische Ethik und der Geist des Kapitalismus* en verbindt de 'kapitalistische geest' met de calvinistische ethiek. Heilszekerheid, daar streeft iedere gelovige naar, de zekerheid te weten of je al dan niet naar de hemel gaat of naar de hel. Volgens de zwaren heb je nooit zekerheid, de lichten zien dat anders. Maar wijst economische voorspoed dan niet op zekerheid? Is economisch succes geen teken van Gods genade? Of de voorspoed nu zekerheid biedt of niet, de leer schrijft voor dat de voorspoed niet omgezet mag worden in verderf, zoals sport en spel, en al helemaal niet in luxe. Men dient immer sober te leven. Weber verwijst daarbij naar het woord *beroep*, dat voor het eerst voorkomt in de Bijbelvertaling van Luther, *Beruf*: je beroep is je baan, in de betekenis die we nog altijd kennen, maar ook het beroep als in 'geroepen' worden, God die beroep op je doet. Dat is hoe het kapitalisme volgens Weber is ontstaan, doordat de grote opbrengsten als teken van Gods genade niet geconsumeerd werden, maar accumuleerden tot meer kapitaal. In het geval van Urk zijn de opbrengsten niet omgezet in Maserati's of gouden lepels (hoewel...) maar in nieuwe schepen, die alleen maar meer vangen.

Wie uit vissen gaat, moet dagelijks risico's nemen en leert omgaan met de onzekerheid van het werk: je weet nooit wat er komt. Die eigenschappen leiden tot empathie en medeleven, want alles hangt van hen af, de vissers. Er is respect voor mensen die hun leven riskeren en niet eens weten of dat iets oplevert.

Er is op Urk geen enkele kerk waar de visserij níét belangrijk is. En dat is veelzeggend, als je weet dat er in dit dorp meer dan vijfentwintig (!) kerken zijn. Urk is niet alleen het belangrijkste vissersdorp van Nederland, het is ook het christelijkste dorp van Nederland, en het is ook nog eens het Nederlandse hart van het creationisme. In 2009 viert de wetenschappelijke wereld de 200ste verjaardag van Charles Darwin en de 150ste verjaardag van *The Origin of Species*, en besluiten twee Urkers om een folder te bezorgen bij miljoenen Nederlanders: 'Deze uitgave geeft aan dat het technisch niet te bewijzen is of de mens op aarde gekomen is door evolutie of door schepping. Jij hebt de keuze: geloven wat de evolutietheorie vertelt over de wordingsgeschiedenis van de mens of geloven wat er in de Bijbel staat.' De brochure waaiert uit over het hele land en keert als een boemerang terug. Websites roepen op de 'spam' terug te sturen naar de afzender, voorzien van een stoeptegel, opdat die afzender strafport moet betalen. Een van de twee krijgt op een avond telefoon van een postbedrijf: 'Meneer, er staat hier een container scheppingsfolders voor u.' Hij is momenteel betrokken bij de anti-abortuslobby. De andere blijft zich verdiepen in het creationisme. Voor hem is de Bijbel overigens geen metaforisch verhaal, maar een journalistiek ooggetuigenverslag. Hij verspreidt dat Woord nog altijd, op YouTube, waar hij praat over ufo's, over de vrouw van Lot en de vrouw van Kaïn. In een videoboodschap stelt hij dat de lengte van de Ark van Noach zes keer de breedte moet zijn geweest: 'Pak een paar melkpakken, doe er een stukje behang omheen, en je hebt de verhoudingen van de Ark van Noach. Waarom is dat belangrijk? Juist hierin onderscheidt de Bijbel zich van een heleboel andere zondvloedtradities. Pluk een indiaan uit de rimboe, en hij heeft een zondvloedverhaal. In de Bijbel is het oorspronkelijke verhaal op een journalistieke manier bewaard gebleven. Dag één gebeurt dit, dag twee dat, dag veertig dat, een jaar lang. Noach dreef niet in een kokosnoot, of in een palmblad of een kubus.'

De man hangt de stelling aan dat alle dieren voortkomen uit de Ark, zelfs de dino's. Er zaten volgens hem geen Pekinezen en Duitse herdershonden in dat schip. Die zijn pas recent gefokt, allemaal stammen ze af van de gedomesticeerde oerwolf, daar zouden alle honden en zo uit ontstaan zijn. Het bewijst alleen maar hoe doordrongen dit dorp is van het christelijk geloof. In Nederland staat Urk werkelijk aan de top van alle lijstjes over religie. Het zou in een ander land niet anders zijn.

De religieuze kaart van Nederland is op het eerste gezicht vrij eenvoudig. Ten zuiden van de grote rivieren – Rijn, Maas, Waal – heb je het katholieke deel. Ten noorden van de rivieren is de situatie anders. Daar ligt een zogenaamde Bijbelgordel, en specifieker: een refogordel, die links onder aan de kaart begint, bij Zeeland en de Zuid-Hollandse eilanden, en grofweg dwars door Nederland loopt, van het zuidwesten richting het noordoosten, via de Betuwe tot de Veluwe, en verder. Als een soort Route 66 snijdt de gordel Nederland in twee helften. De rest van Nederland, dat niet tot het katholieke deel behoort, noch tot de gordel, is meer vrijzinnig protestants, of kerkt gewoon niet. Vooral dat laatste. Hoewel Urk geografisch niet tot de Biblebelt behoort, rekenen alle sociologen het dorpje wel degelijk daartoe.

Die protestantse gordel is vrij breed, het is geen fijn riempje om de buik van Nederland, maar een omvangrijk gebied dat als orthodox bekendstaat. Hier wonen de meeste bevindelijk gereformeerden. Bevindelijk slaat op de persoonlijke band met God, om het 'bevinden' van je geloof. *Refo's* worden ze genoemd. Ze houden streng vast aan de Bijbel en vormen de harde kern van het protestantse geloof, met dorpen als Staphorst, Rouveen, Veenendaal, Barneveld en Urk. Het zijn streng protestantse gelovigen die de zondag in ere houden, die vaak geen televisie in huis hebben, die afkerig zijn van vaccinaties en verzekeringen, geen vrouwen in het ambt dulden, worstelen met alles wat niet als heteroseksueel te bestempelen valt, en voornamelijk stemmen op de streng-christelijke SGP (Staatkundig Gereformeerde Partij) en eventueel ook op de CU (ChristenUnie), al is die te licht voor de zwaren. Het gaat in totaal om zo'n driehonderdduizend mensen. Die gordel zet zich af tegen de andere geloofsgroepen. Het verzet tegen de katholieken is uiteraard groot, maar ook tegenover de moslims zetten refo's de hakken in het zand. Er is maar één waarheid, die van de Bijbel, en 'wereldgelijkvormigheid' is des vijands. De gordel ziet zichzelf als het aloude Nederland en staat symbool voor de 'smalle weg'. Op de bekende plaat uit de negentiende eeuw die op zoveel scholen hing en vaak nog hangt, staat de brede weg – die van de bioscoop, het café – voor het verderf, en reikt de smalle weg via kerk en catechisatie naar de hemel. Mattheüs 7:13-14: *Gaat in door de enge poort: want wijd is de poort, en breed is de weg, die tot het verderf leidt, en velen zijn er, die door dezelve ingaan.*

De jaren zestig van de vorige eeuw zijn volledig aan de refo's voorbijgegaan, en brachten hen juist daarom voor het voetlicht, omdat zij succesvol weerstand boden. Het verzuilde, volledig in hokjes opgedeelde Nederland seculariseerde, het bouwwerk stortte in, en te midden van de brokstukken stond de bevindelijke zuil blinkend overeind. Het licht viel op de orthodoxen, op de echte reformatorische protestanten. Nederlanders keken en kijken met verwondering, en met spot, naar de zogenaamde zwartekousenkerken, naar die in hun ogen vreemde gemeenschappen met eigen scholen, eigen krant, eigen jeugdbewegingen, en ze zien de refo's als een anomalie in een wereld waarin God de figurant is, en niet de regisseur.

Cijfermatig is Urk het ultieme Bijbeldorp. Urk is quasi uniform protestants en kent een heel grote refo-groep. Met 94 procent heeft het dorp naar verhouding de meeste kerkleden en kerkgangers van het land. Er is geen enkel dorp in Nederland waar zo weinig inwoners zich níét tot een kerkelijke gezindte rekenen: op

Urk is dat amper 2 procent. Die 2 procent gold ooit voor het hele land, in 1899. Nu blijft alleen Urk nog over. Overal vind je kerken in dit dorp. Er is er zelfs eentje gebouwd boven een technische groothandel op het industrieterrein. Tussen veiligheidslaarzen, boormachines, purschuim, nijptangen en siliconenspuiten schuilt een minikerk met een preekgestoelte, zitbanken voor de ouderlingen en een paar rijen stoelen voor de gewone gelovigen. Er zijn ook 'thuislezers' op Urk, mensen die thuis preken lezen en niet of nauwelijks kerkdiensten bezoeken. Die de stroom uitschakelen op zondag, opdat niemand in de elektriciteitscentrale voor hen werkt. Die de waterkraan dichtdraaien en de op zaterdag bereide maaltijd desnoods koud op zondag eten. Meerdere kerken hebben op Urk meer dan duizend zitplaatsen. En nog altijd wordt er gebouwd. De heel zware Jachin Boazkerk, de gemeenschap met de meeste leden, bouwt tijdens mijn verblijf op Urk een nieuwe vleugel om de snelgroeiende eigen aanwas te kunnen opvangen.

Op zondag om kwart voor tien en 's middags om kwart voor vijf transformeert dit dorp. Dan verlaat iedereen zijn hol en loopt kriskras door elkaar naar een van de meer dan vijfentwintig kerken. Je ziet duizenden Urkers die uit alle kieren en gaten kruipen en zich binnen een paar minuten over het dorp verspreiden. Het is een pavloviaans toneelstuk van wandelaars, fietsers en automobilisten die de kerk opzuigt en twee uur later weer uitstoot. Wie de processierups wil zien, hoeft op Urk niet naar het bos. Ik besluit om al die kerken te bezoeken, allemaal. Wil ik echt weten waar de kerk op Urk voor staat, dan moet ik alle dominees gehoord hebben, alle reacties gezien hebben, het gedrag, het zingen, de sfeer: alles. Voelen hoezeer kerk en vis met elkaar versmolten zijn. Tien jaar geleden heb ik die kerken niet eens van dichtbij gezien. Nu moet het anders.

Eind juli – ik ben dan al een aantal maanden op Urk en heb al een heleboel diensten bezocht – ga ik voor het eerst de Eben-Haezerkerk binnen, dezelfde kerk waar later voor de vermisten van de UK165 zal worden gebeden. De Eben-Haëzerkerk staat dik aangezet in mijn lijstje van kerken. Ik zie er ook wel tegen op. Die lijst is bepaald geen *bucket list*. Het bezoeken van alle diensten is een opgave. Iedere zondag neemt dat algauw vier uur in beslag. Er rest me die dag weinig anders dan het verwerken van het onheil dat over me wordt uitgesproken en uitgestort.

Ik kom aan bij de Eben-Haëzerkerk en maak mijn vouwfiets vast aan een lantaarnpaal. Het zweet glijdt over mijn rug. Nooit was het in Nederland zo warm als vandaag. Toch zitten alle mannen in de kerk keurig in pak en das. Hun voorhoofd glimt als een kerstbal. De vrouwen dragen een jurk en een hoed. Ze stralen. Alle mannenpakken zijn inwisselbaar, maar in de kerk is geen enkele vrouwenhoed hetzelfde. Sommige vrouwen dragen een hoed hoog als een zandkasteel, anderen houden het sober en hebben een klein dingetje op, een potdeksel dat hun gedachten toedekt. De jeugd is op Urk cijfermatig fors in overtal, maar is in de kerken ondervertegenwoordigd, merk ik. Ik zie hier vooral jongens en meisjes jonger dan tien jaar. Ook die hebben het warm.

Achter in de kerk staat de poort open. Een zachte bries brengt verkoeling. Het is tijd voor zang. Overal, in elke kerk, zingt de Urker als bijt er een hond in zijn enkel, het is een Dolby surround system waarbij het geluid van alle kanten komt, de volumeknop stuk is en iedereen de ander al schreeuwend probeert te overtuigen van zijn diepgelovige inborst: HEEEEEEERE. Psalm 68 klinkt uit honderden kelen:

De Heere zal opstaan tot den strijd
Hij zal Zijn haters, wijd en zijd,
Verjaagd, verstrooid, doen zuchten
Hoe trots Zijn vijand wezen moog
Hij zal voor Zijn ontzagg'lijk oog
Al sidderende vluchten.

In alle diensten verliest de dominee op een gegeven ogenblik mijn aandacht, die uitwaaiert naar vroeger, naar de tijd toen ik als kind op de West-Vlaamse, weliswaar katholieke, kerkbanken zat. Een tijd die ver achter me ligt. Twintig jaar, dertig jaar. In de geseculariseerde wereld denken we bij *geloven* aan de dienst op zondag, en dat is het dan. Alsof het geloof nadien weer de lade in gaat, tot de volgende zondag, zoals in mijn eigen jeugd. In de kerk zag ik vroeger geen vissers, of mannen op klompen. In de kerken die ik bezocht, moest bezoeken, zaten alleen oude mensen en dacht ik aan Hristo Stoichkov, Scottie Lippen en aan *Free Willy*, en lachte om de uitspraak van de pastoor. Die slikte de laatste letters van ieder woord in: 'Zulle we da bidde.' We stapten de kerk uit en zagen het monkelende volk op het aangrenzende caféterras. Daar dronken mannen in geruite hemden grote glazen bier, en als dat had gekund, gooiden ze ons als in de dierentuin pindanoten toe. In die wereld van schijngeloof en uiterlijk vertoon, waarin op Pasen en met Kerstmis plots families parmantig opdoken in hun nieuwe, glanzende kleren, was mijn gezin, omwille van het wekelijkse kerkbezoek op zaterdag of zondag, al een uitzondering. Al ging het bij ons op communiefeesten ook niet om het sacrament, maar om het traktement: hoe meer hoe liever.

In de Eben-Haëzerkerk denk ik aan de verhalen over mijn grootmoeder. Die was ernstig ziek. Grootvader ging op bedevaart naar Kerselare en hop, ze was genezen. Dat is hoe ik me de verhalen herinner. Sindsdien wandelden we met zo veel mogelijk familieleden jaarlijks diezelfde tocht naar Kerselare, nabij het Oost-Vlaamse Oudenaarde, uit eerbied voor het mirakel. Aangekomen in de betonnen kapel van het bedevaartsoord, die werd gestut door gele, metalen steunberen, vreesde iedereen voor instorting van het dak. Maar de kerk hield stand en de pastoor stond pal. Na de communie ging het volk in een rij staan. De pastoor drukte een Mariabeeld tegen je mond, je gooide nadien munten in een belendende vijver en hield een muntje over voor een kaars, *opdat je rapport goed wezen mag.*

Op het onveranderlijke parcours naar Kerselare passeerden we 's ochtends vroeg het *Flanders Field American Cemetery*, de enige Amerikaanse begraafplaats van de Eerste Wereldoorlog in België. Barack Obama bezocht het kerkhof in 2014, als Amerikaans president. Kort voordien had een tante haar gevoeg gedaan in de struiken van dat kerkhof, onderweg naar Kerselare. Het moest. 'Ik heb te veel kiwi's gegeten,' zei ze. Op die bemeste bodem zei Obama: '*Thank you for welcoming me to this sacred place.*'

Dat is het geloof uit mijn jeugd.

Op vijftig meter van mijn ouderlijk huis, zo'n typische verkavelingswoonst, staat een kerk waar niemand van de wijkbewoners ooit binnen is geweest. 'Dat is een sekte,' zei vader altijd. 'Daar hangen zelfs zwarte doeken!' Bleek het om zachtaardige, evangelische christenen te gaan, *handjeklappers*, en om veel ongenoegen bij vader: 'En wéér staat er een auto op mijn gras.' Toen de nieuwslezer tien jaar geleden berichtte over het seksueel misbruik van Roger Vangheluwe, de bekendste bisschop van België, brak de geloofswereld van mijn grootvader in duizend stukken. En terwijl hij nadien de taart aansneed op een familiefeest, zat ik een verdieping hoger aan zijn bureau en schreef als piepjonge journalist verhalen over pedofiele priesters. Onder wie een uit Tielt, een vriend van mijn grootvader, nota bene. Duizend stukken. Hij heeft de verhalen nooit gelezen, want hij leest een katholieke krant, en niet *De Morgen*, die socialistisch zou zijn. Wat had mijn jeugd verder met geloof van doen? Veel, met ijzeren kruisjes boven alle deurlijsten in alle kamers, en daarachter de jaarlijks te verversen gewijde palmtakjes, of wat daarvoor moest doorgaan. Die hingen ook achter de achteruitkijkspiegel in de auto. Verder had mijn jeugd heel weinig met geloof te maken, behalve voor mijn moeder en mijn grootouders, wier oprechte geloof ik nog altijd respecteer. Vele anderen, onder wie ikzelf, beleden het geloof alleen met de mond, uit zogenaamd respect voor de pater familias. Voor mij was er geen hel en geen hemel, alleen buitenspel en een hevige liefde voor Rachel Greene. In dat cultuurchristelijke milieu werd en wordt vaag verwezen naar *waarden*, maar niemand die ze kan benoemen, of naar de Tien Geboden, maar niemand die ze kan opnoemen. Waar ik vandaan kom, gaat het om de structuren, de instituties, om een oude hang naar een overzichtelijke tijd, met een pastoor, een dokter en een notaris. Het heeft echt niks meer van doen met de erfzonde of de verrijzenis. Het zijn ruïnes waarin we wandelen, en sommigen zien niet dat de tempel is ingestort.

Wie in mijn wereld op zondag naar de kerk gaat, moet zich schamen en wordt bespot. Wie op Urk op zondag níet naar de kerk gaat, moet zich schamen en wordt bespot. De eerste weken ben ik daarom onder de indruk van iedere dienst op Urk, van het gedrag, de toon, het timbre, de homogeniteit van iedere, afzonderlijke samenkomst. Hoe het dorp is doordesemd van geloof. Hoe alles zo gestructureerd, zo eindeloos herhalend verloopt. Het is zo'n enorm contrast met mijn jeugd. Vissen van maandagochtend tot vrijdagavond, bier drinken op zaterdag, naar de kerk op zondag, waarna het ene balletje het andere weer aantikt en dat perpetuum mobile nooit meer stopt. Dat ingesleten ritme tekent zovele stambomen dat het moeilijk is je daar als jongere aan te onttrekken. Je wilt niet diegene zijn bij wie het verhaal strandt.

In de Elimkerk draagt iedereen zwarte kleren en bidden we 'dat de beenmergpunctie mag aanslaan, Heere'. In de Maranathakerk is er hulp nodig voor 'onze broeder die last heeft van ernstige eczeem'. In de Sionkerk is het muisstil tijdens het Avondmaal (een driemaandelijks sacrament, enigszins vergelijkbaar met de communie in de katholieke kerk) en in de evangelische Morgenster schuift iemand het podium open, opdat de dopeling na het sacrament keurig in het bad valt. Na de dienst zegt iemand hoe belangrijk God is in haar leven. 'Ik kan Hem alles vragen, ook de weg, als ik die kwijt ben. Hij gidste me onlangs nog naar Ikea. "God, is het hier naar links of naar rechts?" vroeg ik. En Hij antwoordde. "Naar rechts."' Bij de reformatorische baptisten, die bijeenkomen in de sporthal, gaat het over de 'verderfelijke Gay Pride', over de waanzin van euthanasie en abortus, en in de Moriakerk krijg je ingepeperd hoe zondig de mens is. Nergens is het schijnbaar 'gewoon', zoals ik het uit mijn eigen jeugd gewend ben, dat traditionele, maar weinig diepgaande en zielloze geloof. Overal op Urk lijkt het alsof iedereen ook echt in de ban van God is. Later zullen de schellen me van de ogen vallen.

De Eben-Haëzerkerk is niet helemaal gevuld op deze warme zomerdag. Ook refo's gaan op vakantie. De lichten op Urk betichten de zwaren van goddeloosheid als het dorp verlaten is. Dat ze op zondag, buiten Urk, lang slapen en zwemmen in de zee.

Boven de preekstoel hangt een klein, houten schip. De kleuren zijn licht. Zowel de bleke, houten zitbanken als de muren, die zijn lichtgrijs, wat blauwig. Een ouderling leest voor uit Openbaring 19: *Want Zijn oordelen zijn waarachtig en rechtvaardig; dewijl Hij de grote hoer geoordeeld heeft, die de aarde verdorven heeft met haar hoererij, en Hij het bloed Zijner dienaren van haar hand gewroken heeft.*

De oudere man naast me op de achterbank haalt een zak pepermuntjes tevoorschijn. Vaak is de laatste regel van een psalm nog niet eens uitgezongen of overal in de kerk halen mensen hun zakje snoep boven en knisperen er duizend papiertjes, alvorens de dominee aan de preek begint. De man naast me biedt een rolletje King aan, 'want we zijn nog niet aan het eind, hè'. King is het snoepgoed van de gereformeerden. In 'Pepermunt' zingt Stef Bos: 'Het is de protestantse cocaïne, voor de gereformeerde junk'.

De preek is keurig ingedeeld, als een partituur. De predikant – klein, kaal, brilletje – houdt in als het kan, en fulmineert als het moet. Allegro, adagio, scherzo en weer allegro: 'Die de aarde verdorven heeft met haar hoererij. En wat is geestelijke hoererij? Ongehoorzaam zijn aan God! Als je daaraan meedoet, dan val je niet op. Dan luister je ook naar sport, of kijkt ernaar.'

De bevindelijke predikant kijkt zijn volk in de ogen. Hij strijdt tegen het goddeloze, tegen de verwereldlijking van het religieuze leven. Hij spreekt over de 'anti-christ' die in ieder van ons leeft. Vaders, moeders en kinderen begraven hun hoofd in hun handen. Ze leunen op de bank voor zich. Zondig zijn we, vertelt de dominee, ook vandaag, als de zon schijnt en we de smartphone in onze broek voelen jeuken.

Voor iedere dienst op Urk bestudeer ik de geschiedenis van de kerk die ik bezoek. Hoe is die ontstaan? Wat is de leer? Hoe invloedrijk is de kerk? Krimpt ze of groeit ze? Altijd zit ik achter-

aan en maak aantekeningen in mijn notitieboekje. Een heel klein boekje, dat in mijn achterzak past. In iedere kerk liggen kussentjes en bijbels, soms ook balpennen en notablokjes. Net voor aanvang van de dienst, als iedereen gaat zitten, zoek ik een leeg plekje op de achterbanken. Vooraan wil ik niet zitten. Het risico is te groot. Misschien ga ik onbewust op de plek van een of andere belangrijke familie zitten, om dan bij hun aankomst onder het oog van de hele kerk de plaats te moeten afstaan en af te druipen. Zie die Belg. Hij snapt het niet.

Hoe zwaarder de kerk, hoe donkerder de kleding en hoe meer ik 'gescand' word aan de ingang. In zware kerken is de fysieke afstand tot mij groter dan elders, daar komt niemand naar me toe. Ze scannen me van kop tot teen, als zoeken ze de streepjescode om me uit te lezen, en laten merken dat ik een vreemde ben. In de lichtere kerken is dat niet zo, daar krijg ik sneller een schouderklop: 'Neem lekker een plaatsje, broeder!'

In het zogenaamde *bossekarkien,* een erg klein en heel zwaar, maar ook bijzonder kerkje diep verscholen in het oude dorp, zit ik op een warme zondag in het voorste deel van de kerk. Uit noodzaak. Alle achterste banken zijn bezet. Het licht valt die ochtend prachtig door het raam en valt op de bijbel voor me. De gouden letters lichten op. Er zijn maar een paar zitbanken in deze minikerk. Voor aanvang van de dienst hoor ik de mensen achter me fluisteren: 'Dat is zeker een Amerikaan. Dat is toch wat, hè, met al die toeristen. Waar gaan we toch naartoe?' Tijdens de dienst, bij een zoveelste collecte, werp ik een vluchtige blik achterom en ik schrik. Iedereen kijkt op. Ik zie een muur van zwarte kleren, met tientallen ogen die me indringend aankijken: Wat. doe. jij. hier.

Ook na iedere dienst is het verschil tussen zwaren en lichten groot. De zwaren gaan gebukt naar huis en tellen stoeptegels. De lichten nodigen me uit op de koffie en tronen me mee naar een kantine. Als een zwerm bijen omringen ze me, ze willen alles van me weten en doen er ook alles aan om me ein-de-lijk het licht te laten zien. Vaak hoop ik dat iemand met een lepel tegen een glas tikt, iedereen omkijkt en ik via de achterdeur kan verdwijnen.

Zoveel maanden na de zomerdag in de Eben-Haëzerkerk kleurt het gemoed in november, in diezelfde kerk, pikzwart. De UK165 beheerst ieders gedachten. Het is 17 uur en de dominee neemt het woord. Het is bar koud. Een paar uur eerder, op de middag, kwam het verlossende, maar ook treurige nieuws: Jochem en Hendrik Jan zijn gevonden in de stuurhut van de UK165. Wrakduikers stuitten op hun levenloze lichamen. Ze zaten niet in een luchtbel.

Het nieuws ging op Urk van mond tot mond. Iedereen die tussen de zondagsdiensten door even ging wandelen in het dorp of in het bos, knikte elkaar toe. *Ze zijn gevonden.*

'Allereerst de volgende mededeling.

Met gemengde gevoelens van enerzijds diep verdriet om het gemis, maar anderzijds ook intense dankbaarheid dat de lichamen gevonden zijn, deelt de familie mee dat uit het leven is weggenomen broeder Jochem Foppen in de leeftijd van 41 jaar.'

'k Roep van 't klein gebergt' U aan.
'k Zucht, daar kolk en afgrond loeit,
Daar 't gedruis der waat'ren groeit,
Daar Uw golven, daar uw Baren
Mijn benauwde ziel vervaren.

Dat de mens vergankelijk is, zegt de dominee. En ijdel. Straks zullen ze uitvaren, de vissers op de houten banken. Om middernacht, om de zondagsrust te respecteren, rijden ze naar hun schip, slaan de Bijbel open, lezen voor, drinken koffie, denken aan Jochem en Hendrik Jan, trekken hun oliepak aan en stomen de zee op. Perpetuum mobile. Sommigen zullen de plek passeren waar de lichamen zijn geborgen. Ze zullen de Razende Bol zien, misschien een zeehond. Op Urk hangen de vlaggen halfstok. Ik zie oude vissers aan de arm van hun vrouw.

Bij het vissersmonument lopen mensen. Ze leggen bloemen bij het bronzen beeld. Willem Foppen, lees je op het monument, en Klaas Foppen, dat zijn de grootvader en de oom van Jochem. Willem werd 43 jaar, Klaas 21 en nu is er Jochem: 41.

Wil, o God, mijn bede horen;
Neig Uw oren
Naar mijn zuchten en geween.
In verafgelegen streken,
Schier bezweken,
Zoek ik heul bij U alleen.

Kort voor de begrafenis ga ik de familie Foppen condoleren. Een eindeloze rij mensen schuift aan. Het doet me denken aan de optocht na de dood van Dirk Post. De lucht is zwart. Er is alleen het schrale licht van een paar lantaarns, een gsm die oplicht en de koplampen van auto's die een parkeerplaats zoeken. Iemand kucht. De koude dringt door jassen en schoenen. Vrieslucht geeft zich bloot als een tekstballon. Na een halfuur kan ik het rouwcentrum binnen. De zaal zit vol familieleden. Een lange rij mensen wacht de bezoekers op en schudt handen. Jochem ligt opgebaard in een alkoof, aan de rand van de zaal. Om de kist staan vrienden en kennissen. Ik ga naar buiten, knik wat mensen gedag. Tien jaar geleden stond ik achter een rood-wit lint en zag de kist met het jon-

getje, Dirk, de kerk ingaan. Nu heb ik net mensen gegroet en een opgebaard lichaam gezien, een van de weinige in mijn hele leven, en schudden zelfs mensen mij de hand, en niet omgekeerd. Alsof ik erbij hoor. Dat is ook zo op de begrafenissen van Jochem Foppen en Hendrik Jan de Vries, een paar dagen later. Dan zitten de kerken weer afgeladen vol.

Op de rouwdienst van Jochem spreekt de predikant over Satan en over een vloek. Er wordt gelezen uit Openbaring 22: *Zalig zijn zij, die Zijn geboden doen, opdat hun macht zij aan de Boom des levens, en zij door de poorten mogen ingaan in de stad. Maar buiten zullen zijn de honden, en de tovenaars, en de hoereerders, en de doodslagers, en de afgodendienaars, en een ieder, die de leugen liefheeft, en doet.* De broer van Jochem sluit af en spreekt het volk toe. Dankbaarheid, het gaat alleen maar om dankbaarheid. Hij loopt een lijst met mensen door die Jochem hielpen zoeken, bedankt ook het dorp en de gemeenschap voor de cake, de gebakken vis, de pakken koffie, de soep, de giften en de gaven. 'Goedenacht Jochem,' besluit zijn broer. 'Goedenacht.'

Straks gaat iemand naar het vissersmonument, met een hamer en een beiteltje, en vereeuwigt de namen in het marmeren tableau.

3

Cellofaan

With a gun stuck in your mouth and the barrel of the gun between your teeth, you can only talk in vowels.

Chuck Palahniuk, *Fight Club*

Na een paar weken is mijn kamer een bibliotheek. Overal waar ik kom geven Urkers me persoonlijke boeken mee. Familieverhalen en dagboeken over zelfgebouwde orgels, goddelijke visvangsten en veel verlies: *We moesten onze jongste broer als eerste begraven.* Omringd door papieren mensenlevens kijk ik als door de schietgaten van een burcht tussen de stapels boeken naar het dorp waar ik over lees.

Voor aankomst op Urk heb ik via boekwinkeltjes.nl vergeten boeken vanuit Friese en Groningse kelders en antiquariaten laten verzenden naar Gent. Boeken over het leven van Urkers, waarin de somberte als zwart stof van de pagina's opwaait en de Vader het volk met een liniaal op de vingers tikt: Gij zult niet dit. En gij zult niet dat. Ik las de boeken als voorbereiding op mijn verblijf en hoe meer ik las, hoe dieper de kloof: wat ga ik daar doen?

Op Urk graaf ik me steeds dieper in, tot ik de geschiedenis uit het hoofd ken en als in een netwerk van gangen en greppels van de ene naar de andere eeuw loop, van de houten botters naar de ijzeren kotters, van ansjovis naar platvis, altijd onder het alziend Oog dat overal meekijkt. Het is anders dan tien jaar geleden. Toen las ik een half A4'tje, niet groter dan een achterflap en beriep me op Wikipedia.

In de paar schamele boekhandels op Urk vind ik weinig meer dan verhalen over het geloof en de visserij. Achter in zo'n zaak, voorbij de rekken met roze, hartvormige gommen, zoek ik in een wandkast naar puzzelstukjes die mijn beeld van Urk, althans dat van het oude eiland, vervolledigen. Dat is lastig. De kast is ingedeeld in drie thema's: preken, theologie en catechismus. Dat is wat lezen inhoudt in dit dorp. Als het aanbod zich schikt naar de vraag, is iedereen alleen maar geïnteresseerd in Luther en Calvijn. Dat bewijst de tweedehandswinkel van Waypoint, waar Reijer het boek over de zeerampen vond. Het aanbod theologische lectuur is er overweldigend. Maar er is ook een sectie met boekjes over Urk. Sommigen daarvan ken ik niet. Ik ervaar de opwinding van het jongetje dat ik was in de jaren negentig, toen ik de ontbrekende Paninistickers van Aron Winter en Carlos Valderrama op het WK '94 eindelijk vond. Nu ben ik blij met *Vergeten Volk, Urk is zó mooi...* en *Toen Urk nog een eiland was.*

Wat is er van mij geworden?

Wanneer iemand me mailt en belooft me het echte Urk te laten zien, hoop ik al wat ik lees met eigen ogen te zien. Het is een vrouw die me op Urkerdag, een jaarlijks folkloristisch volksfeest, door het oude dorp wil gidsen. Ik stem toe en heb een date. 'We zien elkaar bij de orka,' laat ze weten.

De orka. Het beest was me al opgevallen toen ik met Rinke Urk binnenvoer. Midden in de haven ligt een zwaardwalvis. Afgezien van de vuurtoren, de houten botters en de bakstenen kade is de orka een van de eerste dingen die je ziet als je Urk over het water bereikt. Dat beest is de mascotte van Urk, al heeft de zwaardwalvis helemaal niks van doen met het dorp. Een gefabuleerd verhaal moet verwijzen naar 'Orck', zoals het dorp op sommige oude kaarten is aangeduid. Het eiland zou toen de vorm hebben gehad van een orka.

Sinds 1968 is de orka het uithangbord. Dat jaar viert Urk zijn duizendste verjaardag, knipt koningin Juliana het lint van het gloednieuwe vissersmonument door en bouwen de Urkers een walvis. De toeristische dienst verwijst er graag naar – 'Heb je onze orka al gezien?' – en vaak zie ik campers de grote parking aan de haven op rijden. Veelal Nederlandse toeristen. Die willen 'het oude Nederland' zien en nemen foto's bij de zwaardwalvis: 'Ja, zo, met de vuurtoren op de achtergrond, goed, ja.'

Het eiland is in 1968 eigenlijk 1002 jaar oud, want de oudste verwijzing dateert van 966. Die duizend jaar schraagt het collectief. Het jubileum wekt de indruk dat er in 966 ook al een Willem van Jan van Willem van Jan op het dorp loopt, en een Drol en een Gup. Urk: de eeuwenoude, als met piketten in de zeebodem verankerde bult. Er hangt ook een religieuze connotatie aan de ontstaansgeschiedenis, aan het Genesis-verhaal van Urk. Sommigen beweren dat de Urkers afstammen van een Bijbelse oudvader. Het klinkt goed, de goddelijke bult, alsof God bij aanvang een krukje neemt, zich als een pottenbakker in de Zuiderzee zet, met z'n voet de pedaal indrukt en met z'n handen om het eiland de Urker uit de klei schept, *in den beginne schiep God den hemel en den Urker,* maar in werkelijkheid is Urk gewoon een hoopje leem en keien uit Scandinavië.

In de boeken op mijn kamertje lees ik dat het eiland ontstaat tijdens het Saalien, de voorlaatste ijstijd, zo'n 150.000 jaar geleden. Onder invloed van het koude klimaat in het noorden van Europa groeit de ijskap die Scandinavië bedekt verder aan, zuidwaarts, en loopt dwars over Ierland, Noord-Engeland, Denemarken, en begraaft ook delen van Nederland onder een dikke laag ijs. Onder die kap vormt zich een mix van stenen en klei. Zo ontstaat niet alleen Urk. In Noord-Nederland vind je meer van dergelijke sporen. Zoals Gaasterland, in de zuidwesthoek van Friesland, of de Havelterberg in Drenthe.

Tegen het einde van de laatste ijstijd, zo'n tienduizend jaar voor Christus, zou Urk bewoond zijn geweest. Dat ontdekken archeologen. Maar voor de periode vanaf 500 voor Christus tot aan het begin van de tiende eeuw na Christus zijn er geen sporen. Pas

vanaf de middeleeuwen arriveert er dus kennelijk volk op Urk, wanneer het nog één geheel vormt met Schokland – de oorkonde uit 966 spreekt niet zomaar van 'de helft' van een eiland in het Aelmere – en vermoedelijk met een landtong aan het vasteland hangt. Pas later, bij het stijgen van de zeespiegel, wordt Urk wellicht een eiland. Maar voor de Urkers is het duidelijk. Zij zien koningin Juliana bij het monument en slaan een paaltje in de grond: Urch, 968, dat is hun zelfgekozen nulpunt. We zijn duizend jaar oud.

De orka waar ik nu op mijn date wacht heeft een lange geschiedenis en ziet er veel beter uit dan zijn voorganger. Het beest dat Urk in mei 1968 onthult verliest gauw z'n glans. Er groeien algen op zijn buik, zijn onderlijf slaat geel uit, z'n rug verbleekt door het zonlicht en iemand giet afwasmiddel in de wateraanvoer. De orka blaast bellen. Als kinderen de staart verwarren met een staande wip, breekt die af en ligt een palliatieve geelblauwe orka aan de ingang van Urk. Welkom. In 1986 krijgt Urk een nieuwe walvis. *Orka met jong.* Ook van dat koppel ligt kennelijk geen 3D-model aan de basis. Als is hij van sneeuw gemaakt door kinderen, met knopen als ogen, tanden van suiker en een rugvin als een smurfenmuts. De kleine orka ziet zijn vader of moeder een paar jaar later uitbranden. Een voorjaarsstorm velt een boom, die op de orka valt, waarna de bedrading naar het spuitgat kortsluit en de walvis langzaam uit beeld brandt. Lange tijd stelt het dorp het zonder mascotte. Maar het komt goed. In mei 2013 zweeft een zes meter lange, zwartgelakte walvis door de lucht. Een hijskraan poot de orka op de juiste plaats neer, midden in de haven. De orka heeft een spuitgat op de rug en een metalen steunvoet in de buik. Dik vijftigduizend euro kost het beest, bijeengeharkt door Stichting Orca op Urk, met de steun van het volk. Eentje maakt een 3D-model en freest de orka in polystyreenschuim. Een ander last een stalen frame, waarna een autoschadebedrijf de kleuren aanbrengt en een aannemer een betonnen onderbak levert. Op 18 mei 2013 valt het doek en wijst de burgemeester als een goochelaarsassistent naar het nieuwe, blinkende monument. Tromgeroffel, paukenslag en tadaaaaaaa: 'De orka is terug!'

Nu sta ik naast dat beest, en bedenk dat de walvis onbewust

symbool staat voor de eigenschappen van dit dorp. Net als bij orka's is de samenleving van de Urkers matriarchaal. De mannen zijn op zee, de vrouwen bestieren de boel, betalen de rekeningen, koken, poetsen en wassen. Orka's zijn net als Urkers sterk met elkaar verbonden, de grootmoeders zorgen voor de kleinkinderen en ze eten allemaal graag zalm.

Het regent hard vandaag, op Urkerdag. Bezoekers op het aangrenzende parkeerterrein rennen voor het onweer. Ze schuilen onder de zeilen van campers en kermiskramen. Een man in een scootmobiel rijdt snel het kraam van *ondergoedland.nl* binnen. De hond in het mandje heeft een groene strik en ruikt aan de bruine bh's die van klein naar groot in een metalen rek hangen. Elders leggen standhouders zandzakjes tegen de poten van de partytent en vegen het water van de houten zitbanken. 'Ha, de man die ons dorp wil leren kennen,' roept een visverkoper. 'Scholletje?'

Daar is mijn date. Marretje heet ze. Marretje is over de zeventig jaar en heeft een wit kapje op, een katoenen gaas afgewerkt met een gele, geborduurde strook kant. Er bengelt een metalen melkkan aan haar hand. 'Alles goed met je?' vraagt ze. Marretje draagt de traditionele klederdracht. Onder het hoofdkapje zit een stuk ijzer dat de oren bedekt en alles op z'n plaats houdt. Een kralenketting is vier keer om haar hals gedraaid en haar bovenlichaam is ingesnoerd in een korset, met daarboven een kraplap en een blauwglanzende, mouwloze blouse. Haar rok, met daarboven een lange schort, is zwart en zo wijd dat kinderen eronder kunnen schuilen voor de regen. 'Kom,' zegt Marretje. 'We gaan collecteren.' Ik loop achter haar aan.

De tweehonderd meter lange Torenstraat (officieel de Raadhuisstraat) is de bekendste en ook wel beruchtste straat op Urk, vanwege de verzamelde cafés. Vandaag is de Torenstraat het epicentrum van de Urkerdag. Aan het begin van de straat, vlak bij de haven, zit veel jong volk. Ze dragen pofbroeken en lijken weggelopen uit oude prentkaarten. Een jongeman bakt vis in een kokende pan olie. Uit zijn pofbroek weerklinkt het WhatsAppgeluid. De jongen deelt vis uit aan zijn vrienden. Voor hen bestaat Urkerdag uit schol, kratten bier en trancemuziek.

‘Waarvoor is de collecte?’ vraagt de jongen.

‘Voor de vrouwenvereniging,’ zegt Marretje.

‘De wat?’

‘De vrou-wen-ve-re-ni-ging.’

‘Hier, een tientje.’

Hij kijkt me vreemd aan: *Wat loop jij met je boekje achter die vrouw aan?*

Collecteren is gemeengoed op Urk. Bij de eindejaarscollecte staan op eerste kerstdag grote, metalen tonnen op straat, als bij een betoging, en hebben inwoners een uur de tijd om die te vullen. Om het kwartier luiden de kerkklokken, opdat niemand de collecte vergeet. Twee jaar geleden werd samen met de naburige gemeente Tollebeek meer dan een ton opgehaald. En ook nu glijdt het briefgeld makkelijk in de melkkan.

Verderop komen mannen met grijs haar als uit het verleden aangewandeld en zingen liederen met luide stem. ‘U bent mijn schuilplaats, Heeeeeeeeere’. De wind waait hun woorden als dorre bladeren door de straat. Een man met dikke wenkbrauwen staat een hele dag aan een draaiorgel en oud-vissers in donkerblauwe schipperstruien boeten netten die niemand nog gebruikt. ‘Zo was het vroeger, hè.’ Fanfares schrijden door het dorp. Met een hoofd als een bietenkroot blazen trompettisten het volk aan de kant. Overal lopen mensen in klederdracht. Bijna alle vrouwen hebben zo’n hoefijzer om de oren, maar het is mijn notitieboekje dat de aandacht trekt. Ik voel de neiging het op te bergen.

Dit feest moet de geschiedenis verbeelden. De klederdracht, de koren, de visserij, het geloof, maar ook de vroegere armoede en de afgeslotenheid van de buitenwereld. Het leven op Urk was nooit een Club Med-vakantie, zoals het dat vroeger nergens was. Dat blijkt uit de archieven van de Staten van Holland. In 1544 krijgt het dorp vrijstelling van enige verplichte bijdrage, vanwege de *onvruchtbaerheydt ende kleyne waerde van hare Landen, mitsgaders hare huizen*. Urk is daarom een pakketje dat van hand tot hand gaat: nadat het eerst in handen is van een aantal adellijke geslachten, koopt Amsterdam het eiland op, maar de onderhoudskosten zijn hoog en een dikke eeuw later komt Urk weer in het bezit van het landelijk bestuur, de Staten van Holland, om dan veel later van de ene provincie aan de andere te worden doorgegeven. De armoede drijft de Urkers het vasteland op. Valt de visvangst tegen, dan verlaten ze het dorp. Eind negentiende eeuw varen mannen als seizoenarbeider naar de Zaanstreek of naar de chocoladefabrieken in Noord-Holland, waarop sommige jonge meisjes als dienstmeid intreden bij Joodse gezinnen in Amsterdam. Om dan terug te keren, dat wel, maar het idee van het besloten, onwetend eiland dat zijn eigen boontjes dopt en niks afweet – of hebben moet – van de buitenwereld, verliest aan kracht. Het is overigens ook de buitenwereld die het beeld van het 'geïsoleerde eiland' construeert, omdat Urk lange tijd geen stopplaats is op de regelmatige vaarroutes op de Zuiderzee. Dat beeld blijft lange tijd overeind, maar in 1890 krijgt Urk wel een dagelijkse bootverbinding met Enkhuizen in het westen en met Kampen in het oosten. Het idee van het geisoleerde volk is dan al zodanig ingedaald dat Urk het idee zelf ook overneemt en in de eigen geschiedenis incorporeert: *wij hebben het altijd zelf moeten doen.*

Naast de orka symboliseert ook het bronzen beeld aan de ingang van het dorp de afgeslotenheid. Daar staat een sloepje met daaromheen tien mannen die het voortduwen. Bij strenge vorst en een dichtgevroren Zuiderzee is Urk door het ijs ingesloten. Om de post en medicijnen op te halen in Kampen, of om zieken en zwangere vrouwen naar het vasteland te vervoeren, en zelfs om elders gestorven Urkers naar hun geboortegrond te repatriëren, bouwen ze een ijsvlet. Urkers schroeven ijzeren glijders onder het sloepje, opdat het schaatst waar varen niet kan. De bemanning hamert stalen punten op de klompen, om niet weg te glijden. Ze dragen dikke truien en een zuidwester, en hebben pikhaken, ijsbijlen, noodseinen en een lantaarn bij zich in hun ijstochten richting het vasteland. Bloedreizen worden die genoemd.

Ook de Eerste Wereldoorlog draagt bij aan de perceptie. Het neutrale Nederland zoekt naar oplossingen voor buitenlandse militairen die de grens oversteken. Denk aan vliegtuigpiloten met motorpech, of officieren die de Belgisch-Nederlandse grens in paniek overgaan, op de vlucht voor de Duitsers. Nederland ontwapent de geallieerden en interneert ze. Zij die hun erewoord geven en beloven niet te ontsnappen, eindigen in kampen als die van Harderwijk, Bergen en Groningen. De eerder 'vluchtgevaarlijke' officieren dropt Nederland op Urk, dat in oorlogstijd onder staat van beleg komt te staan. Vanaf 1915 zitten Britten, Fransen en Belgen vast in een weinig comfortabel interneringskamp, op een eiland midden in de Zuiderzee. Af en toe krijgen de gevangenen toegang tot het dorp en wandelen ze binnen schootsafstand van een Urker bewaker door de smalle straten. Dat egalitaire, non-hiërarchische vissersdorp voelt vreemd aan voor buitenlandse militairen voor wie rang en stand hun leven bepalen. De officieren spreken over een 'duivelseiland', of 'het Elba in de Zuiderzee'. Ze graven tunnels, verschuilen zich in schepen, rennen weg, en sommigen proberen het vasteland al zwemmend te bereiken. Quasi alle ontsnappingspogingen draaien op niks uit, maar opnieuw wordt het beeld gevoed en worden de inwoners eraan herinnerd, tot ze het zelf ook geloven: Urk, dat is Alcatraz.

'Zo meteen gaan we de disco in,' zegt Marretje. Overal in de Torenstraat leunen jonge mannen tegen de rode muren. Ze dragen klompen en drinken bier. Ook dat blijkt cultureel bepaald: drinken en losgaan. Aan een raam hangt een poster: *Zoekt de Heere en leef.* In café De Ommele staat de muziek loeihard. Het bier trilt in de glazen. Het is kort na de middag, de lichten zijn gedoofd en jonge kerels in oude pakken slingeren als klimop langs de meisjes aan de bar: '*Van wie bin jie er iene dan*?' Hun ogen zijn rood en waterig. Een van hen denkt een stoel achter zich te voelen en dondert achterover tegen een tafel. In zijn val sleurt hij een plateau bierglazen mee. 'Hoooo Klaas, haha, idioot!' Er hangt bloed aan zijn handen. De jongen kruipt overeind en trekt zijn pofbroek op. Martin Garrix klinkt hier luider dan het draaiorgel op straat. Marretje ziet een kerel met kort, glanzend haar. Hij maakt het V-teken van Churchill. Marretje lacht, ze wurmt zich met de melkkan richting zijn tafeltje, tot de jongeman zijn tong tussen de V-vingers steekt en de Tweede Wereldoorlog plots ver weg is. Hij steekt twintig euro in de bus, dat wel. Aan de toog schreeuwt iemand in mijn oor: 'BEN JIJ DIE BELG?? JA, TOCH?' Zijn adem ruikt naar lege flessen. 'LEUK, HÈ, URKERDAG.' Ik baan me een weg naar buiten en wacht daar op mijn compagnon. Die komt stralend de deur uit: 'Ja, de jeugd drinkt graag eens een biertje, maar ze blijven erg gul, hè.' Op de stoep valt een dronken jongen in slaap. Er blinkt een gouden schip in zijn oor.

Overal zitten mensen onder partytenten. Ze verkopen sepia foto's en gebakken vis, maar ook mutsjes en elpees met koorgezang. 'Ha, die Belg. Eet je vis?' vraagt een man. Ik schuil onder een zeil. Hij opent het deurtje van een metalen ton. Een rookwolk waait in zijn gezicht. Hij hoest, wuift de rook met z'n hand weg en duwt me een plastic bakje in de hand. Een geroosterde vis kijkt me met grote ogen aan en beseft dat dit het einde is. 'Rode poon. Beste wat er is.' Ik krijg ook bier en een servet en weet niet wie de vriendelijke man is. Wie ik ook aanspreek op Urkerdag, allen weten wat ik gisteren heb gedaan, wie ik vandaag al heb gezien en wat ik morgen ga doen. Uit een mail: 'Ik hoorde dat je woensdag op een huwelijk was in het Kerkje aan de Zee.' Ik weet het zeker: er vliegt een drone boven mijn hoofd en thuis volgen de Urkers live op televisie waar ik ben en wie ik spreek. Ik ben Truman Burbank – *Goodmorning, good evening and good night!* – en besef dat het script verandert bij iedere uitspraak en iedere ontmoeting die ik heb en zal hebben. Eén onoplettendheid, en het hele dorp weet ervan. Dat zijn de consequenties. Iedereen kent mij, en iedereen vertelt elkaar over mijn aanwezigheid. Dat klinkt sympathiek, dat is het ook, maar dat verraadt ook controle. Alsof het nodig is elkaar te verwittigen. In het jaar dat ik hier rondloop, 2019, denk ik vaak aan *1984*.

De term 'vreemde' roept hier argwaan en nieuwsgierigheid op. Het eilandverleden verklaart die combinatie. Meerde vroeger een onbekend schip aan op Urk, dan stonden Urkers de bemanning argwanend op te wachten, om mogelijk gevaar in te schatten. Maar evengoed bracht dat schip een ruim vol graan en leidde de nieuwsgierigheid in de vreemde tot een goede deal en voorspoed.

Toch is de argwaan groter, omdat vreemden dit dorp een kwalijke reputatie hebben bezorgd, zeker de laatste honderdvijftig jaar. Een reputatie van inteelt en stompzinnigheid, die nog altijd verder leeft in de blik van de buitenwereld. Vreemden voeren naar het eiland, toonden interesse in het volk, en schilderden dat volk nadien af als een stelletje idioten. Urk teert op revanche en wil de kreuken uit het verleden als met een stoomstrijkijzer gladstrijken. Dit dorp grijpt ieder artefact aan om iedereen te tonen *wie wij echt zijn*, en niet wie de rest zegt dat we zijn. Daarom moet iedereen de *juiste* versie van het verleden kennen en uitdragen, zoals op Urkerdag. *Who controls the past, controls the future, 1984.* Het verleden bepaalt dus hoe het dorp op mij reageert. En de kwalijke reputatie die in dat verleden is ontstaan, vind ik terug bij de begraafplaats rond het Kerkje aan de Zee. Daar passeer ik na een concert in de Bethelkerk en lees *Urk Skull's Grave* op een bordje aan het kerkhof. Een paar schedels, begraven in de keileem van het voormalige eiland, verklaren de argwaan en de weerstand. Die schedels leggen uit waarom Urkers op hun hoede zijn voor vreemden zoals ik. Om dat te begrijpen moet ik honderdvijftig jaar terug in de tijd.

'Natuurlijk wilde ik die schedels terug!' Tiemen Roos – kort haar, brilletje – is een bevlogen man. Nadat ik het bordje van de *skulls* ontdekte, keerde ik terug naar de Bethelkerk. Ik trof er Tiemen. Als lid van Hallelujah stond hij na het concert op het pleintje bij de uitgang. Hij verkocht er cd's met koormuziek en wilde me met plezier inleiden in de saga van de schedels. 'Wat gebeurde er met die schedels, in dat Utrechts Universiteitsmuseum?' zegt hij nu. 'Helemaal niets, ze lagen in een depot en er werd al tientallen jaren niet meer naar omgekeken. Dat zijn geen objecten, hè, dat zijn resten van mensen, en bovendien: de opstanding des vlezes, daar geloof ik in, en daar ga je niet lichtzinnig mee om.'

Ik spreek Tiemen thuis, in de woonkamer. Daar staat een opgezette buizerd. Hij vond de vogel langs de autosnelweg en liet het kadaver registreren en opzetten. De gele poten zijn vastgemaakt aan wat een stuk hout moet voorstellen. Naast de buizerd staat een vogelkooi. Daarin zit een blauwe parkiet, die dagelijks wordt herinnerd aan wat misschien ook zijn lot is, later. Organen eruit, houtwol erin, schroefdraad in de poten en eeuwig staren. Ook het edelhert aan de muur zal niet weder opstaan.

'Wie zijn wij om de grafrust van onze voorouders door de wetenschap te laten verstoren?'

In 1877 steelt een arts uit Hilversum drie schedels op het kerkhof bij het Kerkje aan de Zee. Terwijl de doodgraver van het dorp, verantwoordelijk voor de begraafplaats, even niet oplet, haalt de arts de schedels uit een knekelput en verwisselt ze met drie exemplaren uit Hilversum. Hij geeft de gestolen schedels aan Pieter Harting, een bekende hoogleraar biologie aan de universiteit van Utrecht. Harting is een beetje vertrouwd met het eiland. De man is niet alleen bioloog. Hij houdt zich ook bezig met zoölogie, natuurkunde, geologie, antropologie en dus ook met Urkers. Dat lees ik in oude boeken en recente onderzoeken. In 1852 bezoekt hij Urk voor twee luttele dagen, om er het jaar nadien een volledig boek over te schrijven: *Het eiland Urk. Zijn bodem, voortbrengselen en bewoners.* De drie schedels die hij later via de arts in zijn bezit krijgt, staan toe dieper in te gaan op de genealogische geschiedenis van de eilandbewoners.

'Mijn Urker voorvaderen zijn in dit dorp begraven met het hoofd naar het westen en de voeten naar het oosten,' zegt Tiemen, 'zodat ze bij de opstanding des vlezes richting Jeruzalem kijken. Het is Zacharia die schrijft hoe de Heere Jezus Christus daar op de Olijfberg zal verschijnen om de overledenen tot leven te wekken.'

Tiemen Roos is journalist bij het *Reformatorisch Dagblad*, een christelijke krant; eerder was hij ook geschiedenisleraar. Tiemen is een cultuurdrager. Hij was een van de oprichters van Stichting Erfgoed Urk, die zich inzet voor het behoud van de Urker cultuur. Je hebt maar een paar Tiemens nodig in een dorp. Mensen die op het juiste moment aan het juiste touwtje trekken, opdat de poppetjes dansen. Religie is belangrijk in het leven van Tiemen. Hij behoort tot een behoorlijk 'zware' kerk op Urk. Aan zijn deurbel hangt een sticker om Jehova's getuigen te weren en in de woonkamer staat een orgel. Gaat het over Urk, dan voel je de wind aantrekken in Tiemens stem. Hij probeert de deur op een kiertje te houden en emoties te bedwingen, maar als de deur openwaait, staat niks meer overeind. 'Zoveel jaar na de roof lagen de schedels in de vitrine van een museum. Hadden de nazaten toestemming gegeven voor wetenschappelijk onderzoek, tot daaraan toe. Maar daar is geen sprake van. Integendeel, via die schedels hebben ze de Urkers belachelijk gemaakt. Dus wilden wij die terug. Het is ónze familie.'

Op mijn kamertje liggen ze in een aparte hoek: de wetenschappelijke verslagen over Urk. Daarnaast ligt het stapeltje volkslectuur. Het contrast kan niet groter zijn. In de verslagen zijn de Urkers achterlijk. In de lectuur zijn het helden. Wil ik het heden begrijpen, moet ik weten wat er toen over Urk is geschreven.

Wetenschappers geloven lange tijd dat de oer-Nederlander is ontsproten aan de Bataven. Die antieke West-Germaanse stam uit het Nederlandse rivierengebied (Maas, Rijn en Waal) komt in het jaar 69 in opstand tegen de Romeinen. De opstand groeit uit tot de mythe van het dappere, vrijgevochten Nederland. Eeuwen later krijgt de hoofdstad van Nederlands-Indië de naam 'Batavia' en tussen 1795 en 1806 noemt Nederland zich de 'Bataafse Republiek'. Lange tijd is die Bataafse mythe een van de bouwstenen van 's lands collectieve identiteit. Nadat de Belgen zich hebben afgescheurd van Nederland, komen de antieke Bataven handig van pas bij de constructie van een nieuw verhaal.

De wetenschap steekt een hand toe. In 1828 bespreekt een Duitse anatoom in een boek tientallen menselijke schedels, waaronder een paar exemplaren uit Marken, Schokland en Urk, drie eilanden in de Zuiderzee. De man merkt een terugwijkend voorhoofd op, en een vooruitstekende bovenkaak, en hij ziet het licht: dit moet het *Batavus Genuinus* zijn. De man stuit naar eigen zeggen op het Bataafse oerras, te vinden op de geïsoleerde eilanden van de Zuiderzee.

Pieter Harting, de Utrechtse bioloog, zit op dezelfde lijn. In zijn boek uit 1853 beschrijft hij de Urker als een 'zuiver, nagenoeg geheel onvermengd ras, de onvervalschte type van deszelfs vroegere bewoners'. De tweedaagse van Harting op Urk volstaat ook om de dames te scannen: 'Vooral munten zij uit door blankheid van vel en door groote donker blaauwe oogen met lange wimpers en fraai gebogen wenkbrauwen, minder door hunnen overigen lichaamsvorm, die iets plomps en mannelijks heeft.' Harting twijfelt niet aan zijn oordeel, want natuuronderzoekers zoals hij zijn 'mannen die door hunne kunde, graad van ontwikkeling, ja ook door zedelijk zelfbewustzijn van hetgeen plicht van hen vordert, hoog boven de meerderheid der menschen staan'. Als we de natuur beter begrijpen, redeneert hij, dan kunnen we de mens verheffen.

Vissersdorpen als Marken en Urk symboliseren het onaangeraakte, geïdealiseerde bestaan, niet gecorrumpeerd door de oprukkende moderniteit. Juist die lokale cultuur, die in wezen steeds verder afstaat van de rest van het land, krijgt een nationaal embleem opgeplakt. Niet enkel de esthetiek – de kerk, de kade, de klederdracht – bepaalt de beeldvorming van het 'land zoals het ooit was', maar ook de genealogie, de *Batavus Genuinus*. Het oprukkende nationalisme incorporeert de mythe. In die tijd publiceert Charles Darwin *The Origin of Species*, en bekrachtigen schedelmetingen en skeletstudies de evolutietheorie. Die theorie staat wetenschappers toe om het uiterlijk en zelfs het gedrag en de levenswijze van geïsoleerde volken als Urkers te plaatsen in een continuüm, van oerras tot modern Nederland, en reikt de heersende macht zo de middelen aan om een collectieve identiteit uit te bouwen.

'Daarna zijn hier allerlei "wetenschappers" gekomen,' zegt Tiemen. 'Die wilden de Urkers onderzoeken. Onze bevolking had daar niks over te zeggen. Vanaf begin twintigste eeuw krijgt Urk schedelmeters over de vloer. Ze zijn op zoek naar de levende oer-Nederlander.'

In 1910 vaart een van de grondleggers van de Nederlandse fysische antropologie naar Urk met meetinstrumenten die de kinderen angst aanjagen. Hij krijgt hulp van een collega die eerder al Papoea's onderzocht in Nieuw-Guinea. De man meet de schedels van tweehonderdvijftig volwassenen en meer dan tweehonderd kinderen, en levert zo genoeg sprokkelhout om de discussie over de oer-Nederlander en het Zuiderzeevolk een paar jaar brandend te houden. Hij spreek niet over een oerras. Volgens hem zijn er op Urk Germaanse types te vinden, ook mediterraanse types en zelfs het alpiene onderras.

'Het wordt er niet beter op wanneer ook de Stichting Bevolkingsonderzoek in de Drooggelegde Zuiderzeepolders zich in de discussie mengt,' vervolgt Tiemen. 'Door de verregaande inpolderingsplannen van de overheid willen wetenschappers nog snel de bestaande Zuiderzeecultuur meten en vastleggen, alvorens die verdwijnt.'

Een team wetenschappers meert in 1938 aan voor Het Urk Project. Overigens: Urk is niet het enige dorp dat bezoek krijgt. Ook in Elburg bijvoorbeeld, nog zo'n voormalig Zuiderzeedorp, arriveren mannen en vrouwen in stofjassen. Ze dragen meetlatten en lintmeters bij zich en meten de schedelomtrek, de bekkenbreedte en zelfs de spanwijdte van het volk, als ging het om een kolonie albatrossen. Ze turven de haarkleur en de kleur van de ogen, en kwalificeren de neus als concaaf, recht, convex of golvend. Bij vijf van de gemeten elf- en twaalfjarige meisjes duidt het resultaat van de lintmeter in elk geval op 'goed ontwikkelde borsten'. Er is bij twee exemplaren ook al schaamhaar te zien.

Het Urk Project rekent ook op het werk van bioloog en medicus Haring Tjittes Piebenga, een man uit Friesland die in Berlijn is verbonden aan het Kaiser Wilhelm Institut für Anthropologie, menschliche Erblehre und Eugenik, een instituut dat ooit is opgericht om de erfelijke kenmerken van Pruisen te onderzoeken en te verbeteren. Wanneer Adolf Hitler in 1933 de macht grijpt in Duitsland glijdt het Kaiser Wilhelm Institut geluidloos de Nieuwe Orde binnen. In dat instituut bestudeert Haring Piebenga de lijnen in de handen en voeten van Vlamingen, Walen en Friezen, en hoe langer hij in Berlijn werkt, hoe meer lijnen er ook lopen naar de rassentheorieën van de nazi's. Piebenga komt aan op Urk en meet de hoofden van 721 mensen, onder wie 289 schoolkinderen. Hij maakt aantekeningen over de stoelgang, het slaappatroon, de zweetgeur en de eventuele voorkeur voor 'sexueele of vieze aardigheden'. Piebenga gaat ver voorbij de meetlat, ook voorbij het mediterrane type en het alpiene onderras, en herkent in de Urkers de Noordse en 'Faalse' afkomst. Hij schuift steeds meer op richting Duitsland: er is op Urk ook een 'vrij sterke inslag van het voor-Aziatisch ras' te zien, 'hetgeen vrij zeker aan vermenging met Joden moet worden toegeschreven'. De man promoveert in 1941 bij SS-Standartenführer B.K. Schultz, hoogleraar in de rassenbiologie, op een studie over de lijntjes in handen en voeten van Urkers, waarna hij zich ook aansluit bij de SS en in Friesland lesgeeft – nationaalsocialistische rassenleer – aan kinderen van collaborerende NSB-boeren. Hij overlijdt in 1981, nadat hij werk van Ezra Pound en T.S. Eliot naar het Fries heeft vertaald.

Het boekje ligt open op mijn bureau. Hier staat het. Hier ligt de oorsprong van de argwaan. '24 procent is verstandig, 60 procent is oppervlakkig en 12 procent is dom', lees ik. 'Dit wordt bevestigd

door de verdeeling bij de Nederlandsche Joden, daar de Joden tot op zekere hoogte eveneens een inteelt-populatie vormen.' Ander onderzoek spreekt van een 'beperkt concentratievermogen, sterk gemis aan discipline en den hoogen dunk dien men van zichzelf heeft. Door dit alles behoudt de Urker iets kinderlijks.' In een ander onderzoek zijn ze 'achterlijk' en 'onzakelijk'.

In 1995 publiceert NRC *Handelsblad* een verhaal over de schedelroof naar aanleiding van *Rariteitenkabinet*, een nieuwe tentoonstelling van het Universiteitsmuseum. De Urker schedels liggen er tussen dierenskeletten, geneeskruiden, prehistorische vuistbijlen en jachttrofeeën uit Nederlands-Indië. Drie jaar later, in 1998, reizen de schedels naar het Tropenmuseum in Amsterdam voor een nieuwe expo, *Antropologica* dit keer, een tentoonstelling over antropologie in Nederland en het bijhorende belang van Charles Darwins evolutietheorie. Schedels van orthodoxe calvinisten in een expositie over Darwin? Een lont in een kruitvat. In Amsterdam liggen ze niet tussen de bijlen en kruiden, maar naast maskers van bewoners van een Indonesisch eiland en naast de instrumenten waarmee hun schedel zo vele keren werd gemeten. Pas in 2004 worden ze voorwerp van discussie. Dan stuiten twee Urker auteurs bij hun research voor een boek over de inpoldering (*ZoutZoet*) op de schedels en komt Tiemen erbij. Het pas gevormde Comité Urkers Schedels steekt het vuur aan de lont.

'We hebben aan de mensen van het museum vriendelijk gevraagd om de schedels terug te geven,' zegt Tiemen. 'Ze weigerden. Daarop hebben we de zaak openbaar gemaakt en voorgelegd aan de ethische commissie van de Nederlandse Museumvereniging. Omdat de kwestie extra aandacht kon gebruiken, gaven we interviews aan kranten en televisiezenders. Die vonden plaats op de oude begraafplaats.'

Het comité somt de argumenten op: Urk wil de schedels terug als compensatie voor het leed van de onderzoeken, de schedels in het museum zijn bovendien in strijd met de Ethische Code voor Musea, ze verhinderen de opstanding des vlezes, en ze zijn niet eens gekregen, maar gestolen.

'We hebben het uitgerekend,' zegt Tiemen, op dreef nu. 'Het oudste register van de begraafplaats, uit 1755, telt 42 graven: één voor de predikant en 41 voor Urker families. Wel, mijn stamboom gaat terug tot 1711, en ook die van de andere comitéleden gaat ver terug. Bleek dat in ten minste 35 van de 41 graven familie van de comitéleden moet gelegen hebben. De kans dat de ontvreemde schedels níét uit een van die 35 graven kwamen, was volgens onze berekeningen maar 0,3 procent. We wilden die schamele twijfel zelfs wegnemen door DNA af te staan. Dat hebben ze met die eskimo toch ook gedaan?'

Het zou niet de eerste keer zijn dat menselijke resten worden teruggegeven. Ook niet in Nederland. Eind jaren negentig ontstaat hevig protest van de Arctic Peoples Alert, een Nederlandse mensenrechtenorganisatie die opkomt voor de belangen van inheemse Arctische volkeren, tegen *Botje bij botje*, een tentoonstelling in Rotterdam. Daar zouden de resten van een Groenlandse eskimo worden tentoongesteld. 'IJsbrand de eskimo' is ooit gevonden door Hoornse walvisvaarders. Hij kwam aandrijven in een kajak. De opgezette Inuit leidt tot een reactie uit Groenland zelf, bij monde van de premier. IJsbrand keert uiteindelijk niet terug naar Groenland. Onderzoek toont geen Groenlandse afkomst. In 2005 is dat anders. Dan vertrekt een getatoeëerd en gemummificeerd

Maori-hoofd vanuit het Rijksmuseum voor Volkenkunde per vliegtuig richting Nieuw-Zeeland. Idem voor de botten van Aboriginals uit Australië en het hoofd van de Ghanese Ashante, koning Badu Bonsu II.

Tiemen Roos roert met een lepel in de koffie. 'Het belang van die schedels was voor ons niet te overzien. Die schedelmetingen en al dat antropologisch onderzoek hebben Urk weggezet als een stelletje achterlijke vissers. Ze plaveiden de weg voor onze latere uitsluiting bij de inpoldering. Daarom raakte de schedelkwestie aan onze identiteit.'

Urk haalt kracht uit het verleden. Het is een bron die nooit zal opdrogen. Dat verleden ligt er, als de Bijbel op het altaar, en alle Urkers zitten op houten banken en luisteren naar het Woord, het onrecht dat hun is aangedaan door de wetenschap, door de vreemde.

De geschiedenis als verklaringsmodel voor de huidige weerstand lijkt me te makkelijk, want eeuwenlang hebben de eilanders zelf een eigen identiteit gebouwd, zonder tussenkomst van buitenaf, als een burcht in de branding waar alle verandering nog altijd vruchteloos op stukslaat. Een burcht die hen beschermt tegen de ander, een burcht van op zichzelf aangewezen troepen, voorzien van een mentaliteit die in stukjes is geknipt en als basaltblokken om hun dorp is uitgestrooid. Opdat niks verandert.

Stoer, dat is de mentaliteit op Urk. Ruw, impulsief, zelfredzaam, zoals in andere vissersdorpen. Daar komt in dit geval nog de geografische bijzonderheid van het eiland bij, en de nieuwe generaties die altijd opnieuw het stof van het verleden blazen en het korset omgorden dat voor hen klaarligt. Het oude ritme van het Urker leven is sterker dan de nieuwe ideeën. Gij zult niet dit. En gij zult niet dat. Urk verzet zich tegen de buitenwereld, dat klopt, maar Urk verzet zich ook tegen de binnenwereld, tegen al wie zaagt aan de poten van de status-quo. En dat vertelt hier haast niemand.

Vanaf mijn aankomst op Urk ligt die identiteit open en bloot voor me, en die heeft niks met klederdracht te maken. Toch is ze onzichtbaar. Lange tijd vind ik ze niet, al houd ik mijn handen als een verrekijker voor mijn ogen. Die Urker cultuur, het verwachte gedrag, staat los van wetenschap en van vreemden, en is de glazen deur die niemand ziet, maar waarvan iedereen weet waar die zit.

Aanvankelijk sta ik niet stil bij de vragen die iedereen me alsmaar stelt. Komt een man bij me langs die ik niet ken, dan wil ik ook eerst weten wie hij is. Maar op den duur ontdek ik een wetmatigheid in het schijnbaar neutrale kwartet standaardvragen: Ben je getrouwd? Heb je kinderen? Naar welke kerk ga je? Hoe kom jij aan je geld?

Ik besef dat niet enkel mijn gedrag, maar vooral de antwoorden van belang zijn om toegang te krijgen tot dit dorp en zijn cultuur, en om zo een identiteitskaart te krijgen, een cultureel paspoort. *Jij hoort erbij.* De antwoorden zijn overigens: ja, ik ben getrouwd, neen, ik heb geen kinderen, neen ik geloof niet en ik verdien geld door te schrijven. Bij de trouwvraag lichten de ogen altijd op. Dat er een grote liefde is in mijn leven, maakt dat leven voor veel Urkers al geslaagd. Ze gaan er ook van uit dat ik voor het altaar stond met die liefde, wat niet zo is. We stonden enkel in het stadhuis.

Dat ik geen kinderen heb, de tweede vraag, leidt tot een soort onbegrip, *die ziet echt niet waar het om draait,* gemengd met twijfel – *misschien lukt het bij hen niet.* Dat ik niet naar de kerk ga, de derde vraag, maakt mijn profiel nog problematischer en leidt ook tot een herinterpretatie van het antwoord op de huwelijksvraag. Dan beseffen mensen dat ik niet in de kerk ben getrouwd en hoor ik vaak *ooooh.* Dat is niet de *ooooh* van een vuurwerkspektakel, maar de *ooooh* van een loterijbiljetje dat niks oplevert. Het antwoord op de slotvraag, hoe ik mijn leven als journalist financier, levert vooral extra vragen op: 'Maar hoe gaat dat dan?' En 'Kun je daar echt van leven?' De antwoorden staan mijn gesprekspartners toe om me een label op te plakken: 'Wettelijk getrouwde ongelovige, zonder kinderen, die artikelen schrijft.' Dat curriculum vitae is bepaald geen toegangsticket tot de Urker samenleving.

In mijn geseculariseerde leefwereld wordt weleens naar kinderen gevraagd, maar de grootste determinant voor je identiteit is werkgerelateerd. Wat je doet, bepaalt wie je bent. De vraag in mijn wereld luidt niet: 'Hoe kom je aan je geld?', de vraag is: 'Wat doe je precies?' Je werk is de determinant waaruit je studie, je persoonlijkheid, je loon en vooral je status worden afgeleid. Dat is op Urk totaal anders. Achter de vraag hoe ik aan mijn geld kom, schuilt geen interesse in wat ik doe, merk ik, omdat schrijven zo ontzettend ver afstaat van de praktisch ingerichte cultuur. De vraag heeft geen persoonlijke maar een economische grondslag: waar haalt die vent z'n geld vandaan? En hoeveel? Hoe overleeft hij? Of ik nu grafdelver of bananenrijper ben: de cijfers tellen, de vangst, niet de inhoud. Concreet leiden de determinanten – de kerk, de kotter en de kinderen – op Urk tot een diagram aan vragen waarbij de antwoorden tot een steeds gedetailleerder paspoort leiden.

Uit welke familie komt hij/zij?

En zijn vrouw/man?

Is het een Kramer, een Bakker of een Hakvoort?

Hoeveel kinderen hebben ze?

Naar welke kerk gaat hij/zij?

Is hij/zij zwaar of licht?

Tot welk schip behoort zijn/haar familie?

Zijn het Noordzeevissers?

Hebben ze een moderne of een oude kotter?

De antwoorden vormen het onwrikbare paspoort dat bepaalt wie je bent, en schrijft voor dat je je zult houden aan de kerkelijke regels, aan de gedragsregels, aan de familiale regels, zelfs aan de kledingregels en de moraal. Dat paspoort is ook een soort levensverzekering: als je keurig aan alles blijft voldoen, zal men er in dit dorp altijd voor je zijn. Dat paspoort vat alles samen: je bent in die familie geboren, hebt nu die vrouw, hebt zoveel kinderen, gaat naar die kerk en je vaart op dat schip. Helder. Je bent een Urker. Je hebt een Urker. En je maakt Urkers. Voilà. Doe normaal.

Urkers maken houdt wel een risico in, vroeger meer dan nu. Aangezien veel dorpelingen het eiland niet verlieten en op elkaar aangewezen waren in de zoektocht naar een geschikte partner, was de genenpoel beperkt. Als je weet dat de pest rond 1630 de helft van de toen zowat driehonderd eilanders wegmaaide, dan weet je ook dat de twintigduizend mensen die er nu rondlopen, in hoofdzaak zijn voortgekomen uit een klein groepje van honderdvijftig Urkers. Die beperking leidde tot een ziekte die nog altijd op Urk voorkomt, en nergens anders: de ziekte van Buchem. Het inteeltverwijt heeft dus enige grond.

Ik bezoek Leendert Hakvoort. Hij woont aan de rand van het dorp. Op zijn tuinterras vertelt Leendert over de ziekte: 'Zoals je ziet, heb ik een groot, zwaar hoofd. Mijn schedel verdikt alsmaar. Het bot breekt niet af, het blijft aangroeien. Het goede nieuws is dat ik nooit een helm hoef te dragen. Ik ben ooit door een autoruit gevlogen en kwam er alleen met wat schrammen van af. Een andere man met buchem reed tegen de tweehonderd kilometer per uur met zijn motor dwars door een verkeersbord. Niks gebroken. Bijzonder, hè.'

In 1955 beschrijft professor Frans van Buchem de ziekte voor het eerst. De man heeft twee Urkers met een opvallende botziekte voor zich waarvan het ziektebeeld op geen enkele manier aansluit bij bestaande aandoeningen. De Urkers hebben een zware schedel, zware onderkaak, sleutelbeenderen en ribben, en ook hun handen en voeten zijn zwaar en dik. Het blijkt om een genetische afwijking te gaan die de naam *hyperostosis corticalis generalisata familiaris* krijgt. Normaliter komt een dergelijke afwijking niet aan de oppervlakte, maar op een eiland waar zich weinig vreemden vestigen en de genenpoel dus amper varieert, bestaat de kans dat bloedverwanten, zoals een achterneef en een achternicht, op den duur met elkaar trouwen, zonder het te weten en dat de kans op de ziekte toeneemt. Er zijn op Urk verhalen van neven en nichten die ondanks de stamboom bewust met elkaar trouwden en kinderen kregen. Toen die kinderen er normaal uit bleken te zien zeiden de ouders: 'Zie je wel!'

De ziekte van Buchem werd een specifieke Urkerziekte. *Sclerosteose,* een genetische aandoening onder Afrikaners, de blanke Boeren van Nederlandse afkomst in Zuid-Afrika, wordt vaak aan Buchem gelinkt, maar het zijn twee verschillende ziektes.

'Mijn broer heeft het ook,' zegt Leendert. 'Mijn zus ook, maar bij haar is het uitwendig minder zichtbaar. De grootste problemen zijn de zenuwen die afgekneld raken door het aangroeiende bot. Ik ben doof aan één kant, omdat de gehoorzenuw het niet meer doet. En er ontstaan verlammingen in het gezicht. Maar hoe meer je naar beneden gaat, hoe beter het wordt. Al zijn mijn handen wel bijna dubbel zo groot als die van jou.

De wetenschap vindt Buchem bijzonder. Door ons te onderzoeken weten ze welk stukje van het menselijk DNA die niet te stoppen botgroei veroorzaakt en kunnen ze die informatie gebruiken bij de behandeling van osteoporose, botontkalking, wat het tegenovergestelde is van Buchem. Aangezien er natuurlijk veel meer mensen lijden aan osteoporose dan aan Buchem, zoekt er niemand naar een oplossing voor ons, maar zijn wij de oplossing voor anderen.'

Buchem is geen groot probleem (meer) op Urk. Na de inpoldering breidde de genenpoel zich meer uit dan in de eilandtijd, en de explosie van het aantal inwoners maakt de kans nu veel kleiner dat je een nichtje of neefje ten huwelijk vraagt. De Urker blijft wel vissen in de eigen vijver. 'Dat is zoveel makkelijker,' zegt een jongeman me. 'Je weet wie iemand is, je kent de geschiedenis van de familie, je weet waar ze kerken en je weet ook dat zij Urk kennen.' Hij verwijst naar het paspoort. Maar het gaat verder: 'Zo sta je niet voor verrassingen, want iedereen weet hoe het hier werkt.'

De regels. Ze staan nergens opgeschreven en ze onderscheiden de Urker van de niet-Urker. Er is dus meer dan het paspoort. Urkers doneren bij iedere collecte, ze geven biefstuk aan het kraambed, zeggen luidop gedag tegen iedereen, gaan 's zondags twee keer naar de kerk, na de dienst gaan ze op de koffie bij vader en moeder, iedere dag eten ze stipt om 13 uur, op zaterdag eet iedereen gebakken vis met rijst, suiker en boter, en iedere avond eet iedereen brood. Dat is de buitenkant. De binnenkant is het aangeprate godsoordeel en de kras in de plaat die je onophoudelijk herinnert aan de noodzaak van hard werken, niet zeuren, geen andere goden eren, niet werken op zondag, niet moorden, niet echtbreken, niet stelen of kwaadspreken en uw buren niet begeren.

Iedereen let hier op iedereen. De sociale controle is bijzonder groot. Eeuwenlang had die controle geen negatieve connotatie op het eiland. Wanneer iemand je op maandag vroeg waarom je zondag niet in de kerk was, dan school er in die vraag geen misprijzen, maar wel bezorgdheid: is alles wel goed met je? Ben je ziek? Dat vertellen mensen me. De controle fungeerde als een maatschappelijk zorgsysteem. Nu merk ik dat velen de controle sinds de inpoldering als een soort camerabewaking ervaren, een systeem dat iedereen in het gareel houdt, of probeert te houden, de drone die ik op Urkerdag gewaarwerd. Maar weinigen die het me letterlijk durven zeggen. Ik moet het afleiden uit wenkbrauwen die omhooggaan als het over controle gaat, woorden die mensen inslikken, gesprekken die stilvallen. 'Waar was je zondag?' is niet meer vragen of alles wel goed gaat. Die vraag klinkt nu berispend en houdt angst in: waarom gaat hij niet meer naar de kerk? Waarom stelt hij zich buiten de gemeenschap? Is er dan iets loos met deze gemeenschap? Is er iets loos met mij? Wie niet meer kerkt, morrelt aan het paspoort. Het systeem van sociale controle moet de twijfel over het eigen leven indammen. Het is een noodzaak om deze cultuur in stand te houden, want de twijfel groeit dag na dag na dag, zal ik later ontdekken.

De eerste maanden maak ik zonder het te beseffen overal duidelijk dat ik geen Urker ben. Want ik houd mijn jas niet aan op verjaardagen en geef drie kussen (pre-corona). Dat doet een Urker niet. Die geeft een hand en dat is het. Of die geeft niks, ook goed. Mijn Vlaams accent maakt van mij ook een vreemde. Ik begrijp het Urkers, maar spreek het zelf niet. Zodra ik mijn mond open doe ben ik de ander. *Wa zegt ij?*

Er bestaat ook een specifieke gedragscode voor de jeugd, zeker voor jongens. Stoere snit, spijkerbroek, sneakers, veel drinken, veel roken en veel spieren kweken. Over dat drinken: in 2019 toont onderzoek bij 660 jongeren op Urk aan dat 80 procent van de 15- en 16-jarigen ooit alcohol heeft gedronken, en dat één op de vier jongeren als 13-jarige de weg naar de drank vindt. Die jongeren associëren zich met de visserij, hoewel er steeds minder voor dat beroep kiezen. Door een gouden oorring te dragen voelen ze zich deel van het dorp. Ze gedragen zich als koene, hardwerkende machovissers. Of ze verbergen zich achter een dergelijk masker, dat gebeurt ook. Je wil geen *wiekert* zijn op Urk, geen *sloppeling.*

De verbondenheid met de zee is onbreekbaar. De onvoorspelbaarheid ook. Die leidt dagelijks tot het nemen van risico's en altijd is er de aanwezige angst voor de dood. Dat verklaart ook het typische 'losgaan' in vissersdorpen. De fles is een middel om alle gevaar even weg te slikken. Al wie niks met de zee te maken heeft, krijgt dat ook ingelepeld, en doet gewoon mee. Het is deel van het paspoort. Daarom is de Urker cultuur zo stoer. De arbeid op zee vereist mankracht, ook die in visfabrieken. Het machogedrag is niet gebaat bij mannen met papieren handen. Gij zult hard werken en doen wat iedereen doet.

Jongens trainen hier in sportscholen en werken aan armen dik als regenpijpen. Die dienen niet meer om rieten manden vol platvis aan boord te hijsen; maar spierkracht is een van de relicten van deze cultuur. Nu dienen spieren om te imponeren, om iedereen duidelijk te maken dat met jou niet te sollen valt, dat je je overgeeft aan de cultuur, en die cultuur ook voorstaat, met bicepsen als molshopen, alsof die spieren de cultuur moeten beschermen. Urk is een burcht en de mannen gedragen zich als een burcht. Oninneembaar.

's Lands beste armworstelaars komen overigens uit Urk. Trainen doen ze op het industrieterrein, in een speciaal daarvoor ingerichte club. Meindert Nentjes is hun voorman. Een oud-militair, breed als een draaideur, die het gevecht na verschillende missies in Afghanistan heeft verlegd naar een klein tafeltje op Urk, waar hij zijn opponenten dichtklapt als een wafelijzer. *It's the closest you can get to a fist fight*, zegt Meindert. Veel Urker jongeren spiegelen zich aan hem. Ze dragen shirts die als cellofaan om hun borst kleven en persen aan de kleine tafeltjes hard als bij een darmverstopping. Hun hoofd gloeit als een stoplicht en drukken ze de tegenstander tegen de tafel dan brullen ze en veegt de opponent het spuug van het gezicht. Jaarlijks organiseert de AVU, Armworstel Vereniging Urk, een toernooi. Dan zakken Polen, Georgiërs, Roemenen en een speciaal team van Kazachse vleesbomen af naar Urk of Emmeloord.

De lichaamscultuur en het stoere gedrag uiten zich niet louter in armworstelen. Sport *tout court* is populair op Urk, tot weerzin van de heel zware gezinnen. Naast voetbal is dat ook basketbal, Orca's Urk. Eind jaren zeventig en begin jaren tachtig wil Urk zelfs doorgroeien tot de top van het Nederlandse basketbal, zolang de zondag gerespecteerd blijft, en het importeert een regiment zwarte Amerikanen om hun eerste elftal te versterken. De Amerikanen weten niet wat hun overkomt. Rodney Butts arriveert in het oude dorp en zegt: '*Let's go downtown!*' Een Urker denkt ook te weten waarom Rodney zwart is: 'Omdat jullie vervloekt zijn.' Met zijn huisgenoot Dewayne – 'DJ' – Johns, een man uit Nashville, Tennessee, zoekt hij 's nachts naar een McDonald's, en wanneer een Urker hen meeneemt naar de top van de vuurtoren, zegt die: 'De grote *ships* blijven in Harlingen, ja in Harlingen, en de *fish* komt dan per *car* naar de *vismine*.' De Urker wijst ook naar boven: 'De *lighthouse* is *from* het water *dreißig* meter hoog. En *this lamp* is *dreitausend* watt. De *light that draais on the lamp*.'

Zwarte mannen van twee meter die alleen Engels praten en door het dorp slenteren, tussen vrouwen in klederdracht en mannen op klompen: de Urker kijkt op. En de Urker kijkt ook naar binnen. Wanneer Dewayne Johns naar een film kijkt met Jack Nicholson, die de broek van een vrouw naar beneden trekt, kijkt een Urker mee aan het raam. Daags nadien krijgt DJ telefoon van de burgemeester, die vraagt waarom hij naar pornofilms kijkt. '*No kind of privacy at all*,' zegt DJ in de documentaire *Nashville - Urk*. De reactie van de PR-verantwoordelijke van de gemeente: 'Als er door de ramen gekeken wordt en controle op die jongens wordt uitgeoefend, dan zijn ze daar debet aan. Bij wie zich normaal gedraagt is er geen belang om door de ramen te kijken.'

Urk heeft de mannen nodig voor hun spieren en hun driepunters. Voor de rest dienen ze zich te gedragen naar het Urker paspoort. En dat lukt moeilijk. De man uit Nashville: 'Als je geen echte Urker bent, als je hier geen familie hebt, dan word je als een buitenstaander beschouwd en behandeld.' Maar het zou goed komen met DJ, die nog altijd in Emmeloord woont. Een andere Amerikaan, Russell Chapman, rijdt op Urk in een bruine DAF. De man is veel te groot voor de kleine auto, hij haalt er de voorbank uit, reikt vanaf de achterbank met z'n lange benen tot aan de pedalen en rijdt zwaaiend door het oude dorp: *Hi everybody*. Die Russell kijkt vreemd op wanneer Urkers zijn lakschoenen lenen om de intrede van Sinterklaas te vieren. Hij ziet hoe een man met een mijter en een lange witte baard naar de kinderen zwaait. De man draagt zijn schoenen en naast hem loopt Zwarte Piet. Russell kijkt de ogen uit, dat doen ook de dames op Urk. Nog nooit zagen ze zo'n strakke, gespierde man. Russell kent op Urk alle straatjes en smalle steegjes (de *ginkies*), en Russell kent ook de binnenwegen naar de slaapkamer van de Urker dames, tot vrees van de ouders.

Uiteindelijk landen er bijna veertig Amerikanen op Urk, sommigen maar voor heel korte tijd. Die drinken zich een stuk in de kraag in Amsterdam, of raken aan de drugs en verdwijnen even snel als ze gekomen zijn. Maar het belang van een sterk, stoer lichaam is na de komst van de Amerikanen nogmaals bevestigd.

De kracht moet je hier omzetten in hard werken. Die mantra is een reclamespot die je ongewild ieder half uur hoort. Het werkethos uit zich ook in de taal. Het dialect kent veel synoniemen voor hard werken: *klaauwen*, *mooren*, *madderen*, *prussen*, *oetelen*, *kloeten*, *warken* en *wirregen*. Genesis 3:19 is rechtstreeks ingebed in de identiteit: *In het zweet uws aanschijns zult gij brood eten, totdat gij tot de aarde wederkeert.* 'Begin dit jaar had ik een burn-out,' vertelt een visvervoerder me. 'Ik was twaalf kilo vermagerd. Het ging gewoon niet meer. Altijd was me aangeleerd door te gaan, me te gedragen als een echte man, weet je wel. Dat is de manier van leven, dacht ik, tot het stroever liep en ik besefte dat al wat me was verteld, niet klopt.'

Ik vraag me af hoe je als vreemde jezelf kunt blijven in dit dorp, zonder je eigenheid op te geven. Het korset aan regels beschouw ik als de belangrijkste oorzaak voor het verschil tussen woord en daad, iets wat me later helemaal duidelijk zal worden. Of het nu gaat om drank, drugs of Netflix: de buitenwereld wijst altijd naar het zelfverklaarde strenge geloof van de Urkers, legt daar de realiteit naast en ziet de kloof. De Urker houdt niet van die vergelijking, maar vergeet te kijken naar het eigen korset. Dat is nauw aangespannen. Een mens heeft zuurstof nodig en zoekt die in alles wat van de kerk, het gezin en het dorp niet mag. Al wat zich in de schaduw afspeelt, daar kijkt de Urker van weg.

Wonen op Urk voelt voor mij als zwemmen in een ijskoud meer. Het meer ziet er op afstand rustig en vredig uit, zelfs uitnodigend, maar spring je in het meer, dan weet je niet wat je overkomt. Alleen als je er geleidelijk in stapt en je warm zwemt, dan wen je uiteindelijk aan de temperatuur. Zolang je blijft bewegen en doet wat iedereen wenst. Om de drie weken ga ik een dag naar huis, naar mijn vrouw, en pas in Gent besef ik hoe anders Urk is, hoe snel ik me heb aangepast aan het dorp, en hoe moeilijk het soms is om me bij terugkomst op Urk opnieuw in het meer te begeven. In dit dorp móét je bewegen, móét je meedoen, want wie in een hoekje blijft zitten, het allemaal op een andere manier doet, die krijgt blauwe lippen en blijft klappertandend achter. De vereisten liggen erg hoog in dit dorp, maar als je eenmaal op volle toeren meedraait, wordt dat koude meer ook wel een warm bad. Ja, het luidop gedag zeggen op straat is charmant. Dat de keukentafel van Reijer ten Napel aangroeit met brood en soep is bijzonder, maar het systeem blijft alleen draaien als iedereen participeert.

Ik realiseer me dat de mensen die ik het meest apprecieer en met wie ik het meest contact heb, zich niet (helemaal) schikken naar de regels. Het zijn puntjes die buiten de grafiek vallen, maar omdat ze hier zijn geboren, doet niemand lastig. Dat vervormt het beeld. Ik beschouw mezelf ook steeds meer als een naïeveling. Het romantische ideaal van *belonging* voelt geforceerd aan. 'Hier moet je een deel van jezelf afstaan,' zegt iemand me, 'anders lukt het niet.' In die mate zelfs dat het voor burgemeesters, dominees en artsen, die vaak van elders naar het dorp komen, niet makkelijk is om in deze cultuur te integreren. Ook zij krijgen geen paspoort. Niet iedere dominee staat te springen om aan de slag te gaan in een Urker kerk, ook al zit die iedere week vol. Hetzelfde geldt voor huisartsen: Urkers luisteren eerst naar de raad van familie en gaan pas naar de dokter als er geen andere oplossing rest. Daar speelt ook religie een rol in: die van hierboven zal het wel oplossen.

Urk schreef onbewust een dik handboek met omgangsregels waar iedereen zich op den duur naar voegde, als was het de Bijbel. Locatie en beroep vallen hier samen, al eeuwenlang, de mensen hier zijn vissende eilanders, vrij en onafhankelijk, en de kerk heeft dat typische eilandvolk een extra fundament aangereikt, en zo overstijgt dat alles de oude definitie van een gemeenschap. De tijd, de geografie en de religie hebben elkaar versterkt en kneedden het eilandvolk tot een gemeenschap met dezelfde ideeën, dezelfde geschiedenis, dezelfde doelen, hetzelfde gedrag en dezelfde naam, alsof alle zijtakken samenkwamen in een krachtige rivier waarvan iedereen nu nog altijd weet waar die ontspringt – 966, *Urch* – en waar die naartoe stroomt: het hiernamaals. De Jan Bakkers, de Jan de Boers, de Jan Kramers, ze behoren nog steeds tot een uitzonderlijke, overgeleverde *community of the mind*, een geestesgemeenschap met duidelijke begrenzingen, die locatie en beroep overstijgt, met relaties die veel verder gaan dan alleen gezinnen en families, een gemeenschap waar Nederland zich nog altijd aan vergaapt, omdat de geseculariseerde wereld de slagbomen heeft opgetrokken en het beeld van het eigen, nationale, eendrachtige volk is vertroebeld. Die gemeenschap, vooral het geloof en de visserij, staan nu wel onder druk, zo zal blijken, maar nergens elders dan op Urk moet je een stukje van jezelf afstaan. In plaats van de eigen, verwaterende identiteit ter discussie te stellen, te zoeken naar een ander middel dan religie om de boel aan elkaar te lijmen, kijkt de buitenwereld liever neer op dit dorp. Dat is makkelijker. *Zie ze bezig.*

Ik ben niet de enige die de opgelegde identiteit in dit dorp als lastig ervaart. Wie *anders* is, worstelt met de cultuur. Het drukkende karakter maakt openlijk spreken bovendien niet eenvoudig. Na een tijd begrijp ik waarom er zo weinig Urkers *on the record* kritiek leveren op dit dorp. Dat ervaar ik in ieder gesprek. Hoe meer ik doorvraag en hoe dichter ik tot de kern kom, hoe meer sommigen zich bedreigd voelen en een schild optrekken: 'Ja, zo zijn Urkers, hè.' Die dooddoener verbergt een diepe leegte en een grote angst. Ja, leegte en angst.

Stel ik lastige vragen over het Urker paspoort dan 'kun je dat alleen weten als je hier geboren bent'. Dat wekt de indruk dat hier iets in het grondwater zit, iets waar ik niet bij kan, iets speciaals dat je als vreemde nooit ervaren of begrijpen kunt. Dat geloof ik niet. Het is alleen maar een middel om lastige vragen te ontwijken, wat eigen is aan dit dorp. Leegte, dat is wat achter de regels schuilgaat, want er is niks anders dan het Urker paspoort. En angst, om zonder dat paspoort zelf een identiteit te moeten opbouwen. Wat de buitenwereld nu overkomt, dat geldt evengoed voor de plek waar ik vandaan kom. 'Zo zijn Gentenaars, hè' is een even grote dooddoener. Een leegte die verraadt dat iedere identiteit niks meer is dan een constructie, een verhaal waar iedereen zich aan vastklampt en dat het leven zin geeft. 'Ja, want ik ben een Urker, hè' is een veel makkelijker antwoord dan te moeten toegeven dat iedereen maar wat aanmoddert en de groep volgt. Of niet. Giet er nog een laag trots en nostalgie overheen en het paspoort fonkelt in het zonlicht.

In 2007 maakt de gemeente Urk zich zorgen over het grensoverschrijdend gedrag van de jongeren en schakelt de afdeling sociologie van de Rijksuniversiteit Groningen in om onderzoek te doen naar de dorpscultuur. De resultaten tonen wat iedereen weet: zeer hechte familiebanden, zeker onder de vrouwen, die samen 'kransen' organiseren terwijl de mannen op zee zijn. Ook veel onderlinge zorg, onderlinge competitie op gebied van materieel bezit, een hecht gemeenschapsleven, wantrouwen en afkeer van wetten, en een bepaalde houding tegenover niet-Urkers. Het forse drankgebruik wordt gelinkt aan de economische opbloei van de jaren zestig. De welvaart vloeide binnen, maar het welzijn werd genegeerd. Een welvaart die ook helemaal haaks stond en staat op het calvinistisch leven. Velen zien in de moeilijkheid om met die spreidstand om te gaan het begin van psychische problemen, en het gemak om dan naar de fles te grijpen. Drinken is makkelijker dan praten. Wat de jongeren betreft spreekt het onderzoek over een mogelijk lager normbesef, omdat ze vaak van huis zijn (en de grote gezinnen op die manier even ontvluchten) en zo eerder normen hanteren die in de vriendengroep gelden, en niet de normen die thuis gelden.

Nog altijd richt Urk zich op fysieke arbeid en is studeren in veel gezinnen niet het allerbelangrijkste. Het aantal hoogopgeleiden ligt op Urk bijna 20 procent lager dan het landelijk gemiddelde. Studeren wordt niet overal aangemoedigd, en wie op kamers gaat, ervaart ook de druk om na de studie terug te keren. Het onderwijs prikkelt hen ook niet, althans niet met wat de buitenwereld voorstaat en kenmerkt. Zoals een jongen het verwoordt die kortgeleden nog op de banken van de Pieter Zandtschool zat: 'Vanaf klas 4 werd literatuur een vast onderdeel van het vak Nederlands. Dan kreeg je een lijst met 100 boeken die veelal gezien worden als de meest invloedrijke boeken in de Nederlandse literatuur. Je was vrij om te kiezen welke boeken je las en daarover verslag te doen, zolang je er maar tien las. Tijdens de lessen werd echter heel behoudend lesgegeven over de literatuur. Boeken als *Turks fruit* (Jan Wolkers) en *Joe Speedboot* (Tommy Wieringa) werden liever gemeden. Boeken van Maarten 't Hart werden gauw behandeld, en daarbij werd vooral gehamerd op het antichristelijke karakter van deze boeken en dat we daarvoor moesten uitkijken.' Een andere jongen: 'Wat ik me kan herinneren, is dat we heel veel kerkgeschiedenis kregen.'

De enorme jongerenpopulatie heeft een groot potentieel, maar dat wordt niet volledig benut in de op handenarbeid gerichte samenleving. Ouders behouden het conservatieve Urker paspoort, uit angst voor het onbekende. Het onderwijs doet dat ook, de kerk ook, tot er weinig overblijft waar de Urker jongeren op een neutrale manier iets leren over de buitenwereld. In dit dorp is de fabriek vaak goed genoeg. De focus ligt elders, bij het nageslacht. Ook die jonge Urkers houden na de jarenlange socialisering via kerk en gezin niet van plotse verandering. Van tandartsassistentes tot visverwerkers, timmermannen, poetsvrouwen en studenten biologie: bijna niemand heeft de kerk (helemaal) losgelaten ('Je kent er iedereen, hè, het is toch een gemeenschap waar je toe behoort'), zijn ze tegen abortus en euthanasie ('dat is veel te vergaand'), willen ze Urk niet verlaten ('We hebben hier alles: vrienden, familie, werk... het is zo veilig en zo gemakkelijk') en dromen ze van een eigen gezin ('dat is toch het uiteindelijke doel'). Alle citaten komen van jonge Urkers tussen de 16 en de 24, en mededelingen van soortgelijke strekking komen in bijna alle interviews voor. Je gaat naar school, je zoekt werk dicht bij huis, je zoekt een partner, trouwt, koopt een huis, doet belijdenis, krijgt kinderen en je zet het pad voort dat zovele generaties vóór je als uit de rotsen hebben gehouwen. En bovenal: je blijft te allen tijde op Urk wonen. Je gaat er zelfs op reis. Er zijn Urkers die naar de camping in het eigen dorp op vakantie gaan, op een paar honderd meter van hun eigen huis: 'Makkelijk, dan ken je meteen je buren op de camping.' De denkbeelden van de 16-plussers zijn ondanks het ruime contact met de buitenwereld – via internet – en de mindere binding met de kerk echt niet liberaler dan die van hun ouders.

Maar er is ook verzet tegen de cultuur. Zeker. Urk is geen monoliet. Vanaf 1999 plakt een groep ontevreden Urkers 's nachts anonieme posters in het dorp. Ze plakken overal, op elektriciteitskastjes, bushokjes en glascontainers. De posters zijn ondertekend door *Lumme*. Niemand weet wie dat is. Telkens duikt Lumme opnieuw op. Altijd is de actualiteit de aanleiding, zoals het bordeelverbod ('Laat de gemeente zich liever hard maken voor zaken die er wél moeten komen'), of het forse drankgebruik ('Sijko, U was een bereburgemeester...'), met een knipoog naar Berenburg, de sterke drank die de Urker jeugd bij sloten drinkt. Lumme is het praktische gevolg van verbazing, verontwaardiging, kwaadheid, verdriet en frustratie bij een significante groep Urkers. Zij streven naar een mentaliteitsverandering en gebruiken de anonieme Lumme als uitlaatklep. In de twee jaar na de eerste poster kleeft de plakploeg meer dan dertig andere boodschappen in het dorp. Lumme is niet terug te brengen tot een bepaalde kerkelijke gezindte en niet tot een bepaalde politieke partij. Ze hoopt op debat. De groep achter Lumme is bezorgd: ze vrezen een *brain drain,* vrezen dat de toekomstige generatie, die het maatschappelijk veld op Urk straks moet bemannen, kerkelijk, politiek of sociocultureel, haar heil uiteindelijk toch zoekt buiten het dorp, bij gebrek aan kansen op Urk. 'Deze mensen haken af en gaan buiten Urk wonen,' staat in een brief aan de gemeentevoorlichter te lezen. 'Mensen zijn doofblind voor de situatie en daar zijn een heleboel factoren debet aan.'

Lumme bestaat uit een minderheid, uit mensen die zich desnoods wel willen neerleggen bij wat de meerderheid beslist, maar niet zonder voorafgaande dialoog. De reacties zijn positief. Binnen twee jaar krijgt Lumme tweehonderd bemoedigende en slechts een paar ontmoedigende reacties. Een ervan is vergezeld van een computervirus. Lumme wordt twee keer ten huwelijk gevraagd, haalt twaalf keer de krant, krijgt zelfs concurrentie van andere plakkers onder de naam Jauwkien, Trui, Henkie en Hessel. En wanneer er in de bibliotheek van Urk gechat kan worden met Lumme, zitten de Lummerianen gewoon boven in een kamertje aan de computer. Het effect is moeilijk meetbaar, maar na iedere poster is Lumme wel even *talk of the town.* En het blijft niet bij posters. Een groepje Urkers richt Stichting Leven met Verandering op en organiseert discussieavonden. Eén van de eerste thema's is 'Omdat IK het zeg', over communicatie en miscommunicatie tussen generaties, over hoe ouders niet met hun kinderen praten. De opkomst is aan de magere kant. De notabelen blijven thuis. 'Als je niet met een kind kunt praten als het zes is, lukt het ook niet als het zestien is,' klinkt het in de oude veilingzaal op Urk. De stichting probeert het volk in beweging te krijgen. 'Mensen trouwen vaak te jong. Ze hebben nog geen eigen standpunten en later wordt dat niet meer opgepakt. Dat wordt overgebracht op de jeugd. Die krijgt op Urk te weinig vertrouwen en komt daardoor met een schuldgevoel te zitten.' Of: 'De communicatie in ons dorp is redelijk armetierig. Veel zaken blijven onuitgesproken of worden bewust niet gezien. Respect dient centraal te staan. Maar dat wordt moeilijk als je altijd verteld is dat je mensen met een andere mening te vuur en te zwaard moet bestrijden.'

Op een andere avond van de stichting spreekt een dominee over traditie en verandering: 'Traditie is het uitgangspunt van gedrag. Als het goed is, zet traditie mensen aan het denken en komt het juiste gedrag van binnenuit. Dat werkt heel anders dan het harnas van de opgedrongen verantwoordelijkheden die men in eerste instantie niet aankan. Traditie kunnen we geheel of gedeeltelijk aannemen. Of er selectief mee omgaan en eruit halen wat ons goed uitkomt. Wanneer men in bepaalde kringen van mening is dat voor de samenleving alleen kerkelijke regels zouden gelden en overheidsregels niet, dan vraagt men om botsingen. Dan werkt men mee aan een soort ongenoegen dat er over ons gezegd wordt dat de leer en het leven niet met elkaar in overeenstemming zijn.'

Alsof het een maatschappelijke zuil is, krijgt de tegenstem ook vorm in een krant: *UrkActueel*. Wat in het voorjaar van 2000 begint als een onlinenieuwsmedium, verandert korte tijd later in een papieren krant die op woensdag verschijnt. De 'tegenstem' duikt in het gat dat *Stuurboord* heeft achtergelaten, een lokale refo-krant die ter ziele gaat. In lijn met Lumme is *UrkActueel* tegendraads, kritisch en eigentijds. De krant wakkert de discussie aan, of probeert dat althans. Ze publiceert filmrecensies en bioscoopadvertenties, en ook reclame voor slijterijen, wat in die andere resterende krant, *Het Urkerland*, niet zo is. Columnisten van allerlei slag schrijven over al wat ze op hun lever hebben, ook die uit de uiterst conservatieve hoek. 'Denken dat je alles in de hand hebt om ondertussen al krijgsgevangene van satan te zijn,' schrijft zo'n columnist. 'Ken je de strijd om te willen leven naar die hogere Moraal? Of laat je je willoos drijven op de zoete hormoonstromen van je vlees?' Eerder schreef de man in *Het Urkerland* over een optreden van een rockgroep in een Urker café: 'Stoere foto's in de krant van maandag.

Lekker uit je dak gaan door op een drumstel of een gitaar te rammen. Dat trekt wel vanzelf. Totdat je de ene foto wat beter bekijkt. Doodskoppen en zombies aan de wand, agressieve koppen op de shirtjes. Niet te geloven dat je de duivel op je hart durft te dragen. In de teksten hoor je de stem van satan, niet van Christus. Wat heb je dan nog te zeggen voor de Witte Troon straks?' De predikanten dachten er in het krantje net zo over: 'Laten we de duivel de kans niet geven om onze jongeren weg te zuigen.'

Het baat niet. Lumme, Leven met Verandering en *UrkActueel*: de ontwikkeling van de tegenstem gaat snel, maar de ontbinding gaat even snel. Wat rest is een onlineblog. De jaren na het verdwijnen van de krant, de stichting en de posters beklagen mensen zich over het gebrek aan cultuur. 'Een wereld van verschil blijkt soms geografisch net zes kilometer te zijn,' schrijft iemand, doelend op Tollebeek, het naburige dorp. Of zoals een oude Lumme-plakker het zegt: 'We kunnen de posters uit 1999 zo opnieuw opplakken. Er is niks veranderd.'

Dit dorp is onwrikbaar als beton. Ge zult niet dit. En ge zult niet dat.

In een een-op-eengesprek gaat het deksel weleens van de pot, merk ik, maar zodra er een dorpeling bij komt, kijken de twee elkaar aan en houden elkaar gevangen. 'Ja, zo zijn Urkers, hè.' Wie me een inkijk wil geven in de werkelijke dynamiek, in de schaduwkant, vraagt om anonimiteit, want openlijk praten raakt aan je familie en je plaats in de gemeenschap. Het is niet zo dat niemand hier zijn mond opentrekt, heus wel, er zijn ook genoeg mensen die tegen de stroom in zwemmen en vragen opwerpen die ertoe doen. Maar het gros van de dorpelingen blijft veilig beschut in het midden van de kudde en drukt het paspoort dicht tegen de borst.

Hier op Urk spreek ik met mensen uit allerlei families. En af en toe bots ik – via via – op iemand die me zijn verhaal durft te doen. Nooit heb ik *koude* contacten met zo iemand. Altijd is het een vriend/vriendin of een familielid die een goed woordje voor me doet en uitlegt wat ik doe. Het lukt. De zeepbel die ik tien jaar geleden zag zweven, staat op barsten en sommige Urkers reiken me een naald aan.

'Voor mij is Urk een lastige plek om te wonen,' zegt een jongeman. We zitten in de woonkamer van een klein appartement. Niet het zijne, maar dat van zijn vader, die niet thuis is. 'Ik pas niet echt in het plaatje. Door de moeizame band met het dorp twijfelde ik aan mezelf, ik werd er ook depressief van. Het is niet eenvoudig als je niet tot de groep behoort. Even had ik zelfs de ambitie om creatieve therapie te studeren, om ook anderen met gelijkaardige psychische "issues" te helpen, maar dat is nooit een goed idee.'

Via via kwam ik in contact met deze man. Hij is een van de weinige, echt vrijgevochten jongeren die de cultuur op Urk ter discussie stellen. De meesten stellen zich geen vragen en hebben geleerd hun kop in het zand te steken.

'Dit dorp heb ik een tijdje passioneel gehaat, als jongvolwassene. Ik was bijna twintig jaar en wilde hier zo min mogelijk komen. Toen mensen me vroegen waar ik vandaag kwam, raakte ik al gefrustreerd: ik kom van Urk, zei ik. En meteen daarna: maar ik heb niks met dat dorp, hoor. Die dwingende identiteit: ik walgde ervan. Uiteindelijk kreeg ik steeds meer inzicht in mijn situatie, en koos voor de kunst. Omdat er in de kunst geen regels gelden. Vincent van Gogh was niet bezig met wat de buitenwereld van hem verwachtte. Nee, Van Gogh schilderde wat hij voelde. Dat wilde ik ook: bevrijd en onbelemmerd denken en doen.'

Ik hoef haast geen vragen te stellen aan de jongeman. Zijn woorden staan te trappelen aan de deur. Eindelijk krijgt het verhaal de vrijheid.

'Ik ben opgegroeid in een orthodox protestants gezin, in een zware kerk, en hoe ouder ik werd, hoe meer Urk van me verwachtte dat ik in de pas liep. Als kind besef je dat niet, maar toen tot me doordrong dat ik me als puber moest schikken naar het stoere beeld van de toen al hardwerkende, Urkers pratende, shag rokende kerel, ging er een belletje rinkelen en herinterpreteerde ik het verleden, om dan te beseffen dat de normering op Urk al héél vroeg begint.

De leefwereld van de gemiddelde leeftijdsgenoot stond zo ver af van de mijne, dat ik snel werd uitgescholden. Op Urk mag je niet opvallen en moet je opgaan in de grijze massa. Ik werd geacht rond te lopen in een strak, donkerblauw poloshirt met één of andere onzinnige en willekeurige tekst over zeilen op de rug, ook een spijkerbroek diende ik te dragen, en Nike Air Max'en maakten het plaatje af.

Terwijl de Urker jeugd stoer door de straten liep, droomde ik thuis van Marco Polo en Napoleon, over wie ik spreekbeurten gaf. Bij gebrek aan vrienden las ik veel boeken, ook omdat er thuis geen radio of televisie was, en beeldde me net voor het slapengaan in dat ik naar Afrika vloog en op avontuur ging.

Op mijn zestiende leidde het inzicht in de dorpsdynamiek én het geloof tot rebellie. Ik trok alles in twijfel: de kerk, het gedrag, de regels. En de Urker, die wuifde alles weg.

Kijk daar', hij wijst naar een grote boekenkast. 'Hier vind je handgeschreven bijbels uit begin 1700. Ik durf ze zelfs niet te openen, uit angst voor beschadiging. Zo'n Lutherbijbel uit 1738, dat moet veel waard zijn, toch? Die hele collectie wordt al generaties lang doorgegeven, en nog gelezen ook. Mijn ouders lazen de preken van oudvaders vroeger als "lichte kost". Kun je nagaan hoe streng de leer hier was. Passeerden we een elektronicawinkel, dan sprong moeder voor de televisies in de etalage, opdat ik niks van Disney zou zien. Dat is goddeloos, zei ze dan. Zwemmen? Goddeloos. Op mijn kamer had ik mijn oortjes in en luisterde naar de Zweedse metalband Sabaton, naar Guns N' Roses, de Rolling Stones en ook naar AC/DC. Ooit speelde ik "Highway to Hell" op mijn telefoon op het strand, met een paar vrienden. Achter mijn rug om herkende iemand me. Die zei dat tegen de directeur van de school, opdat die dat tegen mijn vader zou zeggen, opdat die me zou berispen. Wat een grap.

Op zondag droeg ik een keurig donkerblauw pak en liet een baardje staan. Dat was niet gewenst in de Jachin Boazkerk. Toch staat er nergens in de Bijbel dat een baardje verboden is. Ik vroeg er een dominee naar, toen hij op bezoek kwam. Hij zei: Daar is geen Bijbelse reden voor, maar als je er andere kinderen Gods pijn mee doet, kun je het beter laten. Ik liet de baard groeien en kreeg commentaar van de vrouw van een ouderling, na de dienst.

De drang om je te conformeren voelde ik thuis ook, toen mijn ouders scheidden. Groot probleem: een echtscheiding van twee avondmaalgangers uit de Jachin Boazkerk. Dat gaat in tegen Gods geboden en tegen de dorpscultuur. De kerkraad moest het huwelijk redden. Ieder gesprek had dezelfde inhoud: vader is het hoofd van het gezin en moeder moet dat verdragen. Klaar. De relatie van mijn ouders was gewoon op. Uiteindelijk kwamen er vijf verschillende therapeuten aan te pas, mede onder druk van de kerk, “opdat Gods wet niet verbroken wordt”. Tot het allerlaatste moment zaten ze naast elkaar in de kerk en probeerde de kerkenraad alles toe te dekken. Uiteindelijk heb ik zelf meegeholpen om de boel te beslechten, door me te mengen in de gesprekken. Nu zijn ze gescheiden. Gaat mijn vader nu op bezoek bij zijn oom in Israël, dan luistert hij naar Elvis Presley.

De strijd om geaccepteerd te worden werd soms een fysieke strijd, alsof mijn innerlijke wereld zich ook uiterlijk blootgaf. Eerst probeer je pesterijen te negeren, of je rolt gewoon even met je ogen, maakt wat bijdehandse grapjes, wat soms resulteerde in een fysieke confrontatie. “Rots en water”-therapie moest ik dan volgen, om rustig te worden. Maar trok iemand aan mijn blouse, dan telde ik tot tien, en gaf ze alsnog een trap. Nooit waren het individuen, altijd groepen.

Nee, ik heb geen hekel aan dit dorp. Ik studeer in Zwolle, ben maar weinig op Urk, en de afstand laat me toe om na te denken. Het grote probleem van Urk is het gebrek aan zelfkritiek en zelftwijfel. Alle antwoorden staan toch in de Bijbel. Ergens is dat logisch: wat als normaal beschouwd wordt, stel je niet ter discussie. Maar als de buitenwereld dat niet als normaal beschouwt, dan heb je een probleem. Daarom is Urk het pispaaltje van Nederland: omdat wat ze hier als normaal beschouwen, in het land heel anders wordt ervaren. Wat het gedrag in het dorp zelfs nog versterkt. Urkers omarmen het geuzengedrag van drinken en schreeuwen en stoer doen. Ironisch genoeg kan het dorp volgens mij ook alleen maar overleven als dat gedrag in stand wordt gehouden. Het is dat of opgaan in de buitenwereld.

De directheid van de Urker heeft me veel problemen bezorgd. Toch apprecieer ik die directheid ook wel. Een Urker denkt niet na, die flapt er gewoon alles uit. Je weet snel wat je eraan hebt. De zorg voor elkaar is bijzonder groot, maar in het hart van die zorg schuilt een blinde vlek. Alles is hier gericht op de commune, de gemeenschap. Iedereen draagt ertoe bij, op fysiek vlak. Maar het mentale, het emotionele aspect wordt totaal verwaarloosd en genegeerd. Alle hulp voor een nieuwe school in Ethiopië, geen probleem, allemaal lovenswaardig, maar iemand die uitgescholden wordt vanwege het dragen van een kleurrijke blouse, daar kijkt niemand naar om.

Ik kan het niet meer aanzien: de ouderlingen die in de kerk vroom naar de grond kijken, maar op het industrieterrein hun personeel uitbuiten en onderbetalen. Nee, de kerk, daar heb ik een punt achter gezet. Maar de kerk heeft geen punt achter mij gezet. Voor altijd zal ik bij donder en bliksem aan God denken. Helaas. Dat krijg ik er niet meer uit. En als dronken Urkers me lastigvallen, zal ik weer tot tien tellen. Maar ik zie tenminste nog de schoonheid van het dorp. Ook de fysieke pracht van de oude haven. Dat kan ik van de kerk niet zeggen.'

Op afstand lijkt dit dorp één grote familie. In werkelijkheid is het een web aan allianties, oude vriendschappen en oud zeer. Ben je een De Boer? Dan plaatst de Urker je in een continuüm en denkt meteen aan 'Louwe pet' en zijn zeven zonen. De teruggetrokken De Boers hebben veel economische macht op Urk, altijd al gehad ook. Ze hebben veel schepen en voldoende zitjes op cruciale plekken, zoals in het bestuur van de afslag. Bij de clan De Boer denkt de Urker ook aan de zware Jachin Boazkerk, waar de familie altijd al een vinger in de pap had, en heeft. Er is 'Louw pet', maar er zijn ook de 'Zuurkolen', een andere clan met een andere woordwolk: Auke, en de vissende zonen Tromp, Freek en Simon van Slooten. Niemand die nog weet waar de bijnaam vandaan komt, maar een Zuurkool ben je en blijf je. Er zijn ook Koffemans, 'de Kiele', die als heel direct bekendstaan, heel volks, en de Kapiteins, wier leven nooit verguld was. De tien Kapiteins die hun vader al vroeg verloren en vooraan zaten toen de mannen van Draagt Elkanders Lasten de kist binnen reden. Een maagzweer, zei iedereen, waait wel over, maar maag- en darmkanker waait niet over. Een kroost van baby's, peuters, kleuters, schoolkinderen en scholieren, verspreid over zeventien jaar, wandelde naar de begraafplaats, zag de kist in de aarde verdwijnen en keek naar de moeder. Die harkte haar moed als een tuinman bijeen en bouwde een nieuw leven op. 'Ik voel me zo de koningin!' zei ze later. Toen moeder in juni 2019 stierf, een half leven later, was het kroost van tien kinderen aangegroeid tot een leger van tachtig man. Kinderen, kleinkinderen en achterkleinkinderen droegen de kist van moeder, grootmoeder en overgrootmoeder te voet door het dorp naar de Rehobothkerk, vlak bij het winkelcentrum. Een zwarte vlek schreed door Urk. Bussen hielden halt, fietsers stapten af, mensen met gele Jumbotassen keken naar de neuzen van hun schoenen en in de gewijde stilte die over het dorp neerdaalde zag Urk hoe de Kapiteins hun koningin de kerk binnendroegen.

De Urker kan veel families situeren in de tijd, kan ze linken aan een kotternummer, aan bepaalde kledij, gedrag, aan de kerk, en soms zelfs aan de taal, zoals bij de Kiele. Al maakt de snelle groei van de bevolking dat situeren moeilijker. In sommige clans bepaalt het verleden de toekomst, en drukt de geschiedenis de eigen ambities naar de kantlijn. Ga maar vissen, zoon. Het vergt veel moed en veel strijd om de eigen droom vorm te geven en het etiket uit je jas te knippen.

Dat collectief aan clans is een magnetisch veld waarin ze elkaar soms afstoten, omwille van het gedrag, het gedachtegoed of de kerk, of elkaar juist aantrekken. Vaak mondt een trouwpartij uit in een economische fusie. Er zijn ook oude vriendschappen van grootvaders die kleinzonen naar elkaar toe drijven. Er is ook de economische nood, die alle romantiek wegschaaft: het pure vraag-en- aanbod. Urk kent een paar vaste plekken waar clans als honden aan elkaar snuffelen. De kerk is daar één van. Als je weet hoe een ander denkt, als je elkaar 's zondags twee keer ziet, heb je een onuitgesproken band, een soort lidmaatschap van dezelfde club. Dat vergemakkelijkt de samenwerking.

Ook de hobbyvoetbalcompetitie, aan de rand van het Urkerbos, is een belangrijk knooppunt in het web. Wekelijks komen daar honderden mannen op af, ook kerels uit de zware kerken, in het zogenoemde 'Keileemstadion'. Vier grasvelden waar je aan de omvang van de pens ziet welke ploeg tot welke divisie behoort. Het hobbyvoetbal bestaat sinds eind jaren zestig. Toen daagden vriendengroepjes elkaar op vrijdag uit aan de bar, liepen op zaterdag de weide in, bakenden het terrein af en schopten elkaar tussen de koeienstront onderuit. Nu bestaat de competitie uit drie divisies. Je ziet er 's zaterdags allemaal mannen met kaalgeschoren kopjes, als in een gevangenis. Velen dragen oorbellen en allemaal rennen ze achter de bal aan. De namen van hun vrouw en kinderen zijn in sierlijke letters op de armen getatoeëerd, soms ook de geboortedatum, in Romeinse cijfers, en de taal in het Keileemstadion is voor iedereen gelijk en voor iedereen toegankelijk: 'Doordekken Piet, doordekken, denk aan je huwelijksnacht!' Na aflopen zitten ploegen om een krat bier heen, gooit iemand een paar hompen vlees op de barbecue en weet bij thuiskomst niemand de eindstand nog. Maar in het Keileemstadion bewaart Urk haar identiteit. Het volk smeedt allianties, wisselt nieuwtjes uit en vult de gaten op. Het voetbal versterkt de binding met het dorp en met elkaar, en geeft structuur aan het weekend. Vroeger heetten de ploegen nog de Zeeboys, FC Heineken, de Rotjes en de Binkers. Zoveel jaar later heeft het Urker bedrijfsleven het hobbyvoetbal tot een interimkantoor omgevormd. Nu hebben teams namen als Topslagerij Cretier, Nortec Constructie en Flevo Elektro.

Urk kent nog meer knooppunten, zoals de zangkoren en de vrouwenkransen. Terwijl mannen tijdens de rust van de wedstrijd een sigaret opsteken en in de sloot pissen, zitten dames samen voor een *bekkien* koffie en praten over hun gezinnen en hun mannen, en bestendigen zo de gescheiden wereld van man en vrouw op Urk.

De schaduwkant van dit schijnbaar geoliede systeem is de omgang met problemen. Loopt het fout in het bedrijf of in de familie, dan zijn de tools niet voorhanden om het probleem op te lossen. Scheurt de kerk, gaat de fabriek over de kop of loopt het huwelijk spaak, dan is de onderlinge verbondenheid een nadeel, en ziet Urk vaak geen andere optie dan het gesprek te sluiten en de sleutel weg te gooien, in plaats van de regels ter discussie te stellen. Waarom zou je ook? De ene set aan regels staat in de Bijbel, de andere set heeft het dorp zelf gevormd en de regels hebben altijd goed gewerkt. Een dorp waar de antwoorden in een boek staan, is nooit geleerd te praten over vragen die de antwoorden kunnen oproepen. Dat blijkt uit Rinkes woorden, de man die me het IJsselmeer overvoer en naar Urk bracht. Rinke was nog een kind toen hij zijn broer verloor. En weinigen die erin slagen de slagschaduw van het verlies te verdrijven.

'*A quick brown fox jumps over the lazy dog.* Ken je die zin?' vraagt Albert Romkes – zwarte broek, blauw hemd, pantoffels en een bril. Ik schud het hoofd. 'Die zin telt alle letters van het alfabet.' Albert had ik niet verwacht te kunnen spreken, en al helemaal niet over het onderwerp waar hij zo lang over heeft gezwegen. Het is avond wanneer we elkaar zien. De wind waait hard. De man begon zijn beroepsleven als monteur en reparateur van typemachines. Bij Kentie was dat. Eind jaren vijftig, begin jaren zestig, was er werk genoeg, en dat werk stopte nooit. In Den Haag liep Albert van ministerie naar ministerie, en overal hoorde hij het geratel van de machines, soms wel honderden tegelijk, en voerde dat eindeloze getik hem in gedachten terug naar de jaren veertig. Tijdens de Duitse bezetting werkte vader Romkes als stoker op het stoomgemaal. Dat gemaal pompte de nieuwe polder leeg, vader schepte kolen, en altijd opnieuw verschool het gezin Romkes zich in de kelder, soms met de Duitsers erbij, als de Britten het gemaal beschoten. Letters op papier, kogels op het dak: Tak tak tak tak tak tak.

'*Maar mun arte wou nôr de zie*,' zegt Albert. Hij wilde vissen. Zijn vader was heel even visserman geweest, maar vader Romkes wist niet hoe zich te verhouden tot de zee, tot dat altijd maar deinende, blauwgroene vlak. Hij voelde zich opgesloten in de grootst mogelijke open ruimte en bleef aan wal. Albert niet. Hij liet de bruine vos nog even over de hond springen, werkte ook nog als inpakker van porselein bij een transportbedrijf en deed toen eindelijk waar hij van droomde: hij voer de Noordzee op. Samen met zijn broer nam hij eind jaren zestig een kotter over van een Katwijker en nam er de bemanning bij ook. Voortaan voeren de broers Romkes op de UK217, de Judith. Nu, zoveel decennia later, is dat verhaal al een tijd geschreven en zit Albert in de zetel. Hij weet wat er komt.

De handen van Albert liggen in zijn schoot. Hoe dieper in de avond, hoe meer hij die handen voor z'n gezicht zal houden, als een mondmasker. Hoe meer hij ook naar de grond zal kijken, naar de tippen van zijn pantoffels, hoe zachter hij zal spreken, als hadden zijn woorden geen bestaansrecht. Langzaam zal Albert zich terugtrekken, als de zee waar hij zo lang op voer, tot die éne winterdag, die ijzelmorgen in 1970, bloot komt te liggen en zijn gedachten terugbladeren naar het hoofdstuk dat zijn leven mede heeft bepaald.

Ik ben niet alleen op bezoek. Rinke Oost is erbij, en Albert weet waarom. Rinke is psychosociaal therapeut en was in het verleden op verschillende manieren verbonden met Albert. Niet professioneel, wel familiaal en sociaal. De familie Oost van Rinke woonde vroeger naast de familie Romkes van Albert, in de Surinamestraat. Toen was het leven nog zacht. De buren zagen elkaar op straat en ook steeds vaker op feesten, toen een nicht van Rinke trouwde met de broer van Albert. De buren raakten steeds meer verstrengeld. Beide families zaten samen in de Hervormde Kerk op Urk.

Anders dan de Romkes zijn de Oosten geen vissers. Het zijn bouwers. Velen werken dan, eind jaren zestig, in het bouwbedrijf van de gebroeders Oost. Toen de Romkes nog naast de Oosten woonden, kwamen ze op vrijdag terug van de Noordzee, doodop, en keerden de Oosten terug van de werf, versleten. De ene met vis in een emmer, de ander met stof in het haar. De belangrijkste brug tussen beide families moest toen nog worden gelegd: Bennie. De grote broer van Rinke: Bennie Oost. Albert zag het jongetje opgroeien. De wittekop veerde net boven de haag uit. Toen Bennie naar zee wilde keek iedereen naar de familie Romkes. *Kan ie mee met jullie?*

Het wordt donker. Albert knipt een paar lampjes aan. Overal staan zware, donkerbruine meubelen. In de vitrinekast glimt het porselein. Een glazen kroonluchter hangt als een omgekeerde dennenappel boven de tafel en breekt het licht in duizend stukken. 'Oké,' zegt Albert, die zijn vingers kruist, als bij een gebed. Rinke zit op de bank. Er staat een tafel tussen hen in. 'Oké', daar begint het mee.

Voor het eerst in vijftig jaar gaan Albert Romkes en Rinke Oost praten over wat er is gebeurd met Bennie. Na een halve eeuw van stilzwijgen, van gebalde vuisten in de broekzak, is dit het eerste gesprek.

Albert: 'Maak ons niet zwart alsjeblieft.'

Rinke: 'Nee, echt niet, daar kom ik niet voor.'

'Het dorp heeft me veel pijn gedaan,' zei Rinke me op de boot, helemaal aan het begin. Dat zinnetje heb ik onthouden. Het is een van de eerste notities in de vele boekjes die ik volschrijf op Urk, en die pijn is het gevolg van wat er met Bennie is gebeurd. 'Zijn naam hoort thuis op het vissersmonument,' zei Rinke.

Nu, maanden na die uitspraak, probeer ik het verhaal bij elkaar te puzzelen. Uit de grote archiefkast van *Het Urkerland* haal ik het jaarboek van 1970. Ik klap het open en zie een advertentie: 'Grote SHOW en DEMONSTRATIE van KLEURENTELEVISIE'. In 1970 zijn er zo te lezen ook zorgen om Everard du Marchie van Voorthuysen, de predikant van de zware Jachin Boazkerk: 'Onze geliefde herder en leraar ligt als gevolg van een griepaanval op bed. Wij hopen en bidden den Heere, of Hij hem op dit ziekbed nabij zal willen zijn en bidden Hem, of Hij hem ook van dit ziekbed wederom op mag richten, opdat hij zondag D.V. weer mag trachten de Waarheid, die in Christus is, voor ons neder te leggen.' Ik zie ook reclame voor negerzoenen: 10 voor f 0,89, lees dat iemand een handschoen kwijt is, en een ander de dop van de benzinetank.

In de editie van vrijdag 6 februari 1970 staat wat ik zoek: 'Maandag j.l. heeft zich een ernstig verkeersongeval voorgedaan waarbij de 14-jarige Bennie, zoon van de familie Oost uit de Surinamestraat, om het leven is gekomen. Niemand weet eigenlijk precies wat er gebeurde, maar plotseling begon de wagen te slingeren en kwam in een met ijs bedekte sloot tot stilstand, terwijl de inzittenden in een weiland terecht kwamen. Met ontzetting werd het bericht in onze gemeente ontvangen en het medeleven met de getroffen familie is dan ook zeer groot. Tragisch is wel dat de jeugdige Bennie overleed op de dag dat zijn moeder haar verjaardag vierde.'

Ik spreek Rinke meermaals, lang voor er sprake is van een ontmoeting met Albert. We drinken wijn. 'Soms klampen mensen me aan, op feesten,' zegt Rinke bij een van onze gesprekken, 'of zelfs in de supermarkt: "Jij bent toch de broer van Bennie?"

Ik was erg jong toen mijn broer stierf, maar heb wel scherpe herinneringen aan die tijd. Ik zie de dominee nog op de voordeur afstappen. Moeder die blij is: Nou, hij is mijn verjaardag niet vergeten! En dan die boodschap. Vader was thuis, vorstverlet in de bouwsector. Mijn ouders reden naar het ziekenhuis in Groningen,

waar Bennie lag. De buurman was ook meegegaan. Hij moest mijn broer ook identificeren. Bij terugkomst had een nicht al witte lakens voor de ramen gehangen. Ik herinner me de enorme zwaarte, de zwarte kleding op de dag van de begrafenis. Ik mocht niet mee naar de kerk en werd bij de buren gebracht. Er speelde zich een film af waar ik niks van begreep. Die kist die in de achterkamer stond kan ik me nog goed herinneren, en mijn moeder die zo hevig leed. Na de dood van Bennie stond ze vaak aan het raam. Ze zag zijn vrienden passeren en bleef op hem wachten.

Als kind heb ik nooit geweten wat mijn broer is overkomen. Plots was hij weg, en niemand zei iets. Niemand. Er werd nooit over gesproken. Niet over de feiten, niet over de gevolgen, over niks. Toen ik acht jaar werd speelde mijn vader een liedje voor mijn verjaardag, op zijn mondharmonica: Er is er één jarig, hoera! Moeder sloeg het instrument uit zijn mond. "Mijn verjaardag ligt op het kerkhof," riep ze. Sinds de dood van haar oudste zoon op haar eigen verjaardag kon ze niets meer vieren, ook mijn achtste verjaardag niet.'

Rinke haalt een schoendoos tevoorschijn. Het doodsprentje van Bennie is vergeeld. In de doos ligt de met balpen uitgeschreven preek van de dominee op de begrafenis: 'Bennie was nog maar veertien jaar, nog geen vijftien. Zondagmiddag zat hij hier nog in de kerk, nu wordt hij straks uitgedragen. Daar zit zoveel raadselachtigs in, dat het geen wonder is dat zulke vragen over de lippen komen, vragen als: zou God het weten?'

'Zijn naam staat niet op het vissersmonument,' zegt Rinke. 'Dat doet me pijn. Bennie is gestorven op weg naar het schip. Zonder dat schip zat hij die dag niet in de auto. De autorit maakte integraal deel uit van het werk. Doordat zijn naam er niet op staat, voelt het ook alsof hij er niet bij hoort, dat hij geen lid was van de vissersgemeenschap van dit dorp. Jammer. Echt jammer. Een jongen zegt "*doeg moe*" en keert niet meer levend terug. Zoals de jongens op zondagavond "*genacht*" zeggen als ze naar zee gaan. Dat is het criterium voor mij.

Kijk.' Hij wijst naar een schilderij. 'Dat is Bennie. Zijn gezicht, prachtig geschilderd op verscheurd Bijbelpapier. Ik kan er lang naar kijken.

Al wat ik weet van het voorval heb ik jaren geleden neergeschreven. "Er is er één jarig, hoera!" heet de tekst. Daarin staat hoe ik meer te weten kwam over de feiten.'

Het moet op één van die namiddagen geweest zijn dat ik weer met mijn vader op pad ging. We woonden in de toenmalige nieuwbouwwijk en liepen richting het oude gedeelte van het dorp. Daar woonden de typische dorpsmensen. We kwamen aan bij Gerrit, tegenover mijn tante. Een oude man die opviel door zijn grote gestalte en een wat verwaarloosd zwart driedelig krijtjespak. Soms droeg hij een zwarte hoge hoed. Het bijzondere was dat hij nooit schoenen droeg maar altijd op sokken liep met plastic zakken eroverheen.

Ik zag alleen maar boeken. Het had iets spannends, alsof het allemaal toverboeken waren. Hij en mijn vader gingen zitten. Ik liet me zakken tegen het schot en zat neer tussen de stapels boeken. Zij praatten wat en ik lette niet op. Ik vond de boeken interessanter. Tot Gerrit aan mijn vader vroeg: Zeg, hoe is dat toen gegaan met die jongen van je? Mijn oren stonden op steeltjes. Vader begon te vertellen:

'Die jongen van me ging niet graag naar school. Hij wilde vissen. We hebben hiervoor vrijstelling gevraagd. Dit kreeg hij, en hij hoefde nooit

meer naar school. Hij ging mee met de familie Romkes, de man van mijn nicht, die samen met zijn broer een schip had. Bennie was al een aantal maanden aan het vissen en had het reusachtig naar zijn zin. Het was midden in de winter, het had gesneeuwd, niemand ging die morgen op pad. Toch werd mijn zoon opgehaald met de auto om naar Delfzijl af te reizen, waar de kotter in de haven lag. Het weer zou beter worden, was de voorspelling. Voordat hij wegging, riep hij: Ik neem een lekkere rog mee zaterdag! en sloeg de voordeur dicht. Later op de middag zaten we aan de borrel toen de dominee binnenkwam. Hij vertelde het. In de auto op weg naar Groningen zagen we hoe slecht de weg was, en verraderlijk. Co [moeder van Bennie] *werd stiller en stiller, staarde maar wat voor zich uit, alsof ze wist wat ze zou aantreffen. In het ziekenhuis moesten we alleen nog identificeren. We werden opgevangen door een arts die vertelde dat onze zoon op slag dood was. Omdat hij als jongste achterin op de middenplek zat heeft hij door de klap zijn nek gebroken. Mijn vrouw is nooit meer dezelfde geweest.*

‘Ik heb de dominee van destijds nog gebeld,’ zegt Rinke. ‘Decennia later. Ik werd niks wijzer van het gesprek. Met Albert heb ik er ook nooit over gesproken. Toch weet hij alles.’

Albert zat aan het stuur.

Na de dood van Bennie verwerken vader en moeder Oost het trauma op een verschillende manier. De dood van hun zoon drijft een wig tussen hen. De situatie is netelig. Vader Oost blijft met zijn broer praten, die natuurlijk ook aan zijn dochter en zijn schoonzoon denkt, Albert Romkes. Moeder Oost gaat op een andere manier om met de feiten. Komen Albert en zijn broer de kamer binnen op een familiefeest, dan stapt zij op. Leest Albert als ouderling in de Hervormde Kerk voor bij een afscheid van een familielid in het rouwcentrum, dan stapt moeder Oost ook op. De situatie wordt nog complexer wanneer Albert Romkes en Rinke Oost aan elkaar worden gekoppeld als ouderlingen. Zij moeten samen op huisbezoek bij het kerkvolk. De een zat aan het stuur van de auto waarin de broer van de andere is verongelukt.

Wanneer Albert Rinke op een dag met de auto komt ophalen en Rinke in de auto wil stappen, kijkt hij om en ziet zijn moeder voor het raam staan. Aan de andere kant van de auto staat Albert: ‘Verrek', denkt Rinke, 'ik zit ertussen. Ik zit tussen de beide families in.' Ook in de auto, in de kerk of op bezoek praten Albert en Rinke niet over Bennie. Later vallen ook de getuigen weg. De broer van Albert, die ook in de auto zat, dementeert op zeer jonge leeftijd. Ook de vader van Rinke dementeert. Nu, vijftig jaar later, zegt Albert oké en zit Rinke tegenover hem in de woonkamer.

'Ik denk er nog iedere dag aan,' zegt Albert. 'Als het koud is, durf ik de auto niet in. De weken en maanden na het ongeval vluchtte ik de Noordzee op, om even verlost te zijn van alle spanning en alle pijn. Ik begrijp dat het voor jullie erg lastig was, en is, maar het had ook op mijn leven zo'n grote impact.'

Rinke: 'Daarom is het zo jammer dat er nooit over gepraat is.'

Albert: 'De spanningen waren te groot. Ik voelde me zo ontzettend schuldig. Je denkt dat alles goed gaat, en dan slip je van de baan af en is niks nog hetzelfde.'

Rinke: 'Wat is er precies gebeurd die dag?'

Albert beweegt niet bij het praten. Hij is in de zetel verzonken, als een schip op een zandbank. 'Iedereen denkt dat we toen vroeg vertrokken,' zegt hij, 'toen er nog ijzel op de weg lag. Het tegendeel is waar. We wachtten juist heel lang, tot we de bus uit Emmeloord zagen komen. Dat betekende dat de weg was gestrooid en vrijgemaakt. Dat we niet als roekelozen de weg op gingen, bewijst het feit dat er nog andere Urker vissers achter ons reden. Ook zij hadden lang gewacht.'

De vrouw van Albert kijkt naar haar man. Hij praat zacht, met veel stiltes.

'Juist dat weekend had je vader de nodige documenten verzameld voor Bennie. "Ik mag aan boord!" riep hij die ochtend. "Ik mag aan boord!" Ik voelde me verantwoordelijk voor je broer, Rinke, echt waar.'

Rinke: 'Waar ging het fout?'

Albert: 'In de buurt van Marum, in Groningen. De Urkers achter ons zagen het gebeuren. We reden op een eenbaansweg, namen een afslag, slipten, ik verloor de controle over het stuur en we raakten van de weg af.'

Rinke: 'En Bennie zat achterin op de achterbank, in het midden?'

Albert: 'Bennie zat niet in het midden. Hij zat rechts achterin.'

Rinke: 'Wie zat er nog meer in de auto?'

Albert: 'Een bemanningslid uit Katwijk. De andere twee bemanningsleden zouden we later nog oppikken bij het treinstation van Groningen. We zaten met zijn vieren in de auto: ik aan het stuur, mijn broer naast me. En achterin jouw broer en de Katwijker. Er was een dichtgevroren sloot vlak bij die boom. Mijn broer knalde door de voorruit, brak zijn neus en liep een zware hersenschudding op.'

Rinke: 'En jij?'

Albert: 'Zelf kroop ik uit de auto en liep totaal ontredderd het bevroren weiland in. Het bloed spoot uit mijn hoofd. De Katwijker was ook groggy, zijn sleutelbeen was gebroken. De Urkers in de auto achter ons hebben meteen de hulpdiensten verwittigd.'

Rinke: 'Was mijn broer toen al gestorven?'

Albert: 'Je zag niks aan 'm, Rinke. Niks. Ze brachten Bennie en mij naar de ambulance en reden naar het ziekenhuis. Daar vroeg ik aan de arts hoe iedereen eraan toe was. Waar mijn broer was, en waar Bennie was. Niemand zei iets. Toen zag ik jouw vader, moeder en de buurman, en ik besefte meteen de ernst van de situatie.'

'Ik krijg het er koud van.'

'Ik zag je thuis rondlopen, Rinke, je was nog zo klein. Samen met mijn vrouw en broer kwam ik op bezoek. Het was verschrikkelijk. Thuis lag ik zwijgend op de bank, wist met mezelf geen raad. Om dan uiteindelijk weer te gaan vissen, weg van dat alles.'

Rinke: 'Er valt jou niks te verwijten. Mijn ouders kregen gewoon de kans niet om dit te verwerken. Moeder wist met haar verdriet en woede geen raad. Ze werd er sarcastisch van, ze verhardde. Als zoiets nu gebeurt, is er slachtofferhulp. Toen was er niks. Een Urker weet ook niet goed hoe daarmee om te gaan.'

Albert: 'Als je moeder ons zag, keek ze de andere kant op. Ik wist zelf niet goed hoe dit aan te pakken. Het is je ook nooit geleerd. Ik trok me terug op de boot.'

Rinke: 'De dood van Bennie hing thuis ook altijd in de lucht. We mochten ook geen contact meer hebben met jullie, de Romkes. Dat wilde moeder niet.'

Albert: 'De haat werd alleen maar groter, maar niemand die iets durfde te zeggen.'

Rinke: 'Als zijn naam op het monument zou komen, kunnen we daar samen naartoe.'

Albert: 'Ik heb ook familie op dat monument staan. Ik ga er soms heen, om hen te herdenken.'

Rinke: 'Het kan ons binden.'

Albert: 'Ja, inderdaad. Een mooi moment kan dat zijn, voor de familie Romkes en de familie Oost.'

Rinke: 'Ik ben blij dat we erover spreken.'

Albert: 'Hadden we dit vijftig jaar geleden maar gedaan.'

4

Strontbult

Scars have the strange power to remind us that our past is real.

Cormac McCarthy, *All the Pretty Horses*

Iedere avond wandel ik door het oude dorp en iedere avond voel ik mij een eilandbewoner. Ik breek me er het hoofd over. Hoe kan het dat een dorp dat nu deel uitmaakt van het vasteland nog altijd aanvoelt als een eiland? Waarom verandert het Urker paspoort niet, of althans niet wezenlijk? Esthetisch, door die oude, kleine, dicht op elkaar gepakte huisjes, doet het dorp antiek aan, maar ieder huisje heeft nu een draadloze internetverbinding en iedereen weet hoe Amsterdam eruitziet. De Urker blijft dat oude *carcan* zonder morren aantrekken. Hoe kon en kan die cultuur al die tijd overleven?

En dat terwijl niemand een cent gaf om dit dorp toen Nederland zich aan een van 's werelds grootste inpolderingswerken ooit waagde. Men zag het afsluiten van de zee ook als het afsluiten van de lokale cultuur. Wat voor het rijk als een nationaal hoogtepunt gold en waar de wereld zich internationaal aan vergaapte, was voor Urk een lokaal dieptepunt. Misschien schuilt de reden wel in de contradictie, in het feit dat juist de massieve inpoldering de Urker cultuur heeft bewaard. Door het dorp aan de kant te schuiven en het geen nieuwe kansen te bieden in het Nieuwe Land, wekte Nederland weerstand op. Urk keek een laatste keer naar de nieuw verrezen polder, net zoals de vrouw van het vissersmonument een laatste keer naar de zee kijkt, keerde die zo vruchtbare polder de rug toe, voer de Noordzee op en bewaakte de eigen cultuur meer dan ooit tevoren. Uit noodzaak. Maakte de druk op het eiland van steenkool diamant?

Ik zoek een getuige, een negentigjarige die zag hoe de dijk de vrijheid afsloot. Iemand die heeft meegemaakt wat ik in boeken lees. Toegang tot het bejaardentehuis krijg ik niet, omwille van de privacy van de bewoners. Dus schakel ik mijn groeiend netwerk in, en al mijn connecties wijzen naar dezelfde man: Louw Post. Het precieze adres kan niemand me geven, alleen dit: 'Ga naar de Bethelkerk, je vindt 'm wel.'

Ik kijk er om me heen en mijn oog valt op een grijze man aan een raam. Hij zit in een elektrisch te bedienen stoel. Die man heb ik al zo vaak gezien. Ik klop aan. Hij opent de deur en houdt zijn hand, groot als een sneeuwschop, achter zijn oor: 'Ben jij die Belg?' vraagt hij. Ik knik. 'Ik ben Louw. Ik hoorde dat je naar me op zoek was.' Eenennegentig jaar is Louw Post en nog zo helder als pompwater. Louw is een keurige man die zijn hele leven visserman is geweest. Hij las ook de kerkregels voor. Dan stond hij bij het spreekgestoelte in zijn pak, de broek hoog opgetrokken, en declameerde dat gij niet zult echtbreken.

'Het dorp is véél groter geworden dan in mijn jeugd,' zegt Louw. Hij is mijn missing link. 'Maar de manier van denken is nog altijd dezelfde, vind ik. Ik had dat zelf ook niet verwacht, toen ze de zee afsloten.'

De schoonzoon van Louw luistert mee. Af en toe helpt hij me, als Louw me niet goed begrijpt. 'Wat zegt hij?' vraagt Louw dan. 'Wat zegt die Belg?' 'Hij vraagt of Urk is veranderd,' zegt de schoonzoon. 'Wat zeg je?' 'Of het dorp nog hetzelfde gebleven is na de inpoldering?'

'Hooo, ik had gedacht dat niks nog hetzelfde zou zijn,' zegt Louw. 'De Urker bleef de Urker.' Ik vraag nogmaals hoe dat komt. 'Omdat ze niet alleen de zee hebben afgesloten, maar ons dorp ook hebben uitgesloten.' Louw drukt op een knopje. De rug van de zetel kantelt achterover. Hij kan er nog om lachen ook: 'Wij hadden niks te zeggen. Niks over het afsluiten van de zee en niks over het inpolderen. We zagen hoe de Zuiderzeewerken kwamen en een einde maakten aan de stilte van dit dorp, met al die machines, schepen, kranen en baggermolens. Plots waren wij alles kwijt: de zee en het eiland. We vielen toen maar terug op onszelf.'

Het duurt altijd even voor hij mijn Vlaams accent heeft gedecodeerd, maar als wat ik zeg eenmaal is doorgedrongen, zie je de radertjes in elkaar haken en is ieder woord een steen waarmee Louw zijn leven heropbouwt.

'Urk vreesde dat er straks auto's in het dorp zouden rijden, dat er bioscopen zouden worden gebouwd, dat het geloof teloor zou gaan. Dus streed en strijdt iedereen nog altijd voor het behoud.'

Naast Louw staat de boot die het leven van de familie Post

vormgaf: de UK176. De miniatuurboot is blauw geschilderd en staat op de vensterbank, opdat niemand vergeet dat *Ouwe Louw* de zee heeft bevaren. Naast de boot staat een draadloze telefoon. Komt de kleinzoon de haven van Harlingen binnenvaren met de UK176, dan belt hij z'n grootvader. Iedere dag nog krijgt Louw een print met de vangst van de dag en wat technische opmerkingen: 'Ik merk dat de motor lekker en soepeler draait. Welterusten.' Als het moet, kruipt Louw desnoods zelf de machinekamer in en draait die ene moer aan die iedereen over het hoofd ziet.

'Na de inpoldering sloten we de rangen,' zegt hij. 'We vormden als het ware een front en praatten ook veel over ons oude leven. Dat werd levendig gehouden in de verhalen. Het was een ruw leven vroeger, voor de inpoldering. Ruw als de zee. We dronken water uit een regenton waar beestjes in zwommen. Veel medische hulp was er niet. Schepen vergingen. Doeken hingen voor het raam. Toen mijn grootmoeder bij een ramp haar man en een zoon verloor riep ze: Dicht de ramen, dicht de ramen! Ze verloor er nog veel meer. Andere kinderen stierven aan tbc. Een zoon van haar, een militair, kwam naar Urk om te sterven. Haar man en zoon staan op het vissersmonument. Ze zijn nooit meer teruggevonden. Ik zie mijn grootmoeder nog aan het raam zitten. Passeerde er een jonge kerel, dan riep ze: Daar gaat hij! Daar gaat hij! Roep 'm! Roep 'm! Die waanbeelden waren verschrikkelijk. Ze verloor uiteindelijk vijf kinderen. Er bleef bijna niemand meer over. Grootmoeder liep huilend over de houten zoldervloer: Wat is er toch gebeurd, riep ze.

Dat soort verhalen vertelden we elkaar toen de dijk werd gelegd, nadien vertelden we die nog veel meer. Urk miste zijn vrijheid. Er werd een streep getrokken onder het toenmalige leven. De reden waarom Urk zichzelf is gebleven, denk ik, is omdat we nog altijd niet geliefd zijn.' Hij lacht. 'Dat werd na de inpoldering duidelijk. Er is ons meer overkomen dan alleen dat droogleggen, de weerstand werd altijd gevoed. Het versterkte onze eendracht.'

Ik zwaai Louw gedag en beloof hem om eerst te zullen studeren, voor we het gesprek voortzetten. Thuis filter ik de geschiedenisboeken uit mijn stilaan akoestisch volledig geïsoleerde kamertje. Het ruikt hier naar oud papier. Dagenlang wurm ik me door vaal geworden boeken, en besef dat ik me niet té veel mag ingraven in de geschiedenis, mijn blik mag niet té gefocust zijn op het verleden, want ik kan me niet aan de indruk onttrekken dat de werelden waar ik nadien nog in ga duiken, maar waarvan ik nu nog geen weet heb, waaronder die van de drank en drugs, weinig te maken hebben met de inpoldering en de verzetsmentaliteit. Ik pak mijn boekje en neem een laatste keer nota over de tijd van toen. Omdat het moet.

De geschiedenis schuilt altijd in de voetnoten, merk ik. In ruil voor het organiseren van een verkaveling op het tot dan toe zo warrig ingedeelde eiland Urk zet de burgemeester ten tijde van de inpoldering zijn handtekening onder een document dat bepaalde eigendomsrechten op de zeewering rond het dorp, en al wat daar verder nog omheen ligt, aan het rijk toekent. Hij vreest dat Urk anders uitgesloten wordt van de in aanbouw zijnde polder, die de 'Noordoostpolder' zal heten, en niet het 'Urkerland', dat nu alleen de naam is van het lokale krantje. Water en land behoren Urk sindsdien niet meer toe. Later worden wel correcties doorgevoerd – Urk heeft nu wel een stukje water van het IJsselmeer in handen –, maar door de explosieve bevolkingsgroei die toen al, en nu nog altijd, woedt is er constant behoefte aan nieuw land, en altijd moet Urk onderhandelen met de naburige gemeente, met het rijk en soms ook met vastgoedmakelaars. Die zijn maar in één ding geïnteresseerd. Asterix moet altijd aankloppen bij de Romeinen. Urk dient niet alleen te luisteren naar het rijk, maar moet in de jaren veertig ook luisteren naar het Derde Rijk.

Sikke Smeding, de machtige landdrost die alles voor het zeggen heeft bij de Zuiderzeewerken, rekent uit dat de Noordoostpolder graan oplevert voor zo'n anderhalf miljoen mensen. Dat zint Duitsland, dat Nederland is binnengevallen. Het droogleggen strookt met het arcadische *Blut und Boden*-narratief van de nazi's: ariërs die de zee terugdringen, dijken aanleggen en het land omploegen. Adolf Hitler is persoonlijk op de hoogte van het project. Het draagt zijn goedkeuring weg. De man had eerder overigens al een telegram ontvangen van de Urkers, een paar jaar voordien. Zij verzochten hem in de jaren dertig de Joodse handelaren met rust te laten, want de visprijs ging omlaag. De Führer heeft niet geantwoord.

Er zijn ook Urkers die de inpoldering als een bron van inkomsten zien. Zij kijken anders naar de werken dan de oudere vissers. Maar zij die deel uitmaken van de Zuiderzeewerken beseffen al snel hoe zwaar het werk is. Negen uur per dag grond omspitten, in een grenzeloos kale, drassige vlakte. Het eten is slecht, je handen scheuren open, je rug en schouders verbranden in de zon; en de strozak in de barakken, een paar kilometer verderop, slaapt niet lekker. Al kun je ook verdwijnen in de polder, en dat biedt voordelen. De NOP (Noordoostpolder) krijgt in de Tweede Wereldoorlog een bijnaam: Nederlands Onderduikers Paradijs. De bezetter staat toe dat zo'n 15.000 Nederlanders de verplichte *Arbeitseinsatz* ontduiken en de polder mee helpen omspitten. Graan is kennelijk belangrijker dan kogels. Het wemelt in de Noordoostpolder van de verzetslui die zich veilig voelen in het opgeschoten riet. Ze vangen er neergeschoten geallieerde piloten op, verbergen wapens en laten de arbeid voor wat hij is. Tot frustratie van de inrichters en de Duitsers. Na de landing in Normandië draait Duitsland de duimschroeven aan. De bezetter organiseert een razzia en pakt een heleboel arbeiders op.

Eerst was er de Afsluitdijk, in 1932, daarna kwamen de baggermolens en dijkbouwers, daarna arriveerden begin jaren veertig de Duitsers en de verzetsstrijders. En plots krijgt het dorp dat door al die partijen wordt gebruikt voor eigen, specifieke doelen, nog een andere, ongrijpbare tegenstrever: de mug.

Het ecologisch evenwicht in het nieuwe IJsselmeer is verstoord. Bepaalde vissoorten die zich in het zoute water voeden met muggen(larven) zijn verdwenen en geven de larven vrij spel. Al bij het dichten van de Afsluitdijk redden automobilisten het niet zonder ruitenwissers. Als sneeuwvlokken blijven de muggen aan het raam kleven en klonteren samen tot een donkere, stinkende brij. Eind negentiende eeuw had ingenieur Cornelis Lely in zijn eindrapport al gewaarschuwd voor insecten en een uitbraak van malaria. In 1923 is het zover en breekt er een epidemie uit in Noord-Holland. De inwoners rondom het IJsselmeer spreken van 'polderkoorts'. Een 'muggenplaagcommissie' pakt het probleem aan en benoemt de nieuwe vijand: de chironomus plumosus. De mug danst alleen, ze steekt niet, maar de wolken zijn zo groot dat niet alleen op Urk maar ook in andere IJsselmeerdorpen het water uit de regenton eerst gezeefd moet worden om ervan te kunnen drinken. Als kikkerdril drijft de drek op het water. Inwoners naaien een fijn gaasje aan hun pet of hoed, als bij een begrafenis, en hangen een hor voor de ramen.

Alleen de vissers klagen niet. Hoewel veel vissoorten verdwenen zijn, zorgt de paling voor inkomsten, als een van de weinige soorten. Die voedt zich met muggenlarven, weliswaar niet genoeg om de plaag te kunnen indijken, maar de vis wordt dik als scheepstouw.

Amateur-uitvinders melden zich bij de commissie. De een wil een toren bouwen en vleermuizen kweken, de ander denkt aan reusachtige stofzuigers of grote vuurkorven, maar de bioloog van de commissie kiest samen met de NV Philips Gloeilampenfabrieken voor een vangmachine. Boven op telefoonpalen schroeven ze een speciale kooi. Ultraviolet lamplicht trekt de muggen aan, waarna ze geëlektrocuteerd worden tussen fijn gespannen koperdraad. Het lijkt te werken, maar de muggen zijn onvoorspelbaar. Het ene jaar hangen ze als dichte mist boven het dorp. Andere jaren zijn ze er niet. Ook nu nog is de muggenplaag groot op Urk. Samen met de muggen komen ook de spinnen, muizen, spreeuwen en wezels. Er is ook nog de pluis van de moerasandijvie, die massaal wordt geplant, omdat die veel water uit de bodem trekt en de inpoldering versnelt, samen met de eindeloze aswolken van het afgebrande riet. Urk verandert in een mijnwerker.

Sikke Smeding is de landdrost die namens het rijk haast alle macht in handen heeft. Hij kan, vanuit het niets, een samenleving op de zeebodem opbouwen als uit een vers pak klei. Voor Urk is geen plaats in de nieuwe polder, zo blijkt uit onderzoek. Sociograaf Sjoerd Groenman buigt zich in de jaren veertig onder andere over Urk, om te zien of het voormalige eilandvolk voldoet aan de hoge eisen om er te mogen boeren. Er zijn verschillende versies van het uiteindelijke rapport van Groenman, maar in de eerste, meest vertrouwelijke, is duidelijk dat Urk de boot mist: 'Als industrieel ondernemers hebben de Urkers tot dusverre geen blijk van bekwaamheid gegeven.' De huizen op Urk zijn volgens hem 'slechts karakteristiek als voorbeeld van slechte huisvesting'. Groenman heeft een idee: deporteren. Hij wil de helft van de bevolking elders stallen, in andere vissersdorpen, op plekken waar de Urkers 'arbeid in open lucht' kunnen verrichten. De inrichters van de polder zien het gevaar en beseffen dat de 'Urkers zich geen speelbal' mogen voelen van deze politiek.

Uit het selectierapport van een 26-jarige kandidaat-boer uit Urk: 'Het gaat weliswaar om een stevig gebouwde, goedwillende, plichtsgetrouwe jonge man, maar hij is slecht ontwikkeld en dom. Een boer zit er niet in, als arbeider op een gemengd grasbedrijf zou hij beter op zijn plaats zijn.'

Sommige landbouwkavels in de nieuwe polder zijn 48 hectare groot, het gros 24 en een klein deeltje is maar 12 hectare. De Urkers moeten het rooien met een zandstrook ten zuidoosten van het voormalige eiland. De woede is groot. Ze vinden schelpen in hun 'nieuw land'.

Klaas, de vader van schedelman Tiemen Roos, werkt in die tijd als tiener bij zijn vader, die ook Tiemen heet. Ze bestieren de Christelijke Boeren-en Tuindersbond. Als er op een dag een controleur van de inrichters langskomt om de kavel te keuren en de diepte van de greppels te meten, breekt de klomp van Klaas: 'Mijn vader vroeg: Wilt u koffie? Maar hij zei: Nee, ik zal eerst kijken. Ik zei: Is het niet goed dan? Hij zei toen: O, Klein Duimpje zegt ook wat. Wat er toen in mij gebeurde, ik weet het niet, maar ik sprong op, duwde hem in de sloot met z'n kop onder water. De buren moesten me van hem afhalen. Er knapte iets in me.'

Urk is ten tijde van de inpoldering een orthodox protestants eiland in een land dat als een schaakbord is opgedeeld in hokjes met katholieken, vrijzinnigen, liberalen, socialisten enzovoort. Ook de Noordoostpolder moet een blauwdruk van het heersende maatschappelijke veld zijn. Evenveel katholieken als vrijzinnigen en protestanten krijgen toegang tot de polder. Elk een derde. Het agrarische nieuwe land kent zo een Rooms-Katholieke Boeren- en Tuindersbond, een Christelijke Boeren- en Tuindersbond en een Niet-Confessionele Overijsselse Landbouwmaatschappij. De snelgroeiende omgeving van Urk is dus pluriform en kent een totaal ander wereldbeeld dan het streng calvinistische dorp, waar zelfs de gymclub christelijk is, en de duivenvereniging.

Bijkomend verschijnsel: de cultuur van boeren is anders dan die van vissers. In de Noordoostpolder is de boer de baas en zit de knecht op een strozak. Het is een piramide. Ook onderling zijn de verhoudingen duidelijk: een boerderij van 48 hectare heeft een groter aanzien dan de keuterboer met z'n lapje van 12. De strijd is hard: de beste bieten, de grootste patat, het graan, de voren, de trekker, de auto, de tuin. En dan heb je Urk, die typische, vlakke, egalitaire, maritieme samenleving die door het eilandverleden verder is versterkt en draait om vrijheid, autarkie en onafhankelijkheid. Daar is de schipper vaak ook eigenaar van het schip, maar werkt de bemanning op maatschap en krijgt zo een vast percentage van de besomming. Je wint samen en je verliest samen. En je eet ook samen in de kombuis. De andersdenkende polder staat zo ver af van Urk, dat het eiland zich almaar meer terugtrekt. Dat wordt er niet beter op als er acht jaar na de inpoldering nog altijd geen fatsoenlijke autoweg naar Urk leidt. Het dorp kent aan de achterkant alleen maar modder, en wanneer het IJsselmeer dichtvriest, is Urk opnieuw een eiland, ingeklemd tussen ijs en bevroren modder, en loopt het fout wanneer Harmpje Kramer in verwachting is van haar derde kind en moet bevallen op kerstavond.

Er treden complicaties op, maar er is geen ziekenhuis op Urk. Bij gebrek aan een autoweg moet het geïmproviseerde vliegveld, afgezet met vuurkorven, helpen om Harmpje weg te brengen. Landen lukt niet. Urkers laden haar als een zak aardappelen in de open laadbak van een vrachtauto. Die rijdt naar Ramspol. Een boot vaart haar naar een ziekenhuis in Zwolle. Daar raakt ze in coma, bevalt tien dagen later en overlijdt. Twee maanden na de dood van Harmpje wandelt de vader van het kind over de nieuwe dijk naar Ramspol om zijn dochter te bezoeken. Ze overlijdt een dag later. De man loopt met een houten doodkistje terug naar Urk. Later zegt een zus van Harmpje: 'Wat me bijblijft, is het gevoel van machteloosheid. We waren te naïef om kwaad te zijn, maar we dachten wel: is dit nou de ontsluiting van Urk? Is dit wat de polder ons gebracht heeft?'

Uiteindelijk arriveert een konvooi vrachtauto's op Urk, volgeladen met steenkool en voedsel, en krijgt Urk in 1948 een wegverbinding. Maar de relatie tussen Urk en het rijk ettert alleen maar door, als er op die autoweg plots bulldozers op weg lijken naar het dorp. De provincie Overijssel wil het dorp platgooien.

Eind 1957 blijven er volgens het voorstel van de Planologische Dienst van Overijssel, de provincie waar Urk dan toe behoort, maar een paar gebouwen in het dorp over: de *landmarks*, zoals Het Kerkje aan de Zee, de vuurtoren, het gemeentehuis en een paar antieke visserswoningen. De rest wordt vermalen tot steengruis. Het dorp steigert als een wild paard. Het is misschien wel de ultieme poging van de overheid om haar groeiende, bureaucratische macht te verzilveren en een van de laatste, oude bastions van het Nederlandse vissersverleden te incorporeren in het ideaalbeeld van de perfecte poldermaatschappij.

Oud-visser en wethouder Lubbert Kramer schrijft een pamflet: 'Weldenkende mensen, zelfs ongelovigen, zullen ons respecteren als we onszelf willen blijven, als we het volkskarakter ook op dit terrein niet willen verloochenen.' Gemeenteraadslid Jan Schraal vreest voor de 'religieuze opvattingen en conservatieve beginselen' van het dorp. Schraal ziet de hand van de rooms-rode nationale regering in het plan, dat de kern van protestants Nederland volgens hem wil vermorzelen. In het voorstel van de planologen hebben de nieuwbouwhuizen een slot en een sleutel. Dat je huizen kunt sluiten, snapt Schraal niet: 'Dat is het begin van de verwijdering tussen ons oude dorp en de nieuwe tijd.' Het loopt zo'n vaart niet. Huizen worden uiteindelijk vooral gerenoveerd en het oude dorp blijft behouden. Maar toch. Ook na het verijdelen van het platgooien blijven de Romeinen kennelijk maar aandringen.

De ecologische gedachte wint aan kracht, hernieuwbare energie wordt een thema en een paar decennia later komt Urk weer in het vizier van de overheid. In de zoektocht naar open ruimte voor het bouwen van windmolens glanst het IJsselmeer als parelmoer in de ogen van de beleidsmakers. Nu is ook het uitzicht van het antieke dorp in het geding – het uitzicht dat zovele Urkers nauw aan het hart ligt. Weer stroopt Urk de mouwen op, om wat rest te behoeden voor wat komt. Een groepje Urkers richt een comité op, Urk Briest! Het dorp spreekt van een 'ijzeren gordijn' dat hen straks omringt. Een petitie van het comité levert vijfduizend handtekeningen op. Wie vragen heeft, vindt online antwoorden. 'Steun het verzet en trek ten strijde!' lees je daar. En een bankrekeningnummer, dat vind je daar ook: 'Urk Briest kan uw financiële steun goed gebruiken!'

In april 2009 bezoekt de minister van Economische Zaken Urk. Het comité is aanwezig en drukt haar een doos met de vijfduizend handtekeningen in de hand. Tiemen Roos, de man van de schedels, zet de minister een bril met oogkleppen op en nodigt haar uit naar het IJsselmeer te kijken: 'Straks zal alleen pal naar het westen nog vrij uitzicht zijn omdat ten noorden en zuiden van Urk reusachtige windmolens het uitzicht zullen domineren.' De minister zegt bereid te zijn de plannen eventueel aan te passen. Een paar jaar later staan er 86 turbines in Windpark Noordoostpolder en is Urk een cel omgeven door lange spijlen. Voor de zoveelste keer is het duidelijk: ze moeten niks van ons hebben.

'Aha!' zegt Louw, 'daar heb je die Belg weer! Kom erin.' Er liggen mergpijpjes op de tafel en de damp van de hete koffie walmt de kamer in. 'Heb je ook gelezen over het afbreken van het dorp?' vraagt hij. Ik knik. 'Ik herinner me de angst nog. En de kwaadheid. Man, dat was hier een toestand. Het voelde voor de Urkers alsof

ze er alles aan deden om ons aan de kant te schuiven, alweer. Ons dorp moest zogezegd veranderen, moderniseren. Dat hebben ze uiteindelijk niet voor elkaar gekregen. De Urker raad had toen toch nog iets te zeggen.'

Ik vraag Louw hoe zoiets doorwerkt in de mentaliteit, die meer behelst dan alleen weerstand. Waarom jongens dan nog zo stoer moeten zijn, waarom vrouwen kransen houden, waarom je hier zo nadrukkelijk moet voldoen aan wat ik het Urker paspoort noem. 'Misschien zit dat in de genen,' zegt Louw. 'Wij zijn trots op onze manier van leven, en willen dat zo houden. Daar heeft die weerstand ook mee te maken. Als de ander niks van je hebben moet, dan vraag je je af waarom, en wil je daarvoor vechten. Wat is er mis met het diepe geloofsleven? Wat is er mis met vissen? Met kransen? Met grote families? Zelfs vroeger dachten wij al dat Urkers een streepje voor hadden op de mensen aan de wal: "Hij komt van de wal, kijk uit, houd hem in de gaten!" Urkers moesten ook altijd vechten om den brode, en het voelt zo goed als dat lukt. Daarom zijn we er trots op. We blijven vissers, hè. Die staan op hun vrijheid.' Wanneer ik hem wijs op de onvrijheid die met het paspoort samenhangt, schudt hij het hoofd. 'Onvrijheid?' Er volgt een verhaal over de Heere en over de schoonheid van het dorp. 'Toen Urk nog een eiland was.'

De dwang van het Urker paspoort gaat uit van de kerk en van de families. Dat is de cultuur: de strijd om het behoud. Maar klopt mijn beeld wel? Ik ben nu al een aantal maanden op Urk en heb me tot nu toe vooral in het oude dorp opgehouden. Hier vind je het verleden terug, veel ouderen die verlangen naar vroeger, al beseffen ook zij dat de inpoldering uiteindelijk een noodzaak was, want de bevolkingsgroei zou midden jaren tachtig op de grenzen van het eiland zijn gestuit. Dan was de boel volgebouwd en restte er geen andere weg dan te bouwen in de nieuwe polder.

Voor ik me richt op het jonge en nieuwe Urk, dat van de buitenwijken, kom ik tot de conclusie dat er vanuit het oude dorp een nostalgie uitgaat die het hele dorp omvat. Om iedereen in de geestesgemeenschap, die van de kerk, het ambacht, het gedrag en het daaruit voortgevloeide paspoort, aan boord te houden giet Urk een nostalgische saus over alle verhalen. Ik beschouw nostalgie als de maïzena die dit dorp bindt. Urk is doordesemd van een vaag heimwee naar een tijd die vrijwel niemand meer kent: de tijd van de zo geprezen vrijheid en onafhankelijkheid. De tijd dat niemand hun iets kon opleggen. Alleen God – maar die telde meteen driedubbel. Er was de zee en de bult. En niks anders. Nostalgie is het dekzeil waaronder het dorp schuilt. Aan dat zeil wordt hard getrokken om iedereen eronder te vangen, met als gevolg dat het onder grote spanning staat. Dat beseft het dorpsbestuur. Het maakt daarom zelfs middelen vrij om dat dekzeil te verstevigen. Zo komt er een totale renovatie van het oude palenscherm, de houten palissade die het eiland omzoomde en beschermde tegen het water. Terwijl Nederland het dorp omheint met wat het rijk als de toekomst ziet, de windmolens, bouwt Urk aan het verleden, de palen.

'Wij werken aan een gloednieuw belevingsparcours,' zegt Johannes Kramer van de dienst ruimtelijke ordening, wanneer ik de dienst bezoek op het gemeentehuis. Johannes is een grote vent met uitgedund haar en een bril aan een touwtje. Hij wijst naar het grondplan van Urk. Collega's staan om het bureau van Johannes. Ze dragen blauwe jeans en geruite hemden. In het borstzakje zitten een potlood en een paperclip. 'Het *Rondje Eiland Urk* is fantastisch,' zegt Johannes. 'Er komt zelfs een ijzeren zeehond op de rotonde te liggen, waar vroeger ook zeehonden lagen!' Op de metalen archiefkast staat een miniatuurkotter. Het ruikt hier naar dossiers en koude koffie. Er zijn veel badges en sleutels nodig om deze dienst, in de doolhof die het gemeentehuis is, terug te vinden. Diep verscholen zitten ze, als beren in een winterslaap, die straks, als de sneeuw smelt, naar buiten komen met een grondplan, een schietlood, een waterpas en een gele helm, en aanduiden waar dat verleden komen moet. Ja, daar zo, ja. Bij *Rondje Eiland Urk*, de fiets- en wandelroute, hoort ook een boekje, 'dat als doel heeft een bron van inspiratie te zijn voor allen die zich bekommeren om het verleden van Urk'. Ik lees verder: 'als een fundering van identiteit en eigenheid. Maar ook om Urk de waarde toe te kennen die het verdient.'

Altijd zijn de planners bezig met de toekomst van het dorp. Ze tekenen de nieuwe riolering uit, het elektriciteitsnet en de gasvoorziening, en ze maken de grond bouwrijp als de aanwas van Urk weer een nieuwe wijk vereist. Nu ligt het verleden op tafel.

'Ons dorp verandert zo snel,' zegt Johannes. 'Je bent haast verplicht om het verleden uit te beelden, anders weet niemand nog hoe het hier ooit is geweest. Wat heb je dan nog als gezamenlijk verhaal? Zoals hier', hij wijst naar de kaart, 'de strontbult. Daar plaatsen we een infobord dat uitlegt hoe het afval vroeger over het palenscherm heen in zee werd gegooid.'

De reconstructie van het verleden gaat ver. Ook de vegetatie moet lijken op de planten die vroeger op het eiland groeiden. Na het leggen van de Afsluitdijk verdwenen de getijden, werd het zoute water zoet, en de daardoor ontzilte bodem stootte bepaalde planten af. De zeepostelein groeide niet meer, de zeeraket ook niet, net als de strandbiet, het melkkruid, de gesteelde spiesmelde en de gerande schijnspurrie. Urk zoekt daarom naar planten met dezelfde kleur en structuur, vindt die niet en kiest dan maar voor het pragmatische: planten die überhaupt standhouden. Straks groeien er op Urk prairieplanten.

Er is meer dan het *Rondje*. Nieuwe wijken worden op Urk als legoblokken in elkaar gezet. Demografisch en geografisch groeit het dorp zodanig snel, dat het eigenlijk afbrokkelt. Om de boel een ziel te geven krijgen de straten namen van oude zeehelden. Terwijl het Amsterdam Museum de term 'Gouden Eeuw' schrapt, schuift Urk Michiel de Ruyter naar voren. Sommigen dichten de zeventiende-eeuwse admiraal van de Hollandse vloot een heldenstatus toe. Anderen herinterpreteren het verleden en zien een rover en slavendrijver. Urk niet. Piet Hein, Witte de With, Maarten Harpertszoon Tromp, het zijn allemaal zeevaarders en ze zijn allemaal welkom.

Boven Het Oude Raadhuis, het museum op Urk nabij de Bethelkerk, hartje oude dorp, tref ik een klein leger aan archivarissen van het *Urker Volksleven,* een magazine met verhalen van vroeger. Ze noemen zich 'De Vrienden van Urk' en leggen de geschiedenis, gevat in foto en bewegend beeld, vast voor het nageslacht. Hun werkterrein is een zolderverdieping vol archiefkasten, met ringmappen van A tot Z, super 8-films, dia's, prenten, plattegronden en kerstkaarten. Evert Weerstand zit aan het hoofd van de tafel, hij is voorzitter van de Vrienden. Evert heeft een wat nors gezicht en rode wangen. Bijna dertig jaar was hij uitvaartleider bij Draagt Elkanders Lasten. Ook was hij scriba, de secretaris van de kerk die de boel draaiende houdt, bij een zware kerk, en nog altijd is Evert betrokken bij Klederdrachtgroep Urker Pracht. Zijn taal is niet met ornamenten bekleed.

'Wat wilt u nu weten?' Hij gooit zijn ene over zijn andere been en tikt met zijn vingers ongeduldig op een kartonnen kaft. De koffie in de plastic beker trilt. 'Kom, zeg het maar.' Ik vraag naar de beweegreden van de vrijwilligers. 'Wij conserveren het verleden,' zegt Evert. 'En roepen iedereen op om ons oude foto's en filmpjes te bezorgen.' Achter in de zolder hangt een plattegrond, groot als een tentzeil, waarop alle kavels zijn getekend en genummerd. De Vrienden zeggen 'iedereen te kennen die voor het jaar 2000 is geboren'.

Al bijna vijftig jaar bestaan deze hobbyisten. En om de twee maanden publiceren ze een nieuwe editie van het *Urker Volksleven.* 'We hebben weer een verrassend nummer. We gaan u namelijk informeren over de "gerookte paling affaire" uit 1945/46. Een zeer interessant verhaal,' staat in een editie uit 2010. De intro spreekt van markante figuren. 'Flerik Bakker, Maarten Post, Johannes Nentjes, Meindert Kramer, Klaas Koffeman, enz. En dat allemaal in één straat!!!' Een zin verder wordt de boodschap dik aangezet: 'Ook wat dat betreft is er veel veranderd. We zijn zo groot geworden, dat we elkaar bijna niet meer kennen. En de echte dorpsfiguren, die iedereen kende, zijn vrijwel verdwenen. En dat is jammer want ze gaven toch wel kleur aan het dorpsleven.' De intro rondt af met een verhoging van het abonnementsgeld. 'Ook het buitentarief stijgt met 1 euro.' Het *Urker Volksleven* propt de geschiedenis in de geschikte mal. Dat is de schaduwkant van nostalgie: de tijd vijlt de scherpe hoeken weg, tot het niet meer schuurt en het verleden als porselein in de vitrine ligt.

Op 3 juni 2010 staan er lege kopjes op de werktafel van Draagt Elkanders Lasten. Mannen in beige kleuren staan recht overeind rond de tafel. De neerhangende armen komen samen voor hun kruis, als stonden ze in een verdedigingsmuurtje, klaar voor een vrije trap.

Het is stil in het kantoor. Een man in een grijs pak trekt witte handschoenen aan en buigt zich over een plastic bak. Hij heeft de blik van een lijkbidder. De bak is gestoffeerd met wit schuimrubber, als om een trouwservies te verhuizen. Dit is een bijzonder moment, zowel voor het doodsvolk van Draagt Elkanders Lasten, als voor Tiemen Roos en de andere leden van het Comité Urker Schedels. De man met de witte handschoenen komt uit Utrecht en haalt een eerste, donkerbruine schedel uit de bak.

Ze zijn terug.

Uit drie bakken haalt hij zes exemplaren. De man is met een bestelwagentje naar Urk gereden, en nu, na een lange strijd en ruim 133 jaar na de roof, krijgen de voorwerpen uit het museum hun betekenis en bestemming terug, en worden het opnieuw menselijke resten.

Na de schedelroof, de eindeloze antropologische onderzoeken, na de Afsluitdijk, de inpoldering, de woningnood, de muggen- en muizenplaag, het geldgebrek, de modderweg en de windmolens zijn zij er tenminste nog: de voorvaderen. In het Universiteitsmuseum liggen nu afgietsels van Urker schedels. Het is niet zo dat het hele dorp wakker ligt van de schedels. Het is zelfs niet zo dat

politici wakker liggen van de schedels. Sommigen zijn bang voor nieuwe hoon en gelach: kijk, die malle Urkers. Maar nu weet iedereen dat ze terug zijn. De wethouder is aanwezig. Hij glimt.

De man van het museum geeft de schedels aan de begrafenisondernemer. Die legt ze in een houten kist. Wit gestoffeerd. Plaats voor zes. Tiemen leest voor, 1 Korinthe 15:

Alzo zal ook de opstanding der doden zijn.
Het lichaam wordt gezaaid in verderfelijkheid, het wordt opgewekt in onverderfelijkheid.
Het wordt gezaaid in oneer, het wordt opgewekt in heerlijkheid.
Het wordt gezaaid in zwakheid, het wordt opgewekt in kracht.

Een paar dagen later staat Tiemen in het Kerkje aan de Zee. Hij draagt een traditioneel Urker pak, net als de rest van het mannenkoor. Ze zingen 'My Lord, What a Morning'. Een ceremonie viert de terugkeer. Tiemen neemt het woord. Hij spreekt over de beenderen van Jozef, die door Mozes werden meegenomen uit Egypte en na veertig jaar omzwervingen herbegraven werden in het Beloofde Land. De wethouder is er, de directeur van het Utrechtse Universiteitsmuseum is er, het Comité Urker Schedels is er, en Rien van den Berg is er ook, de schrijver/dichter uit Utrecht, die als predikant op Urk werkte.

Rien leest een gedicht voor: 'Hier is hun lichaam neergelegd, zij wachten samen in rijen van geslachten, op de dag dat vader met grote, zachte stem uit aarde en uit water, zijn kinderen roepen zal, met nieuwe namen.'

Het gedicht staat ook op het speciaal ontworpen graf. Een monument in gepolijste Belgische hardsteen, met een treurwilg erin verwerkt. Hoofd naar het westen, voeten naar het oosten. Nu hangt er een infobord aan het hek van de begraafplaats. Een in het Nederlands en een in het Engels: *Urk Skulls' Grave*. Op een foto zie je kleine kinderen. Een man met grijs haar houdt een meetlat boven hun hoofd.

De echte begrafenis vindt weken later plaats, op een zomerdag in juli. Daar zijn twee mensen van het comité bij aanwezig, samen met die van Draagt Elkanders Lasten. Die dragen de kist naar het gegraven gat. Tiemen en zijn collega laten de kist aan zwarte touwen zakken, daarna draagt hij de Apostolische Geloofsbelijdenis voor. Afsluiten doen ze met het Onze Vader. Het geloof heeft gewonnen. Veel is verloren, maar het geloof, neen, dat gaat niet verloren.

Ik ga een laatste keer naar Louw Post en vraag hem hoe het dorp er volgens hem aan toe is. 'We stonden vroeger veel dichter bij Gods Woord,' zegt Louw. Zijn schoonzoon vult aan: 'De mentaliteit doet nog wel denken aan vroeger, maar de verandering is nu wel echt ingezet. De wereld is op Urk gekomen.' Louw: 'Werd er vroeger op straat geknikkerd om geld, dan was dat in de ogen van de mensen niet goed. Dan kwam een ouderling of dominee naar je toe en het was gedaan. Nu mag je alles doen. Zelfs fietsen op zondag.' Ik schrik van hun openheid. De schoonzoon: 'De jeugd is mondiger geworden, onder invloed van de media. De omslag kwam er in de jaren tachtig en negentig. En dat drinken en die drugs, en het vele geld.' Louw besluit: 'Eenvoudige mensen, zeg maar, die werden niet naar een tehuis gebracht. Nu wel. Zelfs bedelen hoorde er indertijd bij. Gewoon rondgaan. Was er eten over, dan kregen ze dat gewoon. De verstandelijk gehandicapten liepen ook gewoon over Urk. Hier in de buurt woonde er ook een. Die was zijn verstand kwijt en zwaaide met zijn armen en zo. Soms liep hij in zijn ondergoed, dat hoorde er gewoon bij. Nu zitten ze allemaal in zo'n tehuis.'

De generatie van Louw heeft de inpoldering aan den lijve ondervonden. Die generatie heeft eindeloos verteld en geschreven over die tijd. Het zijn de gepensioneerden die nog altijd bezig zijn met het Urker Volksleven en houtblokken gooien op het vuur van de nostalgie. De kinderen van die generatie zijn opgegroeid met die verhalen. Maar zij hebben geen eigen, zintuiglijke ervaringen. Die hebben alleen het woord nog. En de kinderen van die kinderen groeien in hoofdzaak op in Vinex-wijken zonder geschiedenis. Er is me de voorbije weken en maanden het beeld voorgehouden van het eensgezinde, solide, hardwerkende en diepgelovige dorp. Dat beeld is geboetseerd door de oudere generaties. Die sprak ik eerst, om het verleden aan het heden te kunnen linken.

Nu breekt de tijd aan om te zien of de pijlers die dit dorp stutten nog wel overeind staan: de kerk, de vis, de gezinnen. Ik steek de Singel over, de waterlijn rond het oude dorp, en bij het oversteken besef ik niet dat al wat mij is verteld, van een totaal andere wereld getuigt dan die waar ik nu in duik. Te beginnen met het geloof.

5

Archipel

You see that life will become a thing made of holes. Absences. Losses. Things that were there and are no longer. And you realise, too, that you have to grow around and between the gaps, though you can put your hand out to where things were and feel that tense, shining dullness of the space where the memories are.

Helen Macdonald, *H is for Hawk*

De wandeling richting de nieuwe wijken is een tijdreis. Ik vertrek bij het vissersmonument, nabij het Kerkje aan de Zee. Daar lopen veel toeristen, voor wie Urk een nederzetting is. Ze maken foto's van de weinige Urkers in klederdracht. Gidsen houden een paraplu omhoog en leiden kleine groepen door de *ginkies*. 'Daar staat de vuurtoren en daar is de oudste kerk, ja.' Wandel ik voorbij de Bethelkerk richting de Torenstraat en de bijhorende zijstraatjes, de plek waar Urkerdag wordt gevierd, dan merk ik hoe de oude ambachten overgaan in nieuwerwetse luxe. Hoe dichter bij de woonblokken, hoe verder weg de geschiedenis.

Wie nog in het oude dorp woont, ontleent daar een zekere status aan, alsof je daar alleen Echte Urkers vindt. Tegenwoordig wonen daar veel mensen die niks met de visserij van doen hebben. Ze wonen er omwille van de romantiek, van de nabijheid van het IJsselmeer. Dat oude dorp staat voor de Urkers nog symbool voor de eilandtijd. Het idee van een onbekommerde plek sluit aan bij het moderne droombeeld van een onbezoedeld, afgezonderd leven. In een wereld die steeds complexer wordt, die zo snel evolueert dat de mens van die wereld vervreemdt, lijkt er altijd nog *De mogelijkheid van een eiland,* zoals een roman van Michel Houellebecq heet. Waar de regels helder zijn en het brood zacht. Je gaat ernaartoe, kijkt achterom en ziet de vraagtekens in de verte vervagen. Een eiland als een handleiding: zo doe je dat, leven, eenvoudig en solidair.

Je eigen bijdrage aan de gemeenschap lijkt er zoveel groter dan in de stad, zoveel belangrijker ook. 'In de stad ga je anoniem dood', dat riedeltje hoor ik op Urk iedere dag. 'Daar sterven ze en worden de lijken pas dagen of weken later teruggevonden.' Al praat je over Angela Merkel, Spinvis, pincodes of gefermenteerde koolrabi, ieder gesprek loopt als een schip vast op de zandbank van het verleden: *toen Urk nog een eiland was.* Ook jongeren verwijzen naar vroeger, maar velen hebben geen idee waarover het gaat. Zij leven nu in wijken die niet verschillen van wijken in Gelderland, Brabant of Noord-Holland.

Maar ook het oude dorp verdampt. Wandelend door de oude stegen, richting het nieuwe Urk, tref ik in de oude Mast, Blok en Pompmakery nu een wellness met een jacuzzi en een hamam. De wellness heeft ook een zonnebank en een infraroodsauna, en nabij Zeilmakerij Klaas Snijder kun je losgaan in een bar annex partycentrum. In cafés hangt naast de miniatuurbotters nu reclame voor Fuze Tea, en bij Grillroom Hawai vind je afhaalshoarma. Aan de rand van het oude dorp huist nu ook een Arabische barbershop, Makkas. Die scheert met de tondeuse het haar van de Urker mannen af. Ja, een doodgewone kapsalon is op Urk nu ook een *barbershop*. Sportcafé Willem Barentsz toont de Champions League op groot scherm en in het oude kantoor van de Urker Stoomboot Maatschappij, het bedrijf dat de eerste bootverbinding met het vasteland opzette, huist nu een toprestaurant.

Urk ontsnapt niet aan de landelijke schaalvergroting en kan ook de grote ketens niet weghouden. Stierf een man op zee, dan begon de weduwe vaak een winkeltje, om toch iets te verdienen. Nu is alles weggevaagd en gaan Urkers in het oude dorp naar de Boni en het Kruidvat, boekt het reisbureau je all-in-vakantie naar Spaanse costa's en liggen de kledingmerken die je in alle steden vindt ook op Urk, ja, ook in het oude dorp, naast de fluo-voetbalschoenen en skilatten. Waar soms nog mannen passeren op houten klompen, staan nu een computer en een camera met speciale software om een 3D-model van de voeten van hardlopers te maken en 'dient de running-analyse als extra service voor het kopen van de juiste runningschoen'.

Ik steek een mentale grens over, de Singel, de straat met parallel eraan het water, die de oude van de nieuwe wereld scheidt. Alles wat aan de overkant van de Singel ligt, is gebouwd na de inpoldering, en dat zie je meteen. Overal zie ik inwisselbare huizen. In de nieuwe wijken is gepoogd het stratenplan van het oude dorp na te bouwen, maar de auto is te belangrijk, dus zijn de doorgangen breed. De dualiteit tussen oud en nieuw kent een spanning die de identiteit onder druk zet. Buiten het oude dorp is Urk geen typische vissersplek meer, maar een ruim twintigduizend man grote woonkern die alleen maar groeit en aan de lopende band wijken bouwt waar alles op elkaar lijkt.

Hoe verder weg van het vertrouwde beeld, des te meer parkeerplaatsen, speelpleintjes en prefabmuren ik zie. Hoe minder oude schilderijen en houten lijsten aan de muur, van een schuimende zee of een man met een pet, des te minder kotters op de gevel geschilderd, des te minder gordijnen bijeengehouden door een touwtje en een gouden muurhaak.

Het dorpsplan legt de geschiedenis bloot. Urk kende een enorme economische opleving vanaf de jaren zestig. Dat leidde tot nieuwe schepen, grote vangsten en steeds grotere huizen, maar twee decennia geleden raakte de visserij in zwaar weer, stapten veel Urkers over naar de wal en gingen werken in tapijtfabrieken in Genemuiden. Ze verruilden de Urker maatschap – samen winnen, samen verliezen – voor een vast loon.

Dat zie je in het straatbeeld. In de nieuwe wijken worden identieke huizen neergepoot die allemaal haast evenveel kosten, op maat van de modale werknemers met een modaal, stabiel loon. Vinex-wijken. Op maat ook van mensen die shoppen in het winkelcentrum – het Urkerhard –, dat in de jaren negentig is verrezen, alleen maar groter werd en nu filialen van ketens – Hema, Blokker, Jumbo, Kruidvat, Zeeman, Pearle, Aldi, Albert Heijn... – herbergt, een snackbar met Turkse pizza en shoarma, en Bella Bodyfashion, en Esther's hairfashion en een heleboel damesboetieken, zoals Every Woman en Sale Sisters. Het winkelcentrum is omgeven door honderden parkeerplekken en een paar flatgebouwen, en voldoet aan de wensen van de nieuwe tijd. Geen Urker had een halve eeuw geleden ooit kunnen denken dat de gemeenschap zo snel zou meegaan in de eindeloze vaart der volkeren.

De Heere kijkt machteloos toe.

Wat ook opvalt in de nieuwe wijken: de zelfgekozen uniformiteit. Als de ene buur zijn gras heeft uitgegraven en tegels gelegd, doet de andere buur dat ook, en de overbuur en de achterbuur, en blijft er in dit hele dorp geen grasspriet meer over. Hetzelfde geldt voor auto's. Urk had vroeger een Toyotagarage aan de ingang van het dorp. Reed plots de halve bevolking met zo'n Japanse auto.

Er zijn ook meubilaire wetmatigheden. Overal staat een koppel siervazen op de vensterbank, of kandelaars. En hoe 'zwaarder' het gezin, hoe donkerder de inrichting. Bruine zitbanken, gordijnen in vijftig tinten grijs, en zware grauwe tafels met dikke poten.

Hoe lichter de kerk, hoe meer gadgets en speelgoed. Daar hangt een metalen bordje aan de achterdeur: 'Hotel Mama', en zijn de kasten wit en opgedeeld in hokjes. Ooit vertelde iemand me dat Urkers nooit kasten kopen bij Ikea, omdat ze niet mogen vloeken bij de montage.

De Urker streeft ook naar een immer proper huis. Overal waar ik langsga, ook onaangekondigd, ligt geen kruimel op het aanrecht, geen sok op een stoel. De huisnummers zijn overal hetzelfde: een stenen schol. En zelden tref ik boekenkasten aan, al is Het Boek immer aanwezig natuurlijk. Nergens is gepoogd enige kunst, of wat daar voor moet doorgaan, te verwerken in de amorfe interieurs, zelfs geen reproducties van de zonnebloemen van Vincent van Gogh. Eerder besteedde ik er geen aandacht aan, ook niet in het oude dorp. Ik zag de interieurs wel, maar focuste me op de inhoud van het gesprek. Nu, na enkele maanden op Urk, voel ik een grote weerzin zodra de geur van aloë vera me in het gezicht waait als de voordeur opengaat. Urk is een aculturele gemeenschap, die geen diepere laag in het leven zoekt, of die laag althans niet toont, en vasthoudt aan de laag die de Bijbel voorschrijft. Van pottenbakkers tot naaiateliers, eindeloos psalmgezang en het naspelen van oude volksverhalen: de kloof tot de moderne bioscoopfilms, tot boeken van Colson Whitehead, Martin Michael Driessen of Jennifer Egan, tot tentoonstellingen van Berlinde de Bruyckere of Gerhard Richter, tot *Zomergasten*, tot podcasts, tot al wie zoekt naar schoonheid, is zo onoverbrugbaar, dat ik heel vaak het ravijn in sukkel. Veel Urkers *doen niet aan cultuur* en rollen centimetersdikke witte, paarse, beige of roze vloerbedekking blindelings de woonkamer in. Overal waar ik kom, doe ik mijn schoenen uit. Ga ik de woonkamer binnen, dan ligt er overal een dikke laag sneeuw en verdwijnen mijn voeten in de rafelige stof.

Het is onpersoonlijk en getuigt van zo'n desinteresse in smaak dat ik me na een tijd zelfs geneer voor mijn eigen gedachten, waar niemand nochtans weet van heeft. Ik worstel met het waardeoordeel dat in mijn hoofd oplicht, als een gloeilamp, bij ieder huis dat ik binnenga. Ik stel mijn definitie van cultuur kennelijk boven die van Urk, en betrap mezelf op hoogmoed. Het huis waarin ik met mijn vrouw woon, is ingericht met verhalen: boeken, schilderijen, tekeningen, platenhoezen et cetera. Dat is snobistisch; maar schoonheid, hoe je dat subjectieve begrip ook interpreteert, is waar ik naar streef. Ik beweer niet dat ik daarin slaag, maar ik waag een poging. Schoonheid voor de Urker bestaat uit massieve kasten, vazen en dure, logge zetels. Schoonheid bestaat er enkel uit materie. Hoe meer, hoe groter, hoe liever. En daar bots ik op.

Ik voel ook de gewrongenheid van de Urkers, het oordeel dat als een parkiet op de schouder meekijkt: ze willen enerzijds aan iedereen tonen dat ze *meegaan met het leven*, dat ze *geslaagd zijn,* en hopen op een bijbehorende status, maar tegelijk strookt dat gedrag niet met de calvinistische grondstroom die op Urk door veel huizen loopt. Zo zit ik op een blauwe maandag in de dure Audi van een man die een visbedrijf heeft: 'Ik ga die auto verkopen,' zegt hij me. 'Enerzijds wil ik uitpakken en stoer rondrijden, opdat iedereen ziet hoe succesvol ik ben, anderzijds is dat pure ijdelheid en durf ik de Heere niet meer onder ogen te komen.'

In deze nieuwe wijken zijn her en der nieuwe kerken gebouwd. Een ervan, de Ichthuskerk, ligt achter een friettent, de Snack-Plaza Willem de Boer. De kerkklok rijst hoog boven de afvoerpijpen van de frietlucht uit. Veel van de kerken hebben een Facebookpagina en aparte ruimtes waar jongeren elkaar treffen. Als Urkers al worstelen met protserigheid en uiterlijk vertoon, dan vermoed ik een even grote worsteling met het geloof, dat ze wél moeten uitdragen.

Tot de Ichthuskerk behoort ook het aanpalende Ichthushof. Ooit was dat een zalencentrum voor bruiloften, nu is daar plaats voor catechisatie. Dat is het onderwijs in de geloofsleer, vaak als voorbereiding op de openbare belijdenis, het moment dat je echt toetreedt tot een kerk en tot de geloofsgemeenschap. Naast catechisatie is er in het Ichthushof ook plaats voor Bijbelstudie en voor bazars, om geld op te halen. Er is ook plaats voor biljart en tafelvoetbal, boven in de nok van het gebouw, op de jeugdzolder. De jongeren die samenkomen op die zolder posten berichten op Instagram met foto's van kruisen onder een oplichtende hemel: '*Mijn verlosser leeft!'* #opstanding #opgestaan #verlosser. Of een foto van een kruis dat met de vingers is getrokken in een hoopje aarde en as: #lijdenstijd, of een bericht over de derde editie van het Vrouwenweekend. Daar was plaats voor gezang, goede gesprekken en Bijbelstudie: #sistersinchrist #shineyourlight #keepyourlightburning. Ik wil die jongeren zien, hen spreken, het geloof voelen, en ga op een warme zomeravond het Ichthushof binnen.

Iemand heeft me uitgenodigd voor een 'bijzondere lezing'. Ik neem plaats in de zaal en haal mijn notitieboekje tevoorschijn. Vooraan staan jongens en meisjes in witte t-shirts. 'We gaan eerst zingen,' zegt iemand in de microfoon. De hele zaal staat op en zingt luidop: 'U bent heiiiiiiiiilig, u bent maaaaaaachtig, u bent waaaaaardig, eer en ontzaaaaaaag.' Ik zie mannen met blond haar en teenslippers. Jonge meiden dragen witte sneakers en houden elkaars hand vast. Af en toe gooien ze hun handen de lucht in, kijken naar boven en vallen dan op hun knieën. Ze werpen zich aan de voeten van God. Ik zing niet mee, maar kijk vooral om me heen.

Niemand die zich aan mij stoort. Iedereen gaat waarachtig op in het gezang en trekt zich van de ander niks aan. De energie golft als door een stormwind aangewakkerd door de zaal. Het doet me denken aan de *Gelbe Wand*, het supporterslegioen van Borussia Dortmund. Ooit stond ik tussen die geelhemden en werd meegezogen, negentig minuten lang. Het legioen in het Ichthushof zingt niet voor de Gabonese topspits Pierre-Emerick Aubameyang, maar voor God de Vader, en hoewel er geen sjaals worden verkocht aan de ingang, hebben velen wel hetzelfde shirt aan. 'Fearless in Christ', lees ik. Het is de naam van een opwekkingsbeweging op Urk, gelovigen die zich als groep niet verbinden aan één kerk en iedereen uitnodigen. Ze zorgen voor een minirevolutie terwijl ik op Urk woon.

De onbevreesden zijn nieuw. In juni flakkert het geloof op van een jonge vrouw, op de landelijke Pinksterconferentie Opwekking in Biddinghuizen. Met tienduizenden bezoekers is dat het grootste christelijke evenement in Nederland. Warm van hart komt de vrouw terug op Urk. Opdat haar dorp diezelfde geestelijke heropleving mag beleven, organiseert ze een bidstond, thuis, en nodigt volk uit via Facebook. Tientallen jongeren reageren. Ze zingen liederen en richten hun armen ten hemel. Dat doen ze een paar dagen later opnieuw, op het strand, met een gitaar en een kampvuur. Als indianen blaast het jonge volk de rookpluimen het dorp in: 'Om Zijn koninkrijk te bouwen, zodat ongelovigen tot geloof komen!' Op hun Facebookpagina posten ze over 'MASSALE EN RADICALE BEKERINGEN'. Alles voor Jezus, 'ELKE DAG, ELK UUR'. De populariteit stijgt, nieuwe messen snijden goed. Om het vuur verder aan te wakkeren doet ene William nu zijn verhaal, in het Ichthushof. Een kerel met een nonchalante blik en een fitnesslijf. Ook hij draagt een wit shirt.

'Ik heb de demon gezien!' zegt William. 'En ik was zo verschrikkelijk bang. Ik stond in een donkere tunnel en al wat ik voelde was warmte. Naast mij stond een groot licht. "Ik ben de engel des Heren," zei die. Ik dacht: nou, dat moet dan Gabriel zijn. Toen kwam ik in het duister terecht. Dat was eng. Ik was zo verschrikkelijk bang. Net zoals de Heere Jezus in het hof van Gethsemane heb ik bloed gezweet van angst. En dan dat geschreeuw. Mensen die vermoord worden. De doodsschreeuw.'

Het is stil als op een begrafenis. Een stoel kraakt. Iemand hoest.

'Toen zag ik een lelijk, vies verschijnsel dat mensen martelde. Was het een hij of een zij, dat weet ik niet meer. "William, help mij!" riep iemand. Die werd gemarteld, maar ik kon niks doen. De demon, ik zag de demon! Die was eigenlijk best mooi, met blauwgroene ogen en diamanten kleren, en edelstenen. En toch was het verschrikkelijk, want de demon had een speer in zijn rechterhand, of een soort zwaard, een bijl. Die werd naar mij gegooid en ik dacht: ik ga eraan. De engel heeft die speer opgevangen. En dan plots, een flits. Ik zag niks meer en werd wakker op de brancard van de ambulance. Amen.'

Het volk is opgelucht en antwoordt: 'Amen.' Mensen strekken de benen. Ze zuchten: 'Pfff, heftig, hè,' zegt het meisje naast me. Ze draagt een lederen jekker, die even zwart is als haar oogschaduw. En weer: 'Amen.'

William is al even de *talk of the town.* In Het Haventje van Urk, het café in het oude dorp waar ik vaak heen ga, hoorde ik even voordien jongens in spijkerbroeken opscheppen over het aantal shots sterke drank die ze dat weekend naar binnen hadden gegooid. Toen hoorde ik de naam een eerste keer: 'En William, die was zooooooo weg man. Zooooooo weg. Die is nadien met z'n brommer keihard op een verlichtingspaal geknald!'

Een week voor de lezing in het Ichthushof kreeg ik een WhatsApp-bericht van een jongen die ik steeds beter leerde kennen: 'Er is een wonder gebeurd op Urk!'

Ik kreeg een document doorgestuurd: william.docx, waarin de jongeman zijn versie van de gebeurtenis vertelt. Drie pagina's lang schrijft William over zichzelf in de derde persoon enkelvoud. Het gaat over catechisatie, over kerkdiensten, over het zingen van '*Here's my heart, Lord*', en niet over een verlichtingspaal, zoals de roddel voorschrijft.

Uit de brief: '(...) We gingen een visje bakken, met mijn beste vriend Barend. Gewoon een normale zaterdag. Biertje erbij, muziekje, lekker gezellig. Het was al een uur of zeven en we dachten: nou, we duiken het industrieterrein in, kwamen in een barretje terecht, gezellig, maar William was die avond heel rustig en had op een gegeven moment geen zin meer. Toen zei ik dus tegen Barend: Kom, laten we lekker een afzakker doen bij mij thuis. Dus we fietsten naar mijn huis toe, en we fietsen echt niet langzaam, hè. Maar net voordat ik thuis was sloeg mijn voorwiel vast. Ik werd als een katapult van mijn fiets gelanceerd. Ik vloog voorover en kwam met mijn hoofd vol op de straat terecht. Ik was gewoon dood. Later begon ik te stuiptrekken. Ik ben beslist 13 minuten van de kaart geweest en was 1 minuut daarvan niet meer in leven. (...) En raad eens, ik had gewoon geen schrammetje. EEN WONDER!'

Alle mensen in het Ichthushof hebben het document gekregen, via via. En allemaal willen ze het uit zijn eigen mond horen, weten hoe de hel eruitziet, wat William heeft doorstaan. Vuur, sulfer, Satan. William voelt zich goed op het podium, voelt zich een held, is trots op zijn gespierde lichaam en praat als een *gangstarapper* die een kogelregen heeft overleefd. Hij praat over zijn vader die hem samen met een paar vrienden naar huis bracht. Hoe hij aan de keukentafel zat en begon te schreeuwen: 'GA WEG!' William zag aan het aanrecht een zwarte verschijning met felrode ogen, en daarnaast een vrouw met haren voor het gezicht die zijn vriend Barend aanwees.

'De duivel is echt een briesende leeuw, mensen!' zegt William.

Het Ichthushof luistert. William begon naar eigen zeggen te huilen, werd bang en zijn vader gooide de Bijbel op tafel. Toen werd hij rustig en de zwarte verschijning bij het aanrecht was licht geworden, reikte tot het plafond en strekte de armen uit. 'Satan heeft verloren!' roept William. 'De Bijbel viel open, bij Psalm 50:15: "En roept Mij aan in den dag der benauwdheid; ik zal er u uit helpen, en gij zult Mij eren. Amen."'

'Ik doe nu mee aan de Strijd!' zegt hij nog. William spreekt nu over haatberichten die hij kreeg. Het publiek reageert met afschuw. Een zachte *ooooeeeew* weerklinkt in de zaal. *Dat meen je niet.* De mannen, vrouwen, meisjes en jongens steunen William. Dat doet niet iedereen. De haatberichten waar hij over spreekt, trekken zijn verhaal in twijfel. Sommige jongeren wantrouwen Williams bekering. Zij kennen de oude William en geloven niks van de nieuwe. De oude is die van het industrieterrein en van de barretjes, van de agressie en het bier. De nieuwe is nu fearless in Christ. 'Wat voor drugs heb jij gepakt?', staat er volgens William in een sms. William.docx besluit met de woorden: 'Kom en Vecht mee in die strijd. HALLELUJAH!' In het Ichthushof klinkt dat zo: 'Nooit meer tranen, nooit meer pijn, nooit meer door God verlaten zijn. Amen.' Iedereen klapt in de handen. Velen nemen foto's. 'Amen.'

Een volgende man staat op. Gefluister: 'O, ik ken die.' Hij stapt het podium op en vertelt een verhaal over skaters, politieagenten en de duivel. Hij is ervan overtuigd dat de opwekking op Urk uniek is, dat wat in Biddinghuizen begon en op Urk tot zangstondes op het strand leidde, het dorp een nieuw, revolutionair elan geeft. Iedereen is overtuigd. De man zegt dat het hele land naar Urk kijkt, 'de hele wereld zelfs!' En dat 'Satan er niet in mag slagen dit te verstoren!'

Er volgt een gebed en veel zang. Mensen sluiten hun ogen, neuriën het ritme en klappen synchroon in de handen. Eentje gaat op de knieën zitten: 'God, help me!' roept hij. 'Help me!' Er zitten veel jonge vrouwen in de zaal, veel moeders ook. Ik herken mensen uit verschillende kerken. Het vuurtje brandt. Na afloop schudden mensen elkaar de hand. 'Zo ziet de hel er dus uit,' zegt iemand. Buiten gaat de zon onder. Een paar jongeren gaan frikandellen halen in de snackbar. De rest rijdt met de fiets naar huis. Ik wandel naar mijn kamertje en krijg bij thuiskomst een paar WhatsApp-berichtjes: 'Wat vond je ervan?' vraagt iemand.

Ik aarzel. 'Ik heb mijn twijfels bij William,' schrijf ik.

'O ja? Had je weleens eerder gehoord van iemand die in de hel geweest is, of in de hemel? Ik heb daar al veel over gelezen. Het gaat over hoe geweldig de hemel is, dat je er gewoon direct naar toe zou willen...'

Ik bijt op mijn lip. Zoals ik hier zo vaak op mijn lip bijt. Aanvankelijk weet ik mezelf geen houding te geven in gesprekken over het geloof. Ik houd altijd vast aan mijn standaardantwoorden – katholiek opgevoed, niet gelovig, respect voor religie –, maar hoewel het de eerlijke antwoorden zijn, lossen die niks op en bevestigen ze de verschillen alleen maar. De evangelisatiedrang is hier zo groot dat ik telkens in de hoek gedrukt word. Zo ontvang ik een evangelist in mijn kamertje: 'Genade zij u en vrede van God den Vader, en onzen Heere Jezus Christus!' zegt hij. 'Die Zichzelven gegeven heeft voor onze zonden, opdat Hij ons trekken zou uit deze tegenwoordige boze wereld.'

'Wil je iets drinken?' vraag ik hem.

Op den duur doe ik op zondag niks meer dan naar de kerk gaan en me afzonderen. Stond mijn deur aanvankelijk nog op een kier en luisterde ik die dag naar rustige, zachte muziek, alvorens naar de dienst te gaan, dan stop ik daar nu mee. Ik sluit de deur en schuif het gordijn voor het raam. Muziek mag kennelijk niet en ik ben de neerbuigende blikken beu.

Pas na een paar maanden besef ik hoe onmogelijk het is om in gesprek te gaan met calvinisten, hoe kortzichtig ook, of dat nu in het oude dorp of in de nieuwe wijken is. Ik begin er altijd enthousiast aan, maar blijf al snel met mijn laarzen steken in de zuigende modder. Ik dacht een brug te kunnen slaan, maar de kloof is niet te overbruggen. Ik denk te begrijpen hoe de wereld van de gelovige Urker eruitziet, maar is die wel te begrijpen als ongelovige? Kan ik echt weten hoe de gelovige denkt, wat die voelt? Bij ieder contact, in ieder gesprek, in iedere dienst doe ik moeite om me in te leven in die denkwereld. Omgekeerd is er geen moeite. Omgekeerd voel ik geen begrip en lees het Oordeel in de ogen van de Urker, wat me frustreert: *die Belg begrijpt het niet.*

Het zal me de weken en maanden nadien nog veel meer frustreren en ik zal op den duur ieder gesprek over religie ontwijken, of proberen te ontwijken. In plaats van de gelovigen beter te begrijpen, begrijp ik na een tijd vooral hoe ongelovigen zich hier voelen.

Dat ongenoegen spreek ik niet uit, want dat zou me alleen maar isoleren. In iedere kerk die ik binnenga, in ieder huis dat ik betreed, voel ik me op den duur een soort woekercel, een mutant waarvan iedereen vreest dat hij de ander gaat aansteken met z'n goddeloze ideeën. Dus houd ik het op 'katholiek opgevoed, niet gelovig', bla bla. Thuis groeit mijn verzameling whiskyflessen.

Ik had een nieuwe wereld verwacht, aan de andere kant van de Singel. Een wereld van jongeren met een barstje in het stoere pantser, waar wat licht doorheen valt. Maar dat is niet zo. Althans, dat denk ik bij de eerste verkenning van de wijken. Na een paar maanden op Urk beschouw ik het geloof nog altijd als een monoliet, die veel verder reikt dan het oude eiland en die het hele dorp overspant. Een soort bunker ook, waarvan ik de inhoud wel betwijfel, en waarvan ik overtuigd ben dat er zich velen in die bunker verschuilen zonder echt te geloven, maar zolang ik de ingang van de bunker niet vind, komt alles nog overweldigend op me over.

Dit orthodoxe dorp is door zijn strenge, kennelijk homogene leer ook een schuiloord voor christenen van elders in de wereld. Een bunker dus. Zo ontmoet ik Hady op een late voorjaarsdag. Dat is niet zijn echte naam, wel de roepnaam die de Urkers hem gaven, een paar jaar geleden, toen Hady met zijn kroost in het dorp aankwam en zijn leven nog in een plastic zak paste. Nu woont hij in een huis dat niet opvalt. Als een haas in de voren van een akker houdt Hady zich schuil in het dorp, oren naar beneden, in een straat waar iedereen zo vaak passeert dat niemand er nog op let.

Het is avond als ik aanbel. De deur is gesloten. Ik hoor iemand oneindig lang aan de sleutel draaien, als moet er geen deurslot maar een ijzeren staaf uit de muur worden gedraaid.

Op zijn asielaanvraag gaf deze man aan te willen verhuizen naar het meest christelijke dorp van Nederland, liefst zo dicht mogelijk bij de zee. 'Dan hebben we maar één oplossing,' was het antwoord. 'Jij gaat naar Urk!'

In Syrië was Hady's gezin aangesloten bij een kerk die nauw verwant is aan het katholieke geloof. Eenmaal op Urk knipte hij de banden door. Nu gaat het gezin naar een grote, zware kerk. Hady werkt in de visserij als scheepstechnicus. Hij repareert motoren. 'In dit dorp voelen we ons geborgen en veilig,' zegt Hady. 'Hier zullen de barbaren me niet zoeken.'

Er liggen sigaretten op de tafel. Verderop, op de commode, ligt een opengescheurde plastic zak met doosjes medicatie en opengeklapte bijsluiters. De eerste paar pillen van de zilveren strip zijn door de folie gedrukt.

'Het leven was goed in Aleppo.' Hady praat op een rustige toon. 'We kwamen er niks tekort, waren rijk. In Aleppo trouwde ik met Berniss. We kochten een appartement in de stad, in een wijk met veel overheidsgebouwen, op twee kilometer van het atelier. Berniss zorgde voor de kinderen. Ik runde een technisch bedrijf. Wat kon er ons overkomen?'

Berniss haalt chocolade in de keuken.

'Toen de Arabische Lente uitbrak zei ik tegen mijn vrouw: "Dat gaat in Syrië niet gebeuren." Iedereen begreep aanvankelijk waarom er werd geprotesteerd tegen Assad. Toen na de demonstraties het Vrije Syrisch Leger werd gevormd, ontwikkelde zich een burgeroorlog die verviel in chaos. En in bommen. In Aleppo zagen wij vanaf ons balkon dat leger oprukken. Plots woonden wij in de gevarenzone, dicht bij de overheidsgebouwen. Het regende bommen. Wij zaten ingesloten tussen het leger van Assad en dat van de opstandelingen. De jaren nadien was de chaos compleet toen ook jihadistische en terroristische rebellengroepen als Al-Nusra en ISIS zich in die oorlog mengden. Als christenen, en als welgestelde Syriërs, zaten we in de val. De situatie was waanzinnig en chaotisch. Je ging naar de kapper en op het einde van de straat ontploften auto's. In andere straten maakten *snipers* gebruik van warmtecamera's. Liep je de straat in, werd je automatisch neergeschoten. Over de hele lengte lagen kadavers van honden. Overal voelde je de dood en de dreiging.

En toen is het gebeurd.'

Hady grijpt het pakje sigaretten en neemt me mee naar buiten. Op de binnenplaats staan vuilnisbakken en hangt een wasdraad.

Overal liggen peuken. Hady zuigt haastig aan een sigaret, inhaleert diep. Aan het zicht onttrokken passeren jongens in de steeg: 'Nee man, De Ligt is toch beter dan Virgil!' Hady wandelt zenuwachtig heen en weer. Ik zeg dat niks hoeft, dat hij me zijn verhaal niet hóéft te vertellen. Het moet, zegt hij, opdat ik begrijp waarom Urk zo speciaal is. De jongens zijn de steeg uit en Hady trekt zijn trui omhoog. 'Zie je?' vraagt hij. 'Daarom moet ik roken, om dit te kunnen tonen en het verhaal te kunnen vertellen.' Op zijn buik en borst zie ik littekens, ronde vlekken, als heeft iemand sigaretten op zijn lichaam uitgedrukt. Elders zijn de littekens lang en fijn, als nerven.

'Hier kom ik nooit meer van af. Het moet een werknemer van me geweest zijn, een moslim. Hij verlinkte me bij een groep jihadi's en vertelde over mij, zijn welgestelde, christelijke werkgever. Ik kende die jongen goed, maar ik weet nog altijd niet wie mij heeft ontvoerd.

Op een ochtend was ik met de auto op weg naar het werk. Ik werd tegengehouden. Iemand hield me schreeuwend onder schot met een 9 millimeter. Met het pistool tegen mijn hoofd gericht, dwong hij me naar een ander deel van de stad te rijden, tussen de bommen en granaten door. Daar blinddoekten ze me, en gooiden me in een bestelwagen, samen met drie anderen. We kwamen aan in niemandsland. Ik herinner me de geur van mest, hooi en stallen. Het moet een manege geweest zijn. Daar maakten ze ons vast aan houten balken, als waren we paarden. De gijzelnemers sneden ons met lange messen. In de buik, de borst, de armen. Ik voelde het bloed wegdruipen. We stonden uren in een brandende zon, zonder eten of drinken. Nadien martelden ze ons met elektrische kabels. De terroristen zetten ons onder stroom.

Vijfentwintig dagen heb ik daar gezeten. Het ging hun alleen om geld. Als gijzelaars konden we ons vrijkopen voor vijfentwintigduizend dollar. Ik belde mijn broer, onder toezicht van de terroristen. Mijn broer belde Berniss, en kort nadien, op een anonieme plek, zag ik mijn broer terug, op vijftig meter afstand. Hij droeg een tas met geld, en ik vreesde te zullen sterven, vreesde dat ze me bij de overdracht alsnog in de rug zouden schieten. Ze grepen het geld, duwden me in de armen van mijn broer en reden weg.

Hij die me heeft verlinkt, de werknemer, werd na de gijzeling door de politie als terrorist beschouwd. Ze zouden hem oppakken, maar bij een vuurgevecht met agenten liet hij het leven. En dát bedoel ik met de barbaren, en de veiligheid van Urk: uit wraak voor de overleden jongen heeft die bende een prijs gezet op mijn hoofd. Dus had ik maar één optie: vluchten. Ons gezin moest zo snel mogelijk weg uit Syrië. We zochten een echt christelijk bolwerk. Waar vind je dat nog? Nu wonen we op Urk. *This is our shelter.*'

Op het ogenblik dat Hady vlucht, is Syrië een geopolitiek schaakbord. In een wirwar aan internationale belangen ontwikkelen jihadistische groeperingen zich snel en roept ISIS in 2014 de Islamitische Staat uit. Gevluchte Syriërs treffen elkaar in grote kampen. Omgekeerd ronselen extremisten in West-Europa, in landen als België, Frankrijk en Nederland, jongeren om naar Syrië af te reizen, om te vechten en het kalifaat mee uit te bouwen. Het extremistische gedachtegoed woekert er al een tijd, nog voor de oorlog in Syrië uitbreekt, en komt zelfs op Urk aan de oppervlakte. In april 2012 arriveert er een groepje orthodoxe moslimactivisten. Ze schreeuwen 'Allahu akbar!' en delen flyers uit aan de verbouwereerde Urkers. Mannen met baarden lopen in djellaba's over de dijk en roepen hun god aan. De Evangelische Omroep maakt een reportage over later beruchte mannen als Abou Moussa en Dennis 'Abdelkarim' Honing. Die laatste heeft Straat Dawah opgericht: die wil via straatwerk de onbekeerden ervan overtuigen zich aan te sluiten bij de salafistische islam. Ze verwerpen de democratie, pleiten voor de sharia en roepen op tot de jihad. De jongeren komen samen in Den Haag en rijden door het land om hun ideeën te verkondigen. Op Urk gaan ze naar winkelcentrum Urkerhard. Dennis Honing zegt in de reportage over de Urkers dat 'ze de nieuwste versie van Windows nog niet hebben. Ze moeten nog een reformatie doormaken. Ze hebben de beelden al weggehaald, ze zijn gereformeerd, maar nu moeten ze de theologie van de Heilige Drie-eenheid even verschonen. Ze erkennen al dat er een hemel en een hel is, dus je bent eigenlijk theologisch niet zo ver van elkaar verwijderd.' Bij het binnenrijden van het dorp passeert Dennis de Domineesweg: 'Nou, dat begint al goed. Dat wordt de Imamweg.' Abou Moussa gaat nog een paar stapjes verder. Hij noemt Nederland 'de hoofdstad van ketterij, pedofilie, homofilie en drugs'. De 'evangelisatie' op Urk is een provocatie. Dat erkent zelfs Honing: 'Ja, wat dat betreft zijn jihadistische moslims net Theo van Gogh'jes.'

Het dorp keert de jongeren van Straat Dawah de rug toe. Maar vanuit Urk, vanuit een van de strengste refodorpen van het land, vertrekt uiteindelijk wel iemand naar het Midden-Oosten. Wanneer een Urker gezin daar op reis gaat, raakt hun dochter er onder invloed van een moslim, hij houdt contact met haar, ook wanneer ze terug is op Urk. Het jonge meisje krijgt cadeaus, ze chat met haar nieuwe vriend, die alles over haar weet en haar leven mee stuurt. Het meisje radicaliseert. Aan de kassa van de supermarkt worden haar mouwen en halskraag steeds langer. Ze loopt uiteindelijk weg en vertrekt naar het Midden-Oosten. Ze hebben haar sindsdien nooit meer gezien.

'Het belangrijkste is het opbouwen van een nieuw leven,' zegt Hady. 'Omringd door christenen. En proberen te slapen. Daarvoor dienen die pillen, opdat het verleden me niet telkens opnieuw voor ogen schiet.'

Het oogt zo homogeen: de Urkers die zingen in het Ichthushof, die gezamenlijk strijden tegen de duivel, de Urkers die op Urkerdag samen bidden in de Bethelkerk, Hady die zich verstopt in de speldenkop die dit dorp is, kennissen die me 's ochtends berichtjes sturen, de evangelist die langskomt: *alles voor de Heere*. Maar er is geen eensgezindheid over die *Heere*, zo blijkt.

Wanneer ik op mijn kamertje alle kerken op een rijtje zet, op mijn whiteboard, ontdek ik steeds meer verschillen. En hoe meer kerken ik bezoek, hoe meer wrijving ik tussen die kerken gewaarword. Wat aan de buitenkant zo helder en eenduidig lijkt, is aan de binnenkant een versplinterde wereld. Urk blijkt geen geloofseiland, maar een archipel aan overtuigingen waar ieder zich beroept op het eigen, grote gelijk.

De oorsprong van alle Urker kerken vind ik terug in de stapel lectuur op mijn bureau, en ik merk dat veel kerken uit elkaar zijn ontstaan. Kerk A komt uit kerk B, waarop kerk C zich ook losmaakt, kerk D zich verzet en kerk E zich weer aansluit bij kerk A. Op het bord trek ik pijlen van de ene naar de andere kerk, en raak verstrikt in een kluwen van allianties en vijandelijkheden. Studie van de Urker kerksituatie blijkt een kwelling. De situatie is zodanig ingewikkeld dat bijna niemand op Urk echt weet hoe het allemaal in elkaar steekt.

Na weken van schrijven en schrappen is dit het religieus aanbod op Urk. Haal even diep adem, houd de armsteun goed vast en zet door: op Urk vind je de Gereformeerde Kerken vrijgemaakt, de Nederlands Gereformeerde Kerk, de Christelijke Gereformeerde Kerk (die uit drie stromingen bestaat, waaronder twee zware en een zogenaamd lichte kerk, die stromingen hebben ook meerdere gebouwen, met aparte namen: Maranatha, Schuilplaats, Pniël, Eben-Haëzer, Immanuel en Ichthus), dan is er de Gereformeerde Gemeente, de Vrije Gereformeerde Gemeente, de Gereformeerde Gemeente in Nederland, de Oud Gereformeerde Gemeente in Nederland, er is de Hersteld Hervormde Kerk, het Hervormd Gereformeerd Comité Urk, de Volle Evangelie Gemeente, de Evangelische Gemeente, de Reformatorische Baptistengemeente en de Protestantse Kerk in Nederland. Het Leger des Heils fietst er nog tussendoor, en dan heb je ook nog thuislezers, de kerk tussen de boormachines en klophamers, en nog een hoop Urkers die 's zondags naar het naburige Tollebeek rijden, naar weer andere kerken, omdat ze hun gading niet vinden in hun eigen dorp of zich verzetten tegen de starheid van bovenstaande kerken.

En dan te bedenken dat dit dorp ooit katholiek is geweest. Om de geschiedenis van die hele opdeling beter te begrijpen, samen met de totale versplintering, drukt iemand me een boek in handen: *Licht en Schaduw van het Urker Kerkelijk Leven,* geschreven door een voormalige dominee op Urk, Jaap Brons. Hij sprak op de kansel van een zware kerk. *Kleine Kerkgeschiedenis van Urk. Gedurende meer dan Duizend jaren.* Daar zit ik dan, op mijn kamertje, met een fles whisky op de nachttafel en een boek op mijn schoot dat ruikt naar mottenballen. Ik lees zinnen die me alle moed ontnemen, en stel me de vraag waarom ik dit project in hemelsnaam ben begonnen. 'Het unieke van de prediking als bediening van het Woord, boven elke andere vorm van spreken, is dat het daarin niet gaat om een mensenwoord, maar om het Woord waarvan de Heilige Schrift ons verzekert dat het onvergankelijk zaad is, van het levende en eeuwig blijvende Woord van God dat levend maakt, wederbaart en zo bekeert en vernieuwt.'

Help.

Wanneer ik dominee Brons dan maar bezoek om in mensentaal te horen wat in geschreven taal tot een vervroegde nachtrust leidde, voelt het alsof ik op audiëntie kom. De vrouw van de dominee serveert koffie en gebak, en pilletjes voor haar man. Hij zit niet helemaal lekker in zijn vel. In een vitrinekast zie ik een zilverkleurige menora, zo'n joodse, zevenarmige kandelaar. Alles staat hier dicht op elkaar. Een bruine lederen zetel naast een tuil bloemen, een goudkleurige staande lamp, een rode, stoffen zetel, een donkere houten kast, en overal staan kaartjes, liggen boeken over het geloof en zijn de schilderslijsten wijd gekruld.

'Zal ik even de geschiedenis schetsen?' vraagt de dominee. Ik knik en gooi mijn ene been over het andere. De dominee leunt achterover in de lederen zetel en begint aan een monoloog van een paar uur. De hele geschiedenis van het protestantisme zal voorbijkomen, af en toe onderbroken door de vrouw van de dominee. Die zorgt telkens voor verse koffie en blijft gebak serveren als vulde ze rekken in een banketbakkerij.

Dominee Brons neemt me mee naar het absolute begin, naar Maarten Luther, hoogleraar en augustijner monnik, die in de zestiende eeuw 95 stellingen aan de poort van de slotkapel in Wittenberg nagelt. Het zijn aanklachten tegen de rooms-katholieke kerk, in het bijzonder tegen de handel in aflaten (de kwijtschelding van zonden). Hij stelt daartegenover dat mensen alleen door het geloof gered kunnen worden, *sola fide*. Ook de naam van Johannes Calvijn valt, de Frans-Zwitserse theoloog. Die is hervormingsgezind. Calvijn staat voor een sober, streng geordend, religieus leven, tegengesteld aan het katholieke, zonder bemoeienis van de overheid. Zijn ideeën sijpelen door tot in de Nederlanden, die in de zestiende en zeventiende eeuw, tijdens de Tachtigjarige Oorlog, strijden tegen de Spaanse rooms-katholieke overheersers, en het protestantisme omarmen.

'Wilt u nog koffie?'

De leer van Calvijn wordt het denkkader waarbinnen de onafhankelijkheidsstrijd wordt gevoerd en de jonge republiek wordt gevormd. De kerk van de Reformatie groeit in de zestiende eeuw in Nederland, tussen de rooms-katholieken, joden, doopsgezinden en andere gelovige groeperingen, uit tot de vaderlandse kerk, de (Nederduitse) Gereformeerde Kerk. *Gereformeerd* is afgeleid van *Reformatie*.

Sommigen zien in de frontlijn van de Tachtigjarige Oorlog tegen de katholieke Spanjaarden zelfs de grens van de Bijbelgordel, althans die van het eerste deel van de oorlog, tot aan het Twaalfjarig Bestand. De gordel als grens tussen Nederland en Spanje, tussen protestants en katholiek. Anderen verwerpen die geografische theorie en verklaren het ontstaan van de gordel door rondtrekkende orthodoxe dominees.

Tijdens het betoog prijs ik me gelukkig dat ik met de fiets gekomen ben. Met de auto zou ik de parkeerschijf om de twee uur moeten doordraaien. Het is wonderlijk om te ervaren hoe een man als dominee Brons de gave van het woord heeft en oneindig lang praten kan. Alleen zijn ogen en zijn mond bewegen, de rest van de kamer bestaat niet. Een dominee houdt het midden tussen een universiteitsprofessor en een vakbondsleider. Deze dominee houdt het bij dat eerste. Had hij maar een laserlampje bij zich, en een beamer, dan kon ik dit betoog op de witte muur volgen en aantekeningen maken. Nu ligt mijn recordertje op tafel en hoop ik dat de dominee de batterij niet leegpraat.

Ik hoor dat Nederland na de strijd tegen Spanje niet helemaal op het protestantisme is overgeschakeld. In het midden van de zeventiende eeuw is een derde van de Nederlanders protestants, een derde katholiek en bestaat het laatste deel uit een pluriforme groep onbeslisten en andersdenkenden. De Gereformeerde Kerk is dan wel geen staatskerk, ze heeft wel een bevoorrechte en centrale plaats in de maatschappij. Ook op Urk, al duurt het lang voor de Urkers zich ontdoen van de katholieke kerk en na veel pogingen van protestantse predikanten uiteindelijk overgaan tot de *nije leer*.

In die nieuwe, protestantse leer staat de Bijbel centraal, wat niet bijzonder is, maar vooral ook het leerstuk van de predestinatie: mensen zijn door God voorbeschikt, voor hun geboorte al uitverkoren tot eeuwig heil of juist veroordeeld tot de eeuwige verdoemenis. Dat is de waarheid en niks dan de waarheid.

De leer van de protestanten wordt in steen gebeiteld en draait in hoofdzaak om het Bijbels verhaal van de zondeval. De duivel verleidde Adam en Eva in het paradijs tot het eten van de verboden vrucht, van 'de boom der kennis van goed en kwaad'. Ze werden daardoor uit het paradijs verdreven en sindsdien leeft de mens in een 'gebroken wereld'. De redding uit die 'gebroken wereld', het kunnen terugkeren naar de hemel, kan alleen komen door Gods genade, via Zijn zoon Jezus Christus, die daarvoor aan het kruis is gestorven. De mens zelf kan daar niks aan veranderen, hij is helemaal afhankelijk van Gods wil. De mens is 'onbekwaam tot enig goed en geneigd tot alle kwaad'. Maar Jezus is niet gestorven voor iedereen.

Er zijn maar een aantal mensen die naar Hem mogen terugkeren. De rest moet boeten voor de zondeval. Dat is het *decretum horribile,* de predestinatie, waar Calvijn over spreekt, het 'huiveringwekkend besluit'. Volgens de leer van de protestanten ben je uitverkoren, of ben je het niet. Simpel. Daar ligt meteen het grootste verschil tussen de 'zwaren' en de 'lichten', heb ik zelf al gemerkt op Urk, afgezien van de kerkelijke regels die bij de ene kerk strenger zijn dan bij de andere: bij de zwaren ben je totaal afhankelijk, '*steil en diep afhankelijk*', kun je zelf niks doen en kun je alleen maar hopen dat je bekeerd wordt, dat God je terughaalt. Bij de minder strengen zijn er alternatieven tussen de twee uitersten mogelijk en is God veel lichter: verlossing is er door Jezus voor ieder die in Hem gelooft.

En daar is de verse koffie en de nieuwe lading mergpijpjes.

Het is niet zo dat iedereen zich bij de protestanten (de 'Gereformeerde Kerk' heet in de negentiende eeuw de '(Nederlandse) Hervormde Kerk') schikt naar de leer. Er zijn altijd al spanningen tussen de zwaren, ook wel de 'preciezen' genoemd, en de lichten, de 'rekkelijken'. In de negentiende eeuw waait er een nieuwe, vrijzinnige(re) wind door de samenleving en stijgen de spanningen bij de protestanten. Uiteindelijk ontstaan er grote breuken. Een groot aantal zwaren scheidt zich af onder leiding van een Groningse dominee, Hendrik de Cock. Maar er blijven ook veel zwaren bij de dan zogeheten Nederlandse Hervormde Kerk. Voor De Cock is er geen vrije interpretatie mogelijk, staat de waarheid in de Bijbel en is werken op zondag verboden. Je mag ook niet vloeken, niet drinken en niet gokken. De kledij moet in het teken staan van het geloof, afgekeerd van de wereld.

De dominee staat voor het ingetogen, sobere leven en dat strookt volgens hem niet genoeg met de huidige gang van zaken bij de protestanten. Hij reist het land rond en sticht samen met een paar kompanen overal nieuwe kerkgemeentes, de zogenaamde 'afgescheidenen', ook op Urk. De Afscheiding van De Cock is die van de '*kleine luyden*', het kleine volk dat zich vroom naar het Woord Gods schikt, vooral molenaars, boeren en vissers, zij die afhankelijk zijn van de natuur. Urk is dus eerst katholiek, gaat dan mee met de Reformatie, en schuift nu onder invloed van de rondreizende dominee op naar rechts, tegen de zogenaamd vrijzinnige wind in.

Na de revolte van De Cock scheurt zich later nog een grote groep af, ditmaal onder leiding van Abraham Kuyper. Die groep vloeit uiteindelijk samen met die van De Cock. Samen vormen ze de 'Gereformeerde Kerken in Nederland', hierna gewoon aangeduid als de 'Gereformeerde Kerk'.

Die kerk ontwikkelt zich heel snel. Vooral onder aanvoering van Kuyper trekken de gereformeerden een indrukwekkende zuil op, een volledige eigen wereld met een eigen krant, een eigen weekblad, een eigen politieke partij (de ARP, Anti-Revolutionaire Partij, die veel ideeën van de Franse Revolutie verwerpt), eigen scholen, eigen jeugdverenigingen en een eigen universiteit, en altijd draait het om de soevereiniteit in eigen kring.

Dominee Brons neemt nog een pilletje. Na een paar uur met gekruiste benen te hebben geluisterd naar zijn betoog is mijn bloed dik als jam. Ik schud de benen los, geef de dominee een hand, bedank hem uitvoerig en vertrek. Thuis laat ik de tape nog een keer lopen. Blijkt niet alles te zijn opgenomen, maar toch net genoeg om te begrijpen dat Urk van katholiek naar protestants ging, dat Urk ook het pad volgde van de zware dominee die zich afscheurde van die kerk, en dat tegenwoordig nog haast alles gereformeerd is op Urk. Nog altijd is het mogelijk om je kinderen hier uitsluitend te laten opgroeien in de gereformeerde zuil. Er is de zondagsschool van de kerk, de gereformeerde basisschool, daarna de Pieter Zandtschool, het gereformeerde koor, de meisjesvereniging, er zijn gereformeerde werkgevers, er zijn wijken waar vooral zwaren wonen, er is een reformatorisch bejaardentehuis, een reformatorische psychiater en een reformatorische begrafenisondernemer. Turnen kan bij de Christelijke Gymvereniging Urk. Orca's Urk basketbalt nooit op zondag, SV Urk voetbalt niet op zondag, de postduiven van Tot Weerziens vliegen niet op zondag, er is geen bioscoop op Urk, cafés zijn afhankelijk van het christelijke college van burgemeester en wethouders, vissers vertrekken pas zondagavond na middernacht naar de kotter, en het duurt tot het einde van de twintigste eeuw vooraleer het grote bord verdwijnt aan de ingang van het dorp: RIJD U URK NIET IN OP ZONDAG A.U.B. DANK U!'

Al die tijd gaat het gros van het volk gewoon naar de Gereformeerde Kerk. Maar ook dat genootschap is uiteindelijk niet bestand tegen de ontzuiling die het naoorlogse Nederland treft. De traditionele verhoudingen worden in twijfel getrokken, de positie van de vrouw kantelt. Nieuwe ideeën kristalliseren en botsen met het wereldbeeld dat op de kansel wordt gepredikt. Progressieve denkbeelden duwen het geloof naar de achtergrond. Autoriteit is niet langer gebaseerd op traditie. Je ziet blote borsten op de televisie. Provo deelt krenten uit. De tegencultuur beïnvloedt het denken, en hoewel de Gereformeerde Kerk op zich ook een tegencultuur is, blijkt die niet bestand tegen de snel veranderende samenleving. Die kerk wordt *wereldgelijkvormig*.

De gelovigen nemen het leven zelf in handen en het korset breekt open. Niemand die erin slaagt om het weer aan te snoeren. Het gaat in de kerk steeds vaker om ethiek en niet meer om dogmatiek. De ooit zo zelfverzekerde, zo enorm geëngageerde gereformeerde wereld, de kleine zuil met grote invloed, brokkelt af in Nederland en verliest haar gezicht, net zoals vele andere stromingen, zoals de katholieken, die mee verdampen. In het hoofd van de gelovige voltrekt zich een langzame, stille en onzichtbare revolutie.

Wat doet Urk in die jaren zestig? Net zoals het dorp in de negentiende eeuw met De Cock mee opschoof naar rechts, toen er een moderne(re) wind door de kerk waaide, schuift het dorp in de twintigste eeuw opnieuw op naar rechts, nu er andermaal een moderne wind door de kerk waait. De echte orthodoxen houden stand.

Het maakt dat je op Urk nog altijd kunt opgroeien in de gereformeerde zuil, maar de macht is niet meer in handen van de Gereformeerde Kerk. De macht is nu verspreid over een heleboel andere groeperingen, die nog zwaarder zijn in de leer: de echte refo's. Vaak zijn dat kerken die zich hebben afgescheurd van de oude Gereformeerde Kerk en tijdens de neergang het hazenpad kozen om op eigen houtje, stug zandzakjes aanvoerend, te vechten voor al wat nog rest. Die refo's vind je in de Biblebelt, en al helemaal op Urk, waar ze nog altijd heel sterk staan.

Zoals blijkt uit de opsomming: er zijn Christelijk Gereformeerde Kerken, er zijn Oud Gereformeerde Gemeentes en er zijn 'gewoon' Gereformeerde Gemeentes. In iedere naam staat het woord gereformeerd, maar die kerken zijn dus een pak zwaarder dan de oude Gereformeerde Kerk. Volge het wie volgen kan. In die kerken is het gemoed nog altijd zwart, kijkt het volk nog altijd naar de grond en loert de duivel immer om de hoek. De maatschappij is gekanteld, de oude kerk is gezonken, maar de zwaren drijven nog altijd boven, als wrakhout in een oceaan.

Die zware religieuze stroming vind je ook terug in de politiek. Naar analogie met zware en lichte kerken heb je zware en lichte politieke partijen. In de gemeenteraad van Urk leggen de lichten het vaak af tegen de zwaren. Ook daar zijn ze de baas.

Het godsbeeld van die beide groepen verschilt, dus ook het wereldbeeld, en maakt dat er amper overlap is. De lichten houden van Leonard Cohen en zien ieder barstje als een opening, als invallend licht. De zwaren houden streng vast aan de Bijbel en kleven stopverf overal waar het licht binnenvalt. Beide groepen zijn tektonische platen op Urk. Als licht en zwaar botsen ontstaat een gebergte waar niemand nog overheen geraakt. Het verklaart de totale versplintering. Bijna altijd gaan die botsingen over de mores, de morele keuzes die het dorp maakt, en niet over de economie. Op dat vlak is er eensgezindheid, en kan het niet snel genoeg gaan: bouwen maar. Het is vooral de mentaliteit waar de lichten zich aan storen: de antwoorden in de Bijbel waarmee de zwaren iedere discussie platslaan.

De macht die de refo's in de jaren zestig op Urk grepen, is hier nog altijd zichtbaar. Net over de Singel, daar waar de nieuwe wijken beginnen, staan op een kleine lap grond een paar van die zware exemplaren. Je kan er echt niet aan voorbij kijken: altijd zie je er de machtige, de grote Jachin Boazkerk. Die staat naast het gemeentehuis. De toren is hoger, de macht reikt verder. Veel van de wethouders in dit dorp schikken zich naar dat gedachtegoed. En de lichten ergeren zich aan *die sekte,* zoals velen die kerk noemen, aan de dominee van die kerk, die Zwartbol heet, en aan zijn glanzende Mercedes, waarmee hij naar zijn noten-en-kaaswinkel in het dorp rijdt. De gouden fonkelende letters aan de Singel: JACHIN BOAZ.

Terwijl de buitenwereld de kerk naar de achtergrond verdrong, bouwden de Urkers loopgraven om zich te weren, en werd de macht van God sterker dan die ooit was geweest. De Jachin Boazkerk, de Sionkerk, de Menorahkerk en de Schuilplaats, allemaal zijn het zware kerken, allemaal liggen ze vlak bij elkaar, vlak bij de Singel, en allemaal trekken ze nog altijd erg veel volk. Iemand noemt dit stukje Urk smalend 'Vaticaanstad', 'maar zet mijn naam niet in dat boek, hè'.

De kerken behoren tot genootschappen die zich kanten tegen vrouwen in het ambt, die worstelen met alles wat niet aan de heteroseksualiteit voldoet, die de televisie buiten de deur houden, die niet houden van sport, enzovoort. De Jachin Boaz heeft bijvoorbeeld wortels in een clubje dat zich al heel vroeg afscheurde van de Gereformeerde Kerk. Jachin Boaz behoort tot de zogenaamd ledeboeriaanse kerken. Predikant Lambertus Ledeboer wijst in de negentiende eeuw sieraden af. Vrouwen met lint en strik noemt hij *hoerenhoofden* en hij laat kinderen niet op straat spelen. De man houdt ook niet van bakkebaarden en niet van de kleur wit, die is te vroom voor de zondige mens. Zwart is de kleur, van broek tot hoed tot taal. Midden negentiende eeuw schrijft Ledeboer een *Klein vragenboekje voor kinderen*.

Vraag: Wat is de hel?
Antwoord: Een poel die brandt van vuur en sulfer, Openb. 21:8.
Vraag: Wat is ons hart geworden door de zonde?
Antwoord: Een woonplaats der duivelen, Rom. 1:29, enz.
Vraag: In welke werken betonen dat de kinderen?
Antwoord: In hun ongehoorzaamheid aan God en hun ouders.

Die zware kerken op die kleine lap grond zijn ook uit elkaar ontstaan. In de jaren zeventig van de twintigste eeuw wordt een predikant beroepen in de Boazkerk. Dominee van de ketterij. Jaren voordien heeft de getrouwde dominee het aangelegd met een catechisante, en overtreedt hij het zevende gebod: Gij zult niet echtbreken. Het verzet is groot wanneer de Urkers vernemen dat de nieuwe, hertrouwde dominee misschien naar Urk komt. Honderden gelovigen scheuren zich af en stichten een nieuwe gemeente, Menorah.

Als de post van predikant daar te lang vacant blijft, is er opnieuw verzet. Het volk vreest te vervallen in een doffe dienst van voorgelezen, oude predicaties, zonder dominee die het hart beroert. Weer scheurt een groep zich af, en wordt de Sionkerk geboren. Het zijn kerken met andere namen, maar de leerverschillen zijn minuscuul. Iedere nieuwe kerk 'houdt ten minste nog vast aan de Bijbel'! Iedere nieuwe kerk onderscheidt zich van de oude kerk door te focussen op de nog veel oudere kerk. Als aan een pokertafel groeit de inzet op Urk: steeds zwaarder, steeds rechtser.

Zo is ook de Schuilplaats ontstaan, door een conservatief geschil. De Schuilplaats ligt ook in Vaticaanstad en kent haar oorsprong in de oude Gereformeerde Kerk. Dat vertelt Wouter Kramer, die het allemaal heeft meegemaakt. Aanleiding voor de scheuring zijn de uitspraken van de theologen Harry Kuitert, die de historiciteit van de zondeval in twijfel trekt, en Herman Wiersinga, die de Bijbel als een tijdsgebonden document beschouwt. Omdat de synode (de overkoepelende organisatie waartoe een kerk behoort) niet hard optreedt, wil de helft van de kerkenraad opstappen. Een felle tegenstander van de theologen richt zich per brief tot de kerkenraad: 'Kunnen wij gewoon gereformeerd blijven als prof. Kuitert schrijft dat "Onze god niet uniek is, eigenlijk een laatkomer is in de geschiedenis". Kunnen wij gewoon gereformeerd blijven als men in onze Gereformeerde Kerken de vrouw in het leerambt heeft toegelaten? Zo wordt de Bijbel verkracht.'

Op 10 februari 1976 gaat Wouter Kramer de kerkenraadsvergadering binnen. Iedereen kijkt hem aan. Links zitten zij die de kerk willen verlaten, rechts zitten de blijvers. Beide groepen zijn dan nog even groot. 'Sluit ik me aan bij de ene groep,' zegt Wouter, 'dan heeft die de meerderheid en dus ook de kerkgebouwen. En omgekeerd.' Wouter – beige broek, lichtbeige hemd, gele brillenglazen – wordt ongemakkelijk als hij denkt aan die tijd. 'En dan besef ik: ho neen, ik wil niet dat het op mijn stem aankomt. Er komen uiteindelijk nog een paar andere ouderlingen bij, waaronder mijn zwager. Ook zij stemmen.'

Al zijn hele leven is Wouter Kramer lid van de Gereformeerde Kerk. Hij is er ouderling en zijn vader is scriba. Het hele gezin Kramer – tien kinderen – zit in de jaren zeventig vooraan in de kerk.

'Voorstanders van een scheuring dropten 's nachts briefjes bij me in de bus,' zegt Wouter. 'Anoniem, om me te overtuigen: Zo u één mijl gaat, ga dan twee mijl! Ik lag in bed, kon de slaap niet vatten, en hoorde de brieven door de bus vallen. Ik heb ze allemaal verbrand, want ik ging eraan kapot.'

De kerkenraad stemt. De blijvers halen het nipt van de vertrekkers. Ook Wouter stemt tegen een vertrek en blijft zitten, net als zijn familie. De tien Kramers en hun ouders: allemaal blijven ze in de Gereformeerde Kerk. Uiteindelijk is de stem van Wouter niet beslissend, tot zijn grote opluchting. 'Het heeft me twintig jaar van mijn leven gekost om geestelijk weer de oude te worden.'

De scheuring van 1976 is misschien wel de grootste en belangrijkste scheuring die Urk ooit heeft gekend. Nog altijd lopen littekens als treinsporen door het dorp, want behalve een religieuze breuk is een scheuring ook een menselijke breuk. Dat is nog altijd zo. Sommigen gaan niet meer naar die ene bakkerij, omdat de bakker is overgestapt naar een andere kerk. Broers die elkaar een tijd lang niet meer spreken, ook niet als ze elkaar 's zondags zien bij hun ouders. Bedrijven die onder druk komen te staan omdat een zwager uit het bestuur nu elders kerkt. Ouders die hun kinderen uit een sportclub halen omdat de trainer anders denkt over de zondeval. En altijd maar houdt men strenger en strenger vast aan de Bijbel.

Niet zelden verhardt de boel. Ook in 1976. Dan willen de vertrekkers een dak boven hun hoofd. De onderhandelingen over de kerkgebouwen gebeuren per post. Alle brieven beginnen met 'Waarde broeders' en eindigen met 'broedergroeten'. Om hun eigen kerk te stichten hebben de vertrekkers hun bewijs van lidmaatschap nodig, dat nog in handen is van de blijvers. Ze eisen het op. 'Wij verzoeken u beleefd.'

Het antwoord van de kerkraad is simpel: 'Hoe kunt U van ons verwachten, ja zelfs eisen, dat we wat U doet allemaal goed vinden? En waarom moet onze gemeente dan door U worden verscheurd, moeten families uit elkaar worden gerukt en moeten gezinnen worden verwoest?'

Waarop de vertrekkers: 'Daargelaten HOE en met WELKE STEMMEN dat zeer krappe meerderheidsbesluit tot stand kwam, willen wij U er slechts aan herinneren, dat U (...) het besluit, dat te maken had met "het dierbaar bloed van onze Heiland" hebt teruggenomen, terwijl de vele tegenstemmers hun stem niet mochten motiveren.'

In *Solia Gratia*, het blad van de vertrekkers, staat te lezen hoe men zich voortaan dient te gedragen tegenover de blijvers. Het gaat plots over de 'verderfelijke leer' over 'God tot een leugenaar makend': 'Nee, we worden geroepen (...) de broeders en zusters te wijzen op de gevaren die hen bedreigen, en zo op te wekken waakzaam te zijn. GAAT U ECHTER NIET DISCUSSIËREN, maar getuigt uit Gods Woord, dat u alleen Hem gehoorzaam wilt zijn.'

De vertrekkers sluiten zich aan bij een ander kerkgenootschap, dat zwaarder in de leer is. De nieuwe kerkenraad schrijft een afscheidsbrief aan de mensen met wie ze zo lang het geloof deelden, die ze zondagmorgen en zondagmiddag begroetten, vaders en moeders wier kinderen in de klas zitten bij hun eigen kroost: 'Daarbij gaat het ons ook om de toekomst van onze kinderen. De antichrist is er reeds en de kinderen moeten toegerust worden voor de grote strijd, die komt.'

De vertrekkers bouwen uiteindelijk een prefabkerk. Een loods van aluminium golfplaten, met duizend rode kuipstoelen. De kerkleden pellen garnalen om de boel te financieren, ze bellen vrienden en maken lange uren. Ondertussen bouwt de nieuwe gemeente al aan een nieuw bakstenen gebouw: de Maranathakerk, want de aanhang groeit als boerenkool. Wanneer die klaar is, blijkt ze al te klein. De oude noodkerk 'De Schuilplaats' blijft dienstdoen, maar brandt een paar jaar later helemaal uit. De dominee staat op straat met de resten van de verkoolde Bijbel in handen. Uiteindelijk wordt de Schuilplaats, die prefabkerk, herbouwd. Niet meer in golfplaten dit keer, maar in baksteen. Ze staat er nog altijd, in de schaduw van die andere gescheurde, maar nog altijd populaire zware kerken, in Vaticaanstad.

Bijna dertig jaar later, in 2005, is het ledental van de oude Gereformeerde Kerk weer op peil en is de kerk haast even groot als in 1976. Weer scheurt de boel, dit keer gaat het over de fusie met 'een homokerk'. De dominee: 'Het is als bij een hevige echtscheiding. Je kan van je ex niet meer zeggen dat ze een lieve vrouw was. Nee, je moet voor jezelf rechtvaardigen dat er niets meer deugt aan de partner waar je zo lang mee samenleefde.' Weer stappen honderden mensen over naar een nieuwgevormde kerk.

Hoe komt dat toch? Waarom die hevige strijd? Is het louter angst voor verandering? Sommigen durven me zoveel jaar na dato wel toe te geven 'dat het om niks ging', maar de meesten verwijzen naar de Bijbel en 'houden tenminste nog vast aan het Woord'. Ik bel Durk Hak en maak een afspraak. Hak heeft een eigen these ontwikkeld. Hij spreekt over sociale status. Dat is wat de Urker wil: status.

Hak is de man die me tien jaar geleden hielp toen ik na de moord op Dirk Post verloren rondliep op Urk. 'Kom erin!' zegt hij. De man woont in Enschede en ziet eruit alsof hij net met een oud Volkswagenbusje door Portugal is gereisd, op zoek naar hoge golven en meiden met glinsterend haar. Durk Hak is godsdienstsocioloog. Hij is voormalig docent sociologie aan de Rijksuniversiteit Groningen en is nog altijd redacteur van *Religie & samenleving.* Durk heeft ook een oorring en tatoeages, en hij draagt een zwemshort. Uit Lemmer komt hij, nabij Urk. Als schipper zag Hak walvissen en drijvend wrakhout. Hij voer de wereld rond en nam overal foto's. Maar de man stelde zich steeds meer vragen. De uitgestrektheid van de oceaan die zijn hoofd telkens als een zandloper leegmaakte, vulde hij aan de wal weer op met boeken en kennis. Om dan te beseffen dat je je hoofd wel helemaal kunt leegmaken, maar nooit helemaal kunt opvullen.

Omdat het leven van een schipper begrensd is en dat van een studiehoofd niet, hing Durk Hak zijn oliepak aan de haak en promoveerde midden jaren negentig aan de faculteit theologie en godsdienstwetenschap. Aan boord had hij genoeg mannen met bijbels gezien en gehoord, en hoe meer hij over het geloof las en nadacht, hoe meer zijn eigen gereformeerde denken als door de golven werd uitgegumd.

'*Erst kommt das Fressen, dann kommt die Moral*, schreef Bertolt Brecht al. Mensen willen eerst fysiek welzijn: eten, drinken, seks, onderdak,' begint Durk. 'Daarna ook psychisch welzijn: sociale waardering. Je wil goed doen in de ogen van het meisje dat je begeert. Maar ook goeddoen in de ogen van de gemeenschap waartoe je behoort. Dan komen je vader, moeder en baas in beeld, en de dominee. De volgende stap is status, die vaak samenhangt met sociale waardering. Een mens wil zich onderscheiden van de ander.'

In de jaren negentig onderzocht Hak de kerkscheuringen op Urk. Waarom verdween daar de kerkelijke homogeniteit en verdween die in andere, orthodoxe plaatsen als Bunschoten, Spakenburg, Marken en Staphorst bijna niet, of op veel kleinere schaal?

'Op Urk viel er in de economische sfeer lange tijd alleen status te verwerven op zee,' zegt Hak, 'zeker in vergelijking met de andere onderzochte dorpen. Er was vijftig jaar geleden haast niks anders te doen. De beste visserman liep voorop in de concurrentiestrijd. De vangsten, de grootte van het schip, de apparatuur: het droeg allemaal bij aan je sociale positie en de bijbehorende status. Wie een dergelijke status wilde verwerven moest de zee op, maar dat doe je niet zomaar.

Waar vind je die status nog? In de politiek. In die sfeer zijn de plaatsjes heel beperkt. Op Urk had je in vergelijking met de andere onderzochte dorpen toch aardig wat lokale partijen. Groepen die zich losmaakten en een eigen partij begonnen. Toch waren en zijn de plekken beperkt. Het is dus moeilijk om status te verwerven in de economische sfeer, en bij gebrek aan kansen ook moeilijk in de politieke sfeer. Blijft over: de religieuze sfeer.

Hoe bereik je status in de kerk? Als predikant, diaken of ouderling. Zeker dat laatste biedt uitzicht op status, want een plekje in de kerkraad is vaak gelinkt aan een plekje in allerlei kerkelijke commissies en verenigingen. Nog altijd valt daar veel status te verwerven.

Wil je het echt voor het zeggen hebben, dan kun je ook scheuren. Dat kan al bij een discussie over de Statenvertaling, of over de psalmberijming, of over het gebruik van een televisie. Er zijn genoeg thema's waarop je je kunt profileren. Een scheuring is mensenwerk, en mensen die bij een scheuring vooroplopen, zijn vaak degenen die bij de stichting van een nieuwe kerk ook vooraan zitten.'

De sociale-statustheorie van Hak leverde hem postkaartjes van refo's op. Die waren op hun tenen getrapt. Eén kaartje sprong eruit. Of het op Urk op de bus is gedaan, weet Hak niet, de stempel is vervaagd: 'Van huis uit ben je een ontiegelijke kloteklapper, een oennoemelijke boerenlul, die denkt de wijsheid in pacht te hebben. Een klootzak als jij moet begrijpen dat als je iets zou weten, je dat toch uit boeken hebt moeten leren. Als jij, droplul die je bent, denkt in het openbaar anderen naar beneden te halen en zij die in een God geloven belachgeluk te maken, zo moet ik je dus op een open kaart mijn zienswijze over jouw idiote uitlatingen laten weten, bij deze. Wie denk je eigenlijk dat je bent? Ik vind je een opgeblazen kwal en van je schrijven moet ik op de pot.'

Naar buiten toe steunen de Urkers elkaar, dan is iedereen christen, maar onder de luifel van die gemeenschap broeit het en is strijd toegestaan, zolang iedereen die strijd maar aan de kant schuift als de plicht roept. Zoals bij de vermissing van de UK165, dan bidden de Urkers samen, ongeacht de verschillen.

Die strijd gaat ook verder dan de kerk. Ook koren scheuren en fuseren. Je hebt ze in alle kleuren en maten. Het ene koor zingt op volle noten, het andere op halve noten en nog weer andere op borrelnoten. Ook daarin lijken status en geloof verstrengeld. In 1968 scheidt een groep koorzangers zich af van Hallelujah, een van de grootste en belangrijkste koren. Wat begint met een discussie tussen het bestuur en de dirigent over een platenhoes en de nummers die worden gezongen, leidt tot lekgestoken banden en een rechtszaak. De nieuwe groep, onder leiding van de dirigent, kiest voor Mannenkoor Urk. Dat staat Het Urker Mannenkoor Hallelujah niet toe. De rechter kiest voor die laatste naam. Sinds '68 heb je nu de Urker Zangers. De twee hoofdrolspelers, een bestuurslid en de dirigent, wonen in dezelfde straat. Pas jaren later spreken ze weer met elkaar. 'Hete hoofden en koude harten,' zegt een koorzanger van Hallelujah. 'Er was veel haat toen,' zegt een Urker Zanger.

Ook in het verenigingsleven is het voor mij als vreemde hinken van de ene ijsschots naar de andere om de overkant te halen en moet ik opletten om niet in het water te donderen. Ieder bezoek aan een vereniging vereist op den duur een korte studie van de situatie, want het Christelijk Jong Mannenkoor is anders dan het Hervormd Kerkkoor en een Christelijk Urker Visserskoor. Er is ook het zware koor Siloam, dat in zijn zingen 'de boodschap wil uitdragen van vrije genade door het bloed van Jezus Christus'. Siloam wordt gesponsord door een rijwielshop, een poelier, een tuinarchitect en een garagehouder, allemaal van de zwaarste soort. Een vrachtwagenchauffeur die zingt bij Siloam oefent de psalmen 'al rijdend'. Urker Mannenkwartet kan dan weer rekenen op een schilder, een visverkoper en een taxibedrijf. Visverwerker Dayseaday heeft zijn eigen koor: Mannenkoor Eneas. En Jong Gemengd Koor Immanuël doet het met een bouwbedrijf.

En het gaat nog verder. Er is op Urk een duivenvereniging die op zondag vliegt en een die dat weigert, en biljartclub Het Groene Laken trekt in 2016 naar het College voor de Rechten van de Mens, omdat de biljartbond de wedstrijden op zondag inplant. (De club krijgt gelijk, overigens.)

Soms duurt het een paar decennia eer de wonde is geheeld en vrienden elkaar omhelzen. Soms ook niet. De druk om je af te scheuren, omdat vrienden en familie de oversteek hebben gemaakt, is soms zo groot dat zelfs artsen, zij die alles over je weten, die er net zoals de dominee bij zijn aan het kraambed en het ziekbed, plots alleen staan. En het dorp verlaten, uit noodzaak. Als een arts zich op religieus vlak steeds meer profileert en als de kerken hem steunen, dan hebben de andere artsen voor ze het beseffen geen patiënten meer, en wordt vanaf de kansel gemaand toch ook over te stappen naar de *juiste dokter*. Wat ook gebeurt. Zo verlaat een arts begin jaren 2000 het dorp waar hij zo graag werkte. Dertig jaar heeft hij op Urk gediend, tot er bijna duizend van zijn patienten overstappen naar een arts die zich in de Pro Life-beweging verdiept. Weg, gedaan. En wat geldt voor de hele samenleving, voor de kerken, de verenigingen en de artsen, geldt ook voor de gezinnen. Vader en moeder kiezen voor een bepaalde kerk, voor een bepaald zwaar geloof, en de kinderen moeten volgen. Ook als zij anders denken.

Ik wil met de heel zwaren spreken, maar makkelijk is dat niet. Zij houden niet van pottenkijkers. Anderen helpen me het pad te plaveien. Ik wil het gedachtegoed dat op Urk van belang is, uit hun eigen mond horen. Want dat gedachtegoed beheerst de politiek en de visserij. In de zwaarste kerken vind je de CEO's van de grootste bedrijven, je vindt er de grootste reders, de wethouders, gemeenteraadsleden en voorzitters van het verenigingsleven. Een gesprek over kwartaalcijfers en fileermachines met de zwaren kan altijd, maar de deur naar hun gedachten en gevoelens is vergrendeld.

Uiteindelijk lukt het. Begin juni ga ik op bezoek bij een gezin van de Jachin Boazkerk. Ik heb me zelden zo anders en vreemd gevoeld als tijdens dat anderhalf uur durend gesprek.

'Ik ben echt bang voor de duivel en de hel. Echt waar.' Een jonge vrouw zit in een grijsbruine zetel. Ze is fijngebouwd en heeft lang, bruin haar. 'Hopen bekeerd te worden, bidden, dat is al wat ik kan doen. Het is de Heere die beslist. Als er voor mij geen plaats is in de hemel, dan wacht mij het eeuwig vuur.'

De woonkamer is als een maandagochtend waar niemand zin in heeft. Op het afgesleten vloerkleed staat een lage tafel, donker als een berenvacht. Iedereen draagt vreugdeloze kleuren: moeder, vader en alle kinderen van het grote gezin, die van de trap naar beneden komen. Onder de trap staat een elektronisch orgel. Er is een houten kast omheen gebouwd. Ik ben omringd door zwarte rokken, donkere netkousen en grijze hemden. In dit huis is alleen de melk wit.

De vader van het gezin: 'Zo gaat dat, meisje. Het is niet anders. De vrije wil bestaat niet.'

Hij is ouderling in de kerk. Zijn vrouw komt uit een thuislezend gezin. Daar las vader op zondag twee preken van oudvaders. Hij kon zich vinden in het zware geloof, maar vond de kerken op Urk niet ver genoeg gaan in de naleving van het Woord. Dus groeiden de rokken thuis nog verder naar beneden. Tussen de preken door zongen de kinderen psalmen en versjes. Ze lazen ook boeken en legden Bijbelse puzzels. Elektriciteit was verboden op zondag. Toen waren er nog geen windmolens die onbemand stroom leverden, wel petroleumlampen, en een accu aan een zonnepaneeltje. Televisie was verboden, radio ook. Er was de Bijbel en er waren uitgestrekte velden.

Vader: 'Gods Woord is ons kompas. Hoe je moet leven, staat precies geschreven in de Bijbel. Al wat er niet in staat, hoort er niet bij.'

Moeder: 'Dus geen bier of wijn, geen televisie, geen radio.'

Vader: 'Het kwade trekt ons aan. Zonder de bemoeienis van de Heere zijn we reddeloos verloren.'

Moeder: 'Wij leren onze kinderen strijden tegen het kwade. Na de zondeval in het paradijs nam de duivel bezit van ons hart. Daar woont hij nog altijd.'

Vader: 'Dat is het schijnbaar tegenstrijdige aan het geloof: je moet het goede doen zoals de Bijbel voorschrijft, maar alleen God beslist of je het goede ook eeuwig beleeft. Ons leven lijkt benauwd, dat begrijp ik. Zelf ervaren wij dat niet zo.'

De dochter: 'God ziet alles en weet alles. Soms hoor ik stemmen in mijn hoofd. Die van de duivel.'

Vader: 'Wij zijn doemwaardig van bij de geboorte. Dat leren we onze kinderen in de opvoeding. We dreigen niet met de hel, maar vertellen over het bestaan ervan.'

De dochter: 'Als het dondert, dan voel ik me verloren, alsof ik ga sterven.'

Het gesprek hapert even. De stilte voelt zwart en klam aan. De dochter vraagt of ik zelf ook geloof. 'Wil je dan niet bekeerd worden?' Ik zeg dat ik niet geloof en voel hoe de lucht verdikt.

De bekering, het moment waarop God zich openbaart in de mens en het geloof een levendige werkelijkheid wordt, is het opvallendste dogma van de zwaren. Om te weten of je tot de gelukkigen behoort, moet je je relatie met God 'bevinden', onderzoeken. Je bent pas bekeerd als God je via Zijn Heilige Geest een nieuw hart toedraagt. Dan leg je je oude ik als een mantel naast je neer en verander je in een ware gelovige. 'Misschien werkt de Heilige Geest al in me,' zegt de dochter. 'Ik ervaar zoveel tegenstrijdigheden.'

Het bekeringsproces vertrekt uit ellende (inzicht in de totale verdorvenheid van de mens) om via verlossing (verlost van het doembeeld van de hel) tot dankbaarheid (de mens wordt steeds sterker in het afweren van de zonde) te komen. Dat is althans de theorie. De subjectiviteit van de ervaring leidt bij refo's tot onenigheid. Wie mag zich een bekeerde noemen en wie niet? Hoe valt dat te bewijzen? Sloeg de bliksem wel echt in?

Op Urk gaan weinig refo's naar het Heilig Avondmaal. Dat is voorbehouden aan het bekeerde volk, waaronder veel ouderlingen. In de Jachin Boazkerk zijn dat niet meer dan twintig à dertig mensen die om de zoveel maanden durven opstaan, en voor het oog van het volk, met de blik naar beneden, aan tafel gaan, terwijl de diakenen als poortwachters toezien. Twintig mensen op meer dan duizend leden, het is een eliteclub met een ongekend hoge status.

De moeder: 'Mijn bekering was een heel geleidelijk proces. Eigenlijk heb ik nooit ín de wereld geleefd. Na een tijd bid je meer, bezoek je de kerk vaker, strijd je heviger tegen de zonde en word je minder uitbundig. Je leven versobert. Niet omdat dat moet, maar omdat je dat zelf wilt.'

Het bekeringsdogma is op Urk sterk beïnvloed door dominee Everard du Marchie van Voorthuysen, een rijkeluiszoon uit villa Bornia, nabij Driebergen in Utrecht. Van Voorthuysen groeide op als ongelovige en beschikte na de dood van zijn moeder over een riante erfenis. Hij kocht een sportauto, een zeiljacht en een Harley-Davidson: 'Het was mijn lust om op een zware motorfiets als een razende over het land heen en weer te vliegen. Rijdend op een motorfiets wilde ik midden in de wereld leven.' In zijn twintiger jaren voelde de jongeman naar eigen zeggen de Heilige Geest in zich werken. Op de snelweg bij Den Haag liet hij het stuur van de Harley los en gooide zijn armen de lucht in. Everard schreeuwde: 'Als God dan durft, laat Hij mij dan dood laten vallen, als er een God is!'

Hij verongelukte niet. Everard leidde een nieuw leven, kweekte hoenders in Epe om later met platgestreken haar vanaf de kansel het hart te beroeren. Hij diende twee keer op Urk, in de jaren 1930 en de jaren 1960. Zijn stem trilde als een trommelvel en de emotionele Urker ging overstag, in die mate dat zijn portret werd ingelijst en uitgestald op de schouw, opdat iedereen kon zien wie het ware geloof in pacht had. 'Dit kind is sprokkelhout voor de hel,' zou hij ooit bij een geboorte hebben gezegd. In zijn predicaties klonk dat zo: 'Zielmoorders. Ze naderen in schaapsklederen: grijpende wolven. Als je je laat meeslepen door de geest van hen, dan word je bedorven voor de eeuwigheid.' Wie zich ten onrechte als bekeerd beschouwde, kreeg van Everard du Marchie van Voorthuysen een les in nederigheid. Over de doorbraak van de televisie: 'Een kijkkast en een hoorkast uit de hel. Denk erom, we kunnen straks met onze kinderen voor de rechterstoel van Christus staan. En dan, in die grote dag, zal men televisiebeelden zien, die uw kinderen hebben gezien door uw schuld.'

De vader: 'Het is moeilijk om daar met mensen van een lichte kerk over te praten. Zij begrijpen ons niet echt, en omgekeerd.

Daarom hebben wij in hoofdzaak contact met mensen uit onze eigen kerk.'

Is dit het dan? Is dit de werkelijkheid? Het religieuze veld is dan wel helemaal verkaveld in lichte en zware percelen, maar het lijkt er nog altijd op dat iedereen hier gelooft, dat iedereen vroom naar de kerk gaat, wat voor kerk dat ook wezen mag, dat iedereen zich deemoedig en met de glimlach schikt naar de wensen van Urk. En van de Heere. Het dorp dat de inwoners, de gelovigen, als een landkaart dichtvouwt en in de achterzak opbergt.

Een paar dagen na het bezoek aan het zware gezin worden de poppetjes eindelijk kleiner, en glijd ik een wereld binnen die een heel ander verhaal vertelt dan wat me tot hiertoe is voorgehouden. Een ander verhaal over het dorp, een ander verhaal over de mentaliteit, en zeker een ander verhaal over de kerk. Ik spreek een jonge vrouw. Die zal me de achterkant van het geschetste beeld tonen. Een schaduwkant die ik niet meer kan *ont*-zien.

Het begrip Urk krijgt definitief een andere lading.

Eindelijk.

6

WWW

You can't write a script in your mind and then force yourself to follow it. You have to let yourself be.

Chimamanda Ngozi Adichie, *Half of a Yellow Sun*

De jonge vrouw leer ik per toeval kennen. Ik heb afgesproken met iemand anders, en tref haar in de buurt. Ze heeft geen weet van wie ik ben. Wanneer ik me voorstel en uitleg waarom ik op Urk woon, is haar interesse geprikkeld. We praten die avond over het dorp.

Ondanks haar jonge leeftijd lijkt de vrouw al drie levens te hebben geleid. Ze praat met een loutering die ik alleen van oude mensen ken, van hen die het laatste hoofdstuk hebben opgeslagen. Ik spreek haar een paar keer voor ik vraag om een *on the record*-interview. Dat gesprek vindt niet plaats in een anoniem achterkamertje, ook niet buiten het dorp of aan de rand van het bos, waar niemand je ziet of hoort. Nee, we spreken elkaar op een openbare plek. Terwijl veel Urkers ons aankijken, heeft niemand er enig idee van waarover het gesprek gaat. Ik hoor het iemand zeggen, een stem op de achtergrond: '*Ga je morgen naar de Bijbelstudie*?' en neem scherp op wat de jonge vrouw me gelijktijdig vertelt: 'Mijn vader heeft geprobeerd me te wurgen. Hij dacht dat de demon in me zat.' Dit is haar verhaal.

'Op mijn veertiende doken de eerste twijfels op: zat Jona echt drie dagen in de buik van een walvis? Heeft God de wereld echt in zes dagen geschapen? In de bibliotheek van Urk trof ik amper boeken die me inzicht gaven in de historiciteit van de Bijbel. En als ik al ergens een interessant boek vond, moest ik het verstoppen voor vader en moeder.

Thuis hadden we lange tijd geen internet, maar elders groeiden de mogelijkheden, zoals op school of in de bibliotheek, daar kon je surfen. Op mijn zestiende leidde het internet tot het einde van mijn geloof. Daarom ben ik Google dankbaar. *Does God really exist?* tikte ik in de zoekbalk. *Has Jesus ever lived?* Mijn denkwereld lag overhoop. In de zoekresultaten las ik over de Amerikaanse schrijver, neurowetenschapper en atheïst Sam Harris en zijn boeken *The End of Faith* en *Letter to a Christian Nation*. Ik ontdekte ook *The*

Unbelievers, de documentairefilm waarin de wereldwijde tournee van Lawrence Krauss en Richard Dawkins wordt gevolgd. Overal spreken zij over de ratio en de wetenschap.

Zonder internet was ik wellicht niet zo snel tot dat inzicht gekomen. Misschien zelfs helemaal niet. Internet vergemakkelijkte mijn zoektocht. Ik hoefde niet meer heimelijk te zoeken naar boeken over de evolutietheorie in bibliotheken buiten Urk. Online is dat veel handiger. Toen we thuis ook internet kregen, raakte mijn zoektocht in een stroomversnelling. Ik zette een password op mijn laptop en las online wat ik maar wilde. Een muisklik, een paar seconden en het *e-book* verscheen op het scherm. In het Engels, een taal die mijn ouders niet begrijpen.

Ik was genoodzaakt zelf op zoek te gaan naar antwoorden. Zowel thuis, op school, als in de kerk wordt de Enige Waarheid er nog altijd met een bulldozer in geramd. Er valt niet aan te ontsnappen. Thuis leest vader voor uit de Bijbel, op school moet je eerst een psalm zingen en bidden, dan is er de zondagsschool, later ook catechisatie, twee diensten op zondag, en altijd en overal hangt iedereen hetzelfde doembeeld op van hel en verdoemenis. De zonde en de angst is allesoverheersend. Je leest het in de krant, in de schoolboeken, in de kerkblaadjes. Overal. Wat kun je daar als kind tegen doen? Niks. Het is kindermishandeling.

Eerst wilde ik de kwestie van de brandende hel ophelderen. Ik was niet bekeerd, dat wist ik zeker, en altijd is me ingeprent dat onbekeerden naar de hel gaan. Ik wilde zo graag af van die angst. Bij de hel dacht ik aan popsterren in kooien. Aan Madonna en Michael Jackson, die worden gemarteld en hun liedjes eeuwig moeten zingen in het brandend vuur. Als gedoopte zou ik nog veel harder gefolterd worden. Ik zou huilen en schreeuwen, en eeuwig zou ik dorst hebben. De grote, eindeloze dorst, dat was de hel.

Op mijn achtste begon ik daarom hevig te bidden, in de hoop tot God te komen. De wanhoop was groot en de schrik groeide. Pas jaren later, als zestienjarige, na het lezen van *The God Delusion* van Richard Dawkins wist ik het heel zeker: er is geen hel, er is geen hemel, er is geen God.'

Oef.

'Dat inzicht opende een nieuwe wereld, maar leidde ook tot

eenzaamheid. Na het lezen van al die boeken zag ik in hoe mijn gezin en mijn dorp precies in elkaar zitten. Eenzaamheid, omdat je alleen staat met dat inzicht, of althans niet weet wie nog zo denkt. Dat is confronterend. Plots ervaar je een kerkdienst als een surreële ervaring, als een droom, een film, een toneelstuk, waarin iedereen een rol aanneemt en iedereen zich schikt naar De Waarheid. Eenzaamheid, omdat jij niet deelt wat iedereen in dit dorp met elkaar verbindt. Ik voelde me opgesloten in mezelf.

Het antwoord op de vraag of God bestaat, leidde tot veel meer vragen. Wat voor denkbeelden zijn er nog meer in geramd, behalve die van de hel en de hemel? Je beseft dat de buitenwereld anders denkt over homoseksualiteit, over de gelijkheid tussen man en vrouw, over klimaatverandering, over vegetarisme enzovoort. Dat is een totale shock. Maar ik moest verder. Er was geen weg terug. Internet had me geconfronteerd met mijn eigen denken en dorp. Nu zou ik het dorp ook confronteren met mijn nieuwe denken. Te beginnen met mijn vader.

Het liep niet goed af. Mijn vader is erg radicaal. Toen ik het geloof openlijk in twijfel trok, wist hij het zeker: er zat een demon in mij, en die demon probeerde hij er met alle geweld uit te slaan. Letterlijk. Hij greep naar mijn keel en probeerde me te wurgen. Vader had zichzelf niet meer in de hand. Hij kon zich totaal verliezen in de woede en razernij. Hij wilde me daadwerkelijk doodmaken.

Ik had niet alleen aan het geloof getornd, maar ook aan zijn autoriteit. Geloof en macht gaan samen. Je mag niet ingaan tegen het geloof, want dan ga je in tegen hem die het verkondigt. Die voelt zich aangevallen en reageert. Vader ervoer de confrontatie als een ondermijning van zijn gezag. Om de andere kinderen duidelijk te maken dat hij wel degelijk de baas was en is, sloeg hij me. Drie jaar lang deed hij me pijn. Ik bleef overeind door Dawkins en Harris te blijven lezen, ging op reis, woonde een tijdje elders, en vertrok uiteindelijk uit Urk, om te studeren, wat ik nog altijd doe.'

Op geen enkel moment hapert de stem van de jonge vrouw. Ook niet als het gaat over fysiek geweld. Af en toe glimlacht ze, als om de hardheid van de feiten te compenseren, te tonen dat ze meester is van het verhaal, dat ze de pijn niet meer toelaat, die heeft verwerkt en vermalen tot grind waar ze makkelijk op blote voeten over loopt.

‘Sommigen zijn bang voor de eenzaamheid die op Urk samenhangt met de vrijheid. Dus zwijgen ze. Zelf kon ik niet meer verder leven in dat web van leugens. Als ik op Urk kom, ga ik niet in discussie. Het is zinloos. De strenggelovige Urker kan niet uit dat totaalbeeld stappen. Zij die er wel uit stappen, durven dat vaak niet toe te geven, en blijven aanmodderen.

Die paar verhalen en fragmenten vormen het hele leven, de hele wereld. Een ongelovige kent die wereld volgens hen niet. “Je begrijpt het niet.” Ook vriendinnen die verder studeren geloven nog altijd. Dat zet een rem op de vriendschap, want je vindt elkaar veel moeilijker in een gesprek. Hoeveel vrienden ik écht heb op Urk? Behalve mijn zus niemand. Er zijn bitter weinig mensen aan wie ik openlijk kan en wil zeggen dat ik niet geloof.

Ik neem dat niemand kwalijk. Iedereen wordt gevormd door zijn omgeving, toch? Ik begon me als tiener vragen te stellen. Dat anderen dat niet deden, is dan maar zo. Kun je daar kwaad om zijn? Bestaat er zoiets als de vrije wil? Is het uit gemakzucht dat anderen zich die vraag niet stellen? Ik weet het niet.

Ik bezoek mijn ouders nog, ook mijn vader. Op één zus na gaan alle andere kinderen nog naar de kerk. Praten over geloof doen we niet, dat is altijd de olifant in de kamer. Kan ik het mijn vader kwalijk nemen dat hij zo radicaal in de Bijbel gelooft? Had ik niet gewoon geluk dat er nu meer bronnen voorhanden zijn, meer informatie? Ben ik kwaad op hem? Hij had zichzelf hoe dan ook niet in de hand, dat zeker. Nu is hij iets milder en heeft de trots op zijn studerende dochter de woede om haar atheïsme enigszins verzacht. Maar als puntje bij paaltje komt, denkt hij wellicht nog altijd dat de demon in me zit. Hij zegt het alleen niet meer openlijk.

Veel woede voel ik nu niet meer. Mijn zus wel, zij heeft dezelfde weg afgelegd en wil stiekem aan iedereen duidelijk maken hoe het er bij ons aan toe gaat. Maar dat doe je niet zomaar.

Ook het dorp heb ik niet losgelaten. De samenleving is hier op een leugen gebaseerd, maar als die leugen tot sociale cohesie leidt, die iedereen goeddoet, hoe moet je dan omgaan met die leugen? In de stad, waar ik woon, ben je als individu eenzamer, hoe je het ook wendt of keert. Dus schipper ik tussen twee werelden. Wil ik als individu door iedereen erkend worden, deel uitmaken van een gemeenschap met vaste normen, waarden en regels, en mijn vrijheid daarvoor opgeven? Of wil ik meer ruimte voor eigen ideeën, eigen denkbeelden over gender en klimaat in een anoniemere samenleving?

Ik heb begrip voor Urk. Veel voldoening haal je hier niet uit je baan, wel uit je geloof en je gezin. Daarom zijn kinderen en kerken hier zo belangrijk, ze geven het leven zin. Maar trek je dat in twijfel, dan heb je een zeer groot probleem.'

Na het gesprek, op weg naar huis, zie ik de kinderen van het gezin dat ik eerder sprak. *Ik ben echt bang voor de duivel en de hel. Echt waar.* Even speel ik met het idee hen in contact te brengen met de jonge vrouw. Maar dan word ik een *Mitspieler* en ben ik geen observator meer. Of ben ik dat sowieso niet (meer)? Probeer ik mijn eigen ideeën hier door te geven aan anderen? Is observeren niet eerder iets voor vogelspotters? Kun je als deelnemer aan alle mogelijke activiteiten nog spreken van beschrijven? Ik heb mijn notitieboekje overal bij me, om iedereen eraan te herinneren dat ik tot niemand behoor, tot geen enkele groep, maar enkel noteren wil. Maar wat ik opschrijf, overstijgt de beschrijving.

De kinderen fietsen voorbij. Ik zwaai alleen maar.

Wil ik de schaduwkant verder uitdiepen, dan moet ik het dorp verlaten. Urk bestaat uit meer dan de inwoners. Urk bestaat ook uit mensen die zijn vertrokken, mensen wier tegenstem werd gesmoord in stilzwijgen. Zo bezoek ik een gezin in het noorden van Nederland – 'Bah, iedereen die er over je waakt, ik werd er gek van, die onvrijheid' –, een gezin dat me doorverwijst naar een man die veel zuidelijker woont: 'Die moet je echt eens spreken.'

Ik vind het deurtje en ontdek wat zich achter de gordijnen afspeelt, wie of wat Urk zo vakkundig verbergt, verzwijgt: hij of zij die anders denkt en voelt. Na de jonge vrouw ontmoet ik nu een oudere man, ver buiten Urk. Ook hij vertelt over de uitwassen van het zware geloof, maar ook over het *anders* zijn.

'Er hangt een waas over mijn jeugd,' zegt hij. We zitten aan de keukentafel, in een prachtig huis, omgeven door stapels boeken, schilderijen en kamerplanten. Het zonlicht valt hier parmantig op een schaal met bonbons. 'Altijd die dreigende godsbeelden, de schrik voor de duivel en de hel. Niet in staat om ook maar iets van mijn leven te maken. Dat denkkader maakt je leven onmogelijk. Als ik op school of thuis vragen stelde, dan hoorde ik bijna standaard: Jij moet niet zoveel vragen stellen, want dan ga je twijfelen. God zit je de hele tijd op de nek. Thuis, op school, zelfs later ook op je werk: is het allemaal wel goed genoeg? Mag dit wel?

Mijn vader was streng in de leer. Mijn moeder was luchtiger. Ze overleefde het huwelijk door zich volledig over te geven aan het gedachtegoed van haar man. Ze wilde de wereld mooier maken, beter, en ook gewoon leuker. Die genen heb ik van haar geërfd. Met haar had ik een hele goede band.

Het grijze waas kent ook lichtpunten. Ik was een sociaal kind met veel vrienden, speelde bij de vuurtoren aan het IJsselmeer. Ik kwam vaak bij leuke schoonzussen en broers over de vloer. Ik was dol op mijn neefjes en nichtjes. Ik voelde mij onderdeel van een groter geheel. Alles lag klaar voor het oude, vertrouwde leven op Urk. Het is moeilijk daar weerstand aan te bieden. Ik zou ook visserman worden, zoals dat toen hoorde. Mijn broers hadden tenslotte al kotters. Ik zou ook een vrouw zoeken, vinden, een gezin stichten, een huis kopen en de rest van mijn leven doorbrengen in het dorp. Zoals iedereen. Daar zit schoonheid in, maar ik wilde dat niet. De enige weg naar een eigen leven was het verlaten van het dorp.'

Mijn oog valt op een stapel kranten op de rand van de tafel. Ik zie *Het Urkerland* liggen. De man lacht. 'Op de één of andere manier kun je de plek waar je opgroeit en het gezin waarin je opgroeit, nooit loslaten. Dat werkt je hele leven door.' Hij haalt een familiefoto tevoorschijn. 'Ik voel de ambivalentie: ik hoor erbij, en ook weer niet. Dat geldt ook voor het dorp: ik ben een van hen. En ook weer niet.

Ik ontdekte mezelf in de grote stad, bleek een teamspeler te zijn die goed aardt in een groep. Ontdekte dat vanzelfsprekendheden lang niet altijd vanzelfsprekend zijn. Het onvermogen dat ik als kind voelde om het leven te sturen, boog ik langzaam om in de eerste minimale stappen richting zelfbeschikking. Ik ontdekte dat studeren mij goed afging, haalde mijn diploma's, voelde waardering, erkenning, ik had vrienden, was gezond nieuwsgierig naar andere mensen en had snel een leuke job. En toen veranderde alles.

The joy of being gay heb ik nooit ervaren. Nog altijd niet. Na diverse relaties met vrouwen werd ik verliefd op een man, en alle stemmen, alle oordelen klonken helder: kan niet, mag niet. Niemand wist iets af van die gevoelens. Niemand. Een totale shock was dat. Homoseksualiteit bestond niet op Urk. Het was slecht en ging in tegen Gods Woord. Ik torste een enorm geheim mee, die grote zonde, en kon er niet over praten.

Ik vertrok voor een aantal jaren naar het buitenland. Daar sprak ik eerst niet over mijn geaardheid. Het was eenrichtingsverkeer, met vrouwen die me de liefde verklaarden en ik die zweeg. Uiteindelijk heb ik het aan iemand verteld. Plots zei ik het, aan de andere kant van de wereld, ver weg van Urk. Eén ding wist ik daarna zeker: ik ga niet terug naar Urk. Het dorp stond voor onveiligheid. Later haalde ik mijn moeder op met de auto. Bloednerveus was ik. We reden op de Urkerweg, de polder in. Het was stil in de auto. Mijn hart ging tekeer. Ik wist niet hoe ik het zou zeggen, maar het moest, er was geen weg terug. Ik parkeerde de auto langs de kant van de weg.

"Je hebt het moeilijk, hè?" zei moeder. Ik stond altijd op een sokkel bij haar, wij begrepen elkaar. Ook ik wilde de wereld net als zij mooier kleuren. Ik wist niet hoe ze zou reageren. Misschien vermoedde mijn vader al iets, wist hij intuïtief dat die vriend niet zomaar een vriend was. Misschien was hij bang dat ik homoseksueel was. Misschien was mijn moeder dat ook. Ik kon alleen maar gissen. Thuis kenden wij een zwijgcultuur. Nooit had iemand me ook maar iets in die richting gevraagd.

"Klopt moeder, ik heb het moeilijk."

Ik kende het milieu van mijn ouders. Ik kende hun kerk, hun vrienden, hun taal, hun gedachten en ik hoopte op onvoorwaardelijkheid. Rationeel wist ik dat homoseksualiteit niet in de denkwereld van moeder paste, en al helemaal niet in haar geloofswereld. Dus hoopte ik op de emotionele band tussen een moeder en een kind.

"Die vriend is mijn partner."

Even was het stil.

En toen zei mijn moeder: "Stop daarmee."

Dat was het antwoord: "Stop daarmee." Het zijn de laatste

woorden die er ooit over gezegd zijn. "Stop daarmee." Ik viel van de sokkel. Een kwartier zaten we daar in de auto, langs de Urkerweg. We zwegen, en reden zwijgend terug naar Urk. Ik zette mijn moeder thuis af en reed weg. Het voelde alsof ik net mijn familie was verloren. De woorden van Vasalis in *Sotto Voce* geven weer hoe het toen voelde:

Zoveel soorten van verdriet
Ik noem ze niet
Maar één, het afstand doen en scheiden
En niet het snijden doet zo'n pijn
Maar het afgesneden zijn.

Mijn moeder vertelde het thuis aan mijn vader. Hij zei dat hij nog liever mijn overlijdensbericht had gekregen dan dit nieuws. We hebben er nooit over gesproken. Mijn vader overleed, mijn moeder werd dement. Ik ben haar blijven bezoeken. Ik ben onderdeel van het gezin en ik blijf onderdeel van het gezin.

Ondertussen zijn we jaren verder en kan ik stellen dat het is gelukt de relatie met het gezin waar ik uit kom te behouden. Het vroeg moed, wederkerigheid en doorzettingsvermogen. Een aantal neefjes en nichtjes, kinderen van mijn broer en schoonzus, beschouw ik als mijn eigen kinderen.'

Op de autosnelweg terug naar Urk denk ik na over het gesprek met de jonge vrouw en de oudere man. Hoe moeilijk het is om je te onttrekken. Hun getuigenissen staan symbool voor de heel zwaren op Urk, voor de macht. Maar niet ieder gezin is loodzwaar in de leer. Er zijn ook jongeren uit lichte(re) gezinnen die niet meer naar de kerk gaan en alleen wat irritatie bij de ouders ondervinden, meer niet.

Er moet ook in dit dorp een wereld bestaan waarin geloof geen belangrijke rol speelt, waarin je onttrekken wel makkelijk gaat, waar je niet met een zonnebril door het dorp hoeft te lopen na een discussie. Op Urk huist een rockband, zijn enkelingen bezig met kunst; en wandel ik door het park, dan herinnert het gedrag van de jongeren helemaal niet aan enig geloof. Zo moeilijk het is, en was, om de binnen- en buitenkant van het zware geloof te leren kennen, zo moeilijk blijkt het ook, aan de andere kant, om ongelovigen te vinden.

Ik word steeds onbuigzamer, in ieder gesprek. Dat voel ik. Mijn geduld raakt op. Ik spreek jongeren, één op één, jongeren uit zware en uit lichte gezinnen, en blijf aandringen tot ik op de kern stoot, hoe die er ook uitziet, en ik weet het na tientallen gesprekken heel zeker: er zijn in dit dorp veel Urkers die alleen naar de kerk gaan om narigheid te vermijden. Die geloven niet in de Heere, vinden de predikant maar een mafkees. Maar ze zwijgen. Niks is wat het lijkt.

Het is lastig voor ze om toe te geven dat ze puur uit traditie naar de dienst gaan, dat ze iedere zondag een pak aantrekken om geen lastige vragen te krijgen van vader en moeder. Dat wordt me letterlijk gezegd, zij het *off the record*. Ik spreek jonge koppels die net gehuwd zijn en snel een 'vluchtheuvelkerk' kiezen, een kerk die ongeveer in het midden ligt tussen de geloven van beide families. Het is moeilijk hen te overtuigen dat toe te geven. 'Waarom zou ik dat doen?' is altijd het antwoord. 'Wat heb ik erbij te winnen om dit openlijk te verklaren?' Een twintiger verwoordt het zo: 'Op zondag gewoon een paar uur doen alsof; als dat het enige is wat ik moet doen, dan heb ik er geen probleem mee om mijn niet-geloven mijn hele leven te verzwijgen.' Ieder gesprek wordt op dezelfde manier afgerond: 'Maar mijn naam komt écht niet in dat boek van je.'

Natuurlijk zijn er ook veel Urkers die echt geloven, die zich oprecht naar de Bijbel richten, maar het is een misvatting dat iedereen in dit dorp met dezelfde intenties op de kerkbanken zit. Urkers, het zijn net mensen. Zodra vader en moeder er niet meer zijn, durf ik er geld op te verwedden dat het voor de kinderen makkelijker zal zijn om de kerk aan de kant te schuiven. Dat zie je nu al.

De strijd tegen de seculiere buitenwereld is op Urk misschien nooit groter geweest dan nu, zeker ook bij de zwaren. Net zoals de ooit zo hechte Gereformeerde Kerk ten prooi viel aan de welvaart en de nieuwe ideeën, voel ik dat ook de kerken die zich afscheurden en zich veel strijdvaardiger opstelden, de refo's die in tegenstelling tot de rest van gelovig Nederland niet capituleerden, nu grote moeite hebben om aan de stijgende druk van buitenaf en van binnenuit te weerstaan. Ook in die kerken erodeert de leer, althans in de hoofden van de mensen, en zijn er grote scheuren in de dijk. Het aantal vissers daalt ook fors, wat knaagt aan de cultuur en aan het geloof. Er zijn mensen die fysiek afhaken en gewoon thuisblijven. Er is een categorie die mentaal afhaakt en op zondag gewoon op de tanden bijt, en er is een groeiende categorie die zich afzet tegen de eigen kerk en de bijhorende regels (kledij, tv...), zonder het geloof an sich af te vallen. Dat merk ik op het strand, als de witte shirts van Fearless in Christ weer opduiken.

'Ha broeder!'

Een jongeman komt aan bij de dijk. Hij stalt zijn fiets tegen de houten balken. Die zien eruit als turntoestellen en dienen als parkeerplaats. Op het einde van de balk zit een meeuw, daar waar je een gymnast verwacht, die zich klaarmaakt voor de afsprong, benen dicht en hop, daar gaat ie.

'Kom je mee zingen?' vraagt de jongen met de fiets. Hij buigt voorover, duwt het hendeltje van het slot naar beneden. 'Vandaag is een bijzondere dag.' Hier kijkt hij al dagenlang naar uit. 'We gaan dopen!' Een blonde meid met een wit shirt komt erbij en kust hem op de wangen. *Pray, Wait, Trust* staat op haar shirt.

'Ben je er klaar voor?' vraagt hij haar.

'Ja, helemaal.'

Onder haar armen zit een stapel A4'tjes geprakt. 'Hé, hallo, kom je mee zingen?'

JEZUS OVERWINNAAR lees ik. *'Voor eeuwig Uw heerschappij.'* Ik houd mijn notitieboekje als een schild voor me: 'Ik kom alleen kijken.'

'Ik ben tot geloof gekomen,' zegt ze. 'Daarom laat ik me hier zo meteen dopen in het IJsselmeer.' Ze drukt me ook een flyer in de handen. Fearless in Christ. *SO DO NOT FEAR, FOR I AM WITH YOU. ISAIAH 41:10.* De jongen en het meisje kijken ongeduldig om zich heen.

Er komen wat mensen aan. Sommigen kussen de meid ter begroeting en geven de jongen een hand. Het zijn vooral jongeren, al zijn er ook baarden en grijs haar. Een paar jonge meisjes dragen teenslippers. Ze nemen selfies en posten die online onder de hashtag #opwekkingurk. De brillantine van de jongens glanst in het avondlicht. Nieuws gaat hier van mond tot mond.

Een jonge evangelist op Urk heeft iemand kort voordien gedoopt, in het IJsselmeer. Niet aan het strand, waar we nu staan, maar verderop bij de windmolens. Zonder getuigen: de evangelist las een stukje uit de Bijbel, de jongen ging kopje-onder, en dat was het. Nu heeft de doper, die ook leerkracht is, even last van het schoolbestuur. Hij krijgt ook sms'jes van ouderlingen uit de zwaardere hoek.

'Typisch,' zegt een jongen in een kleurrijke geruite broek. 'Altijd bemoeien de kerken zich ermee.'

'Die jongen is niet gedoopt als kind. Dus wat is het probleem?'

'God is in ons leven. Daar zou iedereen blij om moeten zijn.'

Op de dijk wandelen vrouwen in lange rokken. Mannen op elektrische fietsen remmen abrupt. Dat willen ze weleens zien, die doop. De mensen zijn argwanend, maar ook nieuwsgierig, de eeuwige Urker combo, ze hebben in *Het Urkerland* over Fearless in Christ gelezen.

'We beginnen met Psalm 42, vers 1: *'t Hijgend hert, der jacht ontkomen.*'

Een gitarist zet in.

Fearless in Christ is een voorbeeld van de groeiende weerstand van de jonge(re) generaties op Urk. De leden behoren vaak tot de wat lichte(re) kerken. Sommigen evolueren naar een cultureel christendom, zonder naar de letter van de wet te leven. Ze geloven wel in God, maar op hun manier. Die jongeren groeien in aantal en komen los van de regels. De kledij is modern, ze studeren en downloaden nieuwe denkbeelden op hun smartphone. Er is meer ruimte voor de mens zelf, het geloof voelt voor hen niet (meer) aan als een korset.

Het valt ook op hoe binnen steeds meer zware gezinnen niet iedereen naar dezelfde kerk gaat. In zulke families dragen vader en moeder op zondag een zwart pak en bidden om bekering, terwijl de jongste kinderen tegeltjes tellen tijdens de dienst en de oudere kinderen naar elders gaan, naar een lichtere kerk, met minder gedoe, waar de bekering, het ticket voor de hemel, niet enkel geldt voor een klein clubje. Ze hebben er in hun familie discussies over; gaat een zoon of dochter naar een andere kerk, dan mogen de ouders het uitleggen aan hun ouderlingen. Het trapsgewijs afdalen richting een wat positiever, evangelischer geloof lijkt een tussenfase op weg naar een steeds bredere verwereldlijking.

Maar afdalen of niet, zwaar of licht, de omgang met het geloof blijft een strijd. Veel jongeren zijn in de war. Op den duur beschouw ik religie als een computerprogramma dat op Urk al op zeer jonge leeftijd op de harde schijf van de kinderen wordt gezet, en hoe vaak die later ook proberen om alles te formatteren, te wissen, het lukt niet, altijd springt er ergens wel weer een venstertje open dat dat verhindert.

Hier aan het strand, bij Fearless in Christ, sluimert de onvrede met de organisatie van het geloof. Net als in het Ichthushof, waar William openlijk kon praten over de hel en de duivel, willen deze Urkers op het strand gewoon openlijk zingen en hun geloof beleven, zonder altijd te moeten voldoen aan het kerkelijk reglement.

Godsdienstsocioloog Durk Hak wees al op de kerk als vliegwiel in de zoektocht naar sociale status. Aan die status hangt macht. Macht die wordt uitgeoefend door de predikant, de ouderlingen, de kerkenraad enzovoort. Nu de opwekkingsbeweging hier tijdens mijn tijd op Urk aan kracht wint, spreken predikanten zich op zondag niet uit tegen de jongeren die met een gitaar liedjes zingen op het strand, maar wel tegen hen die zelf dopen, zoals Fearless in Christ.

De refokerken houden streng vast aan de kinderdoop en waarschuwen het volk: een volwassen 'overdoop' of 'herdoop' kan en mag niet. Dat een jongen onder een windmolen is gedoopt door een evangelist zorgt bij dominees en kerkenraden voor consternatie en angst, al zal geen predikant dat laatste ooit toegeven.

Consternatie omdat jongeren het überhaupt aandurven om elkaar te dopen, buiten de kerk om. Ze dagen daarmee de heersende macht uit. En jagen de angst aan dat ze een eigen, nieuwe kerk zouden kunnen stichten, waarop de oude kerk leden verliest, wat verregaande implicaties heeft, ook financieel.

De kerken hebben er alle belang bij om de eigen leden dicht bij zich te houden, nu ook de linkerflank, de evangelische stroming, zich op Urk ontwikkelt. De geschiedenis herhaalt zich. In plaats van met de jongeren in dialoog te gaan, worden ze in de hoek gedrukt. Niemand luistert naar hun grieven. Het religieus denkkader is zo onwrikbaar dat de oude macht zich krampachtig vasthoudt aan wat rest. Het is nooit anders geweest. Dus stijgt de temperatuur. Dat zie je op het strand en hoor je aan de bar, op het sportveld, aan de haven: 'Die jongelui trekken zich er niet veel van aan, hè.' Af en toe klimmen luchtbellen naar het oppervlak en barsten open.

Sommige Urkers mailen me hun frustraties over het 'geloofssysteem'. Vaak is de kerk de bron van de frustratie, of het zware gezin. Soms vallen die twee samen en is de schade niet te overzien.

Niemand heeft weet van de jonge vrouw, niemand heeft weet van de oudere man, en niemand heeft weet van Jannetje. Ze praat onder een schuilnaam.

'Mijn vader is ouderling in een zware kerk op Urk,' zegt ze. Ik zie Jannetje bij haar thuis, samen met haar man, op een verzengend warme zomerdag. Ik wapper mezelf frisse lucht toe met mijn notitieboekje. 'De kerk waarin ik ben opgegroeid is niet de kerk die mijn man en ik nu bezoeken,' zegt de vrouw. Haar man knikt. Ik vraag hoe dat komt en vermoed het trapsgewijs afdalen. Het koppel kijkt elkaar aan en aarzelt. 'Zal ik water halen?' vraagt Jannetje.

Zoals altijd speel ik eerst op veilig, vraag naar algemeenheden, laat mensen mij bevragen, opdat alles helder is, dat iedereen weet wie ik ben en wat ik doe. Ik manoeuvreer het gesprek naar neutraal terrein en begin over kinderen, banen en de zo verschrikkelijk warme zomer. Wanneer we uiteindelijk toch dieper ingaan op het kerkleven, vertelt de vrouw waarom ze niet dezelfde kerk als die van haar ouders aandoet: 'Omdat mijn vader me mijn hele jeugd heeft misbruikt.'

Ik leg mijn notitieboekje op tafel en zeg dat het bandopnemertje nog doorloopt. 'Dat mag ook,' zegt de vrouw. Opnieuw knikt haar man. 'Zolang mijn naam er niet in komt. Daar ben ik nog niet klaar voor.'

Het zonlicht zwakt langzaam af, de avond werpt een schaduw over het gesprek.

'Als kind besefte ik niet wat er gebeurde. Ik verdrong de feiten. Pas als tiener, toen het misbruik nog steeds plaatsvond en ik psychisch in elkaar stortte, werd de omvang van de incest echt duidelijk. Niemand wist wat er in me omging. Praten durfde ik niet. Wie zou mij geloven? Mijn vader is nog altijd een gerespecteerd man in de kerk. Net als de andere ouderlingen. Daar raak je niet aan.

Ik verbleef enige tijd in een zorgcentrum. Plots stonden vader en moeder daar, in het deurgat van mijn kamer. Ze huilden. Vader erkende zijn fouten, hij gaf het toe, zonder de fouten concreet te benoemen. Hij vroeg om vergeving en wilde de zaak snel en definitief afsluiten. Voor mij was dat onmogelijk. Ik stond aan het begin van een ontzettend lang proces en wilde onder begeleiding van een erkende therapeut in het reine komen met het jarenlange seksuele misbruik. "Dat boek moet nu dicht," zei vader, en zijn gezicht draaide als het blad van een boom. "We gaan er nú op door. Ook ik denk hier al jaren aan."

Ooit, jaren voordien, zakte ik een eerste keer in elkaar. "Ik ga het nooit meer doen," zei hij toen. "Nooit meer." Helaas. Maar moeder was toen al van alles op de hoogte. In het zorgcentrum ontaardde het gesprek in ruzie. Vader was woedend omdat ik hem niet stante pede vergaf.

Mijn familie is naar de kerkenraad gestapt om de schade te beperken. Welk verhaal ze daar over mij hebben opgehangen weet ik niet, maar sindsdien gaf de kerk me geen enkele kans om mijn kant van het verhaal te doen. Nooit. De kerk ondernam niets. Voor de kerkenraad bestaat deze zaak niet. Als je weet dat niet alleen mijn gezin, maar ook andere takken van de familie daar kerken, dan besef je hoe alleen je staat. Mijn vader is nog altijd ouderling en de macht van de kerk is nog altijd groot. De zogenaamde onafhankelijkheid is één grote grap.

Na de ruzie volgden brieven, ook van mijn moeder. Dat ze zo teleurgesteld in me was, schreef ze. Vergeet niet: tegenover mij ontkent mijn familie de feiten niet, maar er is kwaadheid omdat ik de pagina niet kan omslaan. Ik moest me "hier overheen zetten". De breuk werd steeds groter en de ruzies heftiger: ik zag er nog veel te goed uit voor iemand die zogezegd zwaar leed, werd er gezegd. Dat soort dingen. Ik brak met mijn familie en deed aangifte bij de politie.

Vader bereidde zijn verhoor goed voor. Daar ontkende hij alles. Het is woord-wederwoord, en iedereen in het gezin, die ook moest getuigen, sloot zich bij hem aan. Ik hoopte zo vurig op een proces, opdat iedereen zou kunnen horen en zien wat hij, de ouderling, had aangericht. En hoe niemand van de kerk ook maar enige actie ondernam. Ik hoopte dat de kerk vol in het licht zou komen te staan, dat mensen verantwoording zouden eisen van de kerkenraad, dat de macht zou instorten. Maar er kwam geen proces.

Als ik er openlijk voor uitkom, wie gelooft mij dan? Wie gelooft een kind wiens vader ouderling is en de familie zich achter hem verschuilt, een familie die onder vier ogen wel alles bekent, maar naar de buitenwereld alles ontkent?

Net zoals een kerk er alles aan doet om de bestaande verhoudingen te bewaren, streeft ook het dorp naar de status-quo. In 2018 werd een bekende koordirigent voor de tweede keer veroordeeld voor ontucht met een minderjarig meisje. Eerder betastte hij een leerlinge als docent op de middelbare school, dit keer ging het om een privérepetitie van een zogenoemde voorspeelavond. Hij ontkleedde een meisje op de bank bij het orgel en drong seksueel bij haar binnen, ín de Petrakerk van de Gereformeerde Kerk. De rechter legde hem een voorwaardelijke gevangenisstraf op van vier maanden en een forse taakstraf. Een krant als *De Stentor* schreef *Jaap K. uit Urk* en publiceerde een tekening van Jaap in de rechtbank. De lokale pers op Urk waagde zich lang zo ver niet en bleef heel vaag over de zaak. Dat zegt het allemaal: de vuiligheid wordt buitengehouden, de waarheid genegeerd, en iedereen bewaakt de status-quo. Jaap K. wordt nog altijd op handen gedragen in de kerk, in het dorp, en in zijn koor. Dat is de realiteit.

Als zelfs hij, een man met een tweevoudige gerechtelijke veroordeling voor seksueel misbruik van twee minderjarigen, daarmee wegkomt, hoe kan ik dan opkomen voor mezelf en ingaan tegen mijn familie, de kerk, en het dorp? De angst om definitief verstoten te worden is me te groot. Dan kan ik alleen nog verhuizen. En dat wil ik niet. Ik weiger toe te geven, want ík ben niet de schuldige. Als op Urk iemand zoekraakt op zee, dan helpt iedereen. Dat is helder: A is vermist, dus we zoeken A. Maar zodra het complexer is, zodra de kerk en het gezin in het gedrang zijn, dan steekt iedereen zijn kop in het zand, uit angst voor de ander. Dan gaat de deur op slot.’

Op de dijk drommen steeds meer mensen samen. Ze kijken naar de groep op het strand. Die schuift op in de richting van het water. Twee jongens in spijkerbroek staan tot hun knieën in het meer: 'Ben je klaar?' Het meisje met het blonde haar en witte T-shirt loopt het IJsselmeer in. Ze gaan diep, stappen over het koord van de bewaakte zone. Een paar meter verder passeert een man in een zwempak. 'Wel jammer van die blauwalgen,' zegt een broeder.

'We gaan dopen,' zegt de ene jongen hardop, opdat iedereen het hoort. Het meisje houdt de armen gekruist voor haar borst. Op het strand gaan alle smartphones de lucht in. 'We dopen in de naam van de Vader, de Zoon en de Heilige Geest.' Het meisje gaat kopje-onder en het volk heft JEZUS OVERWINNAAR aan:

U bent de held die voor ons strijdt.
U baant de weg van overwinning.
Elke vijand vlucht, ieder bolwerk valt neer.
Naam boven alle namen, Hoogste Heer.

Ik sta met mijn notitieboekje tussen een zingende groep mensen aan de ene kant en een groep kwade blikken aan de andere kant. De ene pikt het niet dat de kerk zich ermee bemoeit. De ander pikt het niet dat de jeugd zich ermee bemoeit. 'Waar begint en eindigt zoiets?' vraagt een man met een elektrische fiets. 'Dit gaat veel te ver. *Hoooo*, dit gaat veel te ver. Als iedereen zomaar in het wilde weg zijn gang gaat, is alles verloren. Dan is de kerk niet meer. Zij die ons alles heeft gebracht.'

Zij die niet geloven zijn op Urk nog altijd fors in de minderheid, maar die minderheid groeit. De niet-gelovigen zijn nu nog eenlingen, jongeren die zich losmaken van kerk en gezin, of andere sterke karakters die zich afzetten en lak hebben aan ouderlingen en kerkklokken. Er zijn ook een paar families die van oudsher buiten het kerkelijk veld staan. Ze leiden allen een doodgewoon leven op Urk, en al maken ze geen deel uit van het religieus systeem, ze behoren wel tot de geestesgemeenschap, want er zijn nog andere pijlers die de identiteit schragen.

Er zijn ook Urkers die buiten het eigen dorp kerken. Hoe groot het aanbod ook is: op Urk situeren haast alle kerken zich aan de rechterkant van het spectrum. In Tollebeek, het dichtstbijzijnde dorp, is dat anders. In 1957 werd Tollebeek als laatste dorp van de al sinds 1942 drooggevallen Noordoostpolder ingericht. Zoals de landelijke afspiegeling het toen vereiste heb je er nu nog altijd katholieken, naast protestanten. Het verschil met Urk is groot. In Tollebeek kunnen homo's trouwen in de kerk en zijn vrouwen toegelaten in het ambt.

Op zondag vertrekt een kleine karavaan van Urk naar Tollebeek om er te vieren wat het eigen dorp verbiedt. Omdat Urk door de explosieve bevolkingsaanwas de hele tijd tegen de geografische grenzen aanstoot en omdat de huizenprijzen er iets lager zijn, wonen ook steeds meer Urkers in Tollebeek. Ze kopen er vrijheid.

Urk laat zich trots voorstaan op het geloof, en draagt dat ook uit: 'Wij zijn de echte christenen die leven naar Gods Woord.' De lat ligt er ontzettend hoog. Te hoog, want het dorp ontkomt niet aan het hedendaagse, hedonistische leven, dat de verleidingen als lijnzaad over het dorp uitstrooit. De hashtags, de juiste runningschoenen, de skireizen.

De jaren zestig zorgden voor grote welvaart, maar ondanks het instromende geld bleef Urk het beeld uitdragen van het sobere dorp, dat alsmaar rechtser werd. Daar is de dubbele moraal ontstaan. En daar houdt de buitenwereld wel van. Nederland jent de Urkers graag. Door de Bijbel nog altijd voorop te stellen geeft Urk de buitenwereld genoeg munitie om het dorp bij ieder voorval dat de kloof tussen de daad en het Woord aantoont onder vuur te nemen.

Zo worden steeds meer kinderen op Urk gevaccineerd. Dat was decennia geleden al zo. Een voormalige huisarts vertelt me over vaccinaties. Hoe hij een telefoontje kreeg van de moeder, die sprak over 'de griep' en vroeg om 'langs achter te komen'. Daar zat het hele kroost klaar om gevaccineerd te worden, en ging de arts na afloop met een emmer vis naar huis. Of anticonceptie. Zware gezinnen waar de moeder en de dochters de pil gebruikten. De apotheker die het doosje pillen in een bruine zak stak, opdat niemand het zag. Tot iedereen dat doorhad en sindsdien alles in zo'n zak wordt meegegeven. De huisarts vertelt me ook over een man die hem bezocht en sprak over vruchtbaarheidsproblemen. De diepgelovige man wist niet dat zijn eigen vrouw de pil gebruikte.

De kloof was er vroeger ook al, maar die was minder zichtbaar. Nu, in onze beeldcultuur, ligt alles op tafel en roesten de nagels van de hemelpoort.

Het is zondag 9 juni. In het Estádio do Dragão in Porto schudt de scheidsrechter de hand van Virgil van Dijk, de aanvoerder van het Nederlands elftal, en die van Cristiano Ronaldo, die Portugal leidt. Voor het eerst sinds 1988 kan Oranje een prijs pakken, een kleintje. Winnen van Portugal levert eindwinst in de Nations League op. Met Matthijs de Ligt, Frenkie de Jong en Virgil van Dijk heeft het Nederlands elftal weer toekomst. De avond valt op Urk, en Oranje staat op achterstand. Zoals iedere avond wandel ik door het dorp. Ik kijk naar de huizen, de tuinen, de decoratie, de religieuze opschriften en de waarschuwingen op de bel: '*Want drie zijn er die getuigen in den hemel, de Vader, Het Woord en de Heilige Geest en deze drie zijn één.*' 1 Johannes 5:7. En daaronder: '*Jehova Getuigen worden verzocht niet aan te bellen.*'

Urkers doen de gordijnen pas dicht bij het slapengaan. Je kunt zo de woonkamer in kijken. Die zondagavond lichten veel woonkamers groen op. Vaders liggen op de bank met een biertje. Hun zoon zit op het tapijt voor de televisie. 'Depay' lees je op zijn rug. Ik zie gezinnen rondom de laptop. Op het scherm schopt Daley Blind een Portugees omver. Ik passeer huizen van zware gezinnen. Ik herken ze. Ook op hun computer moet Nederland een achterstand wegwerken. Ik denk aan de uitspraak van Everard du Marchie van Voorthuysen: 'Een kijkkast en een hoorkast komen uit de hel. Maar satan is zo slim, hè? Als hij de televisie vóór de radio genomen had, dan had geen mens het aangedurfd! O Heere, waar zal dit volk blijven, waar zal kerkelijk Nederland nog inzinken.'

Een paar dagen later spreek ik Anna, die lid is van de Jachin Boazkerk. Ook zij spreekt onder een andere naam. Het kostte opnieuw veel moeite om haar te kunnen ontmoeten. Het gesprek vindt niet bij haar thuis plaats, ook niet op een openbare plek op Urk, maar wel in de woonkamer van Anna's vriendin. Daar wachten taart en koffie. Anna is argwanend en schuift ongemakkelijk over de zitbank, maar de vriendin effent het pad. Anna gaat al snel voluit.

'Een ouderling zei tegen mijn zoon: Kies maar, lid blijven in onze kerk en het voetbal op televisie laten voor wat het is, of blijven kijken en vertrekken. En ik zit daar tussenin, als moeder. Mijn zoon is vertrokken. Hij gaat nooit meer naar de kerk.

Het is de schuld van internet,' vervolgt Anna. 'Je mag dan wel geen televisie in huis hebben, maar online kun je ook naar voetbal kijken. En internet is toegestaan. Dat kun je de mensen nu niet meer afnemen. Daar is het te laat voor. Als de predikant internet nu zou verbieden, dan is de kerk in één dag leeg. Dan zouden we nu niet bijbouwen maar afbreken, en leefden we als Amish.'

Anna likt een toefje slagroom van haar vinger.

'Ja, het is echt te laat. Dat je je oorbellen niet mag dragen op een doopsel, dat soort dingen krijg je te horen. Maar dat is de kwestie niet. Hoe internet alles verandert, dat is de kwestie. De duivel is verantwoordelijk. Hij houdt de mens weg van de waarheid.'

Ze is de rivier al overgestoken. Anna beseft het, maar het kost moeite om het toe te geven.

'Gods Woord is niet veranderd, maar de mensen wel. Het is voor onze gemeenschap heel lastig om je geloof door deze moeilijke tijd te loodsen. Ook ik word zo vreselijk meegezogen door het leven. Internet bestond vroeger niet. Zelfs de televisie bestond in mijn jeugd nog niet. Die wereld was veilig en overzichtelijk. Je kon niet missen wat je niet had. Maar de duivel komt op zijn sloffen. Eerst de radio, dan de televisie. Makkelijk was dat. Je haalde die toestellen gewoon niet in huis. En je verveelde je niet: je naaide, knapte de meubels op en las in de Bijbel. Nu is alles anders. Als gelovige verlies je je grip en de twijfel slaat toe. Dan zegt mijn man: Anna, neem nou eens een goed, theologisch boek, lees eens in Gods Woord. Dan moet ik kiezen: de Bijbel of mijn smartphone. Het is zo moeilijk je telefoon te weerstaan, te zien wat anderen doen.

Ik mis de oude tijd. Media schrijven altijd dat wij leven met de deur dicht. Dat is niet zo. Die deur staat helemaal open, maar niemand die het ziet. We spreken er soms over, moeders onder elkaar. Dat er bijna geen tijd meer overblijft voor Gods Woord. Dat onze kinderen online gamen, dat ze online films bekijken, dat je niet op kunt tegen nieuwe media. Vroeger hing er een briefje van de ouderling aan je fiets als je de bioscoop uit kwam. Nu kijk je online naar wat je maar wilt, en niemand die het weet. Ik zelf ook: online kun je zoveel televisieprogramma's herbekijken. Ik weet, het mag niet, maar het is sterker dan ikzelf.

Een zoon van me kwam zelfs op een pornosite terecht. Hij is nu vierentwintig jaar. Je kan wel zeggen dat de duivel ermee gemoeid is, maar ze trekken zich daar niks van aan.

Ik heb een groot gezin. De helft daarvan gaat niet meer naar de kerk. Zij die buiten Urk wonen al helemaal niet meer. Mijn man waarschuwt hen wel voor de gevaren van een ongelovig leven, en we bidden de hele tijd, maar machteloos, dat ben je, machteloos.'

Langs dat ene, simpele gaatje in de muur, daarlangs is de wereld binnengeslopen. Urkers op het oude eiland wisten vroeger niet of nauwelijks wat de buitenwereld dacht. De buitenwereld moest daarvoor eerst op bezoek komen, of omgekeerd. Zoals predikant De Cock en zijn afgescheidenen. Wat zelfs de culturele kanteling van de jaren zestig niet kon, wat kranten, televisieprogramma's en radio niet kunnen, dat kan dat ene kabeltje wel. Internet zorgt voor de grootste revolutie die Urk ooit heeft meegemaakt.

Internet kun je niet tegenhouden in deze gelijkgeschakelde, technologische wereld. Zelfs het zware gezin dat ik bezocht en dat me vertelde over de bekering en de duivel, heeft thuis internet. Er is geen bier, geen wijn, geen televisie, geen radio en geen gekleurde trui, maar er is wel een onlineverbinding met de hele wereld. 'Dat heb ik nodig voor het werk,' zei de vader me. 'Het was dat of een andere baan zoeken.' De moeder gaf ook toe 'dat niemand eigenlijk enig idee had wat we precies binnenhaalden'.

Het gezin gebruikt wel een internetfilter dat de inhoud van een website toetst aan de Tien Geboden. Veel Urkers gebruiken een dergelijke filter, maar niet allemaal. Voorheen was het vooral 'Filternet' van de Evangelische Omroep. In 2019 nam een andere provider, Kliksafe, de klanten over van Filternet. Ook Solcon biedt een soortgelijke dienst aan. Urkers die klant zijn bij een van die providers tonen als het ware hun goede wil. Het is vergelijkbaar met het harde zingen in de kerk: kijk eens hoe gelovig wij zijn, wij hebben een filter. Zo'n provider helpt natuurlijk ook als de ouderlingen op bezoek komen, dan is die discussie alvast beslecht. Zeker in het geval van Kliksafe, want bij die provider kun je de strenge filters schijnbaar niet uitschakelen. Kliksafe spreidt als het ware het bedje voor de orthodoxen.

De services filteren het internet op porno, geweld, gokken et cetera. Maar de filters vallen te omzeilen, ook die van Kliksafe. Online zijn plug-ins te vinden. Erg moeilijk is het allemaal niet. Internet is op die manier als de televisie die vroeger soms heimelijk op de zolder van de zwaren stond.

Marretje (schuilnaam), een jonge moeder uit een zware kerk, nodigt me uit voor koffie. Ze staat op haar anonimiteit, 'want in dit dorp kan ik dit onmogelijk openlijk zeggen'. Op de keukentafel ligt een tablet. 'Natuurlijk heb je geen televisietoestel meer nodig om naar de televisie te kunnen kijken,' zegt Marretje. 'Mijn dochter heeft genoeg vriendinnetjes die Netflix hebben. Die delen het password onderling. En ik kijk mee. Het valt allemaal te regelen, zolang het maar stiekem gebeurt. Een tablet of laptop is ook handig, die kan je meenemen in bed, zonder dat iemand dat ziet. Het is allemaal één pot nat.

Het zou niet mogen, maar zovelen doen het. De mens is van nature zondig en hypocriet, hè. Al wat de predikant vertelt in de kerk, valt nu online te ontkrachten. Ik besef dat mijn verhaal niet klinkt als dat van een ware gelovige. En ik sta niet alleen. Ik weet van mijn kinderen dat ook andere ouders op YouTube naar filmpjes en programma's kijken. En mijn kinderen liegen niet, die zaten er zelf bij.

Ik blijf naar de kerk gaan, want ik geloof in God. Ik ga ook in het zwart. Omdat het moet, ja, maar ook omdat zwart afslankt (lacht). Het is niet anders. En trouwens, de SGP (Staatkundig Gereformeerde Partij) ontdooit toch ook? De partij heeft zelfs een Instagramaccount en durft nu zelfs het lintje te knippen van de nieuwe sporthal.'

Voor veel Bijbelse conservatieven is de aarde zesduizend jaar oud. Daarvoor baseren ze zich op het Oude Testament. In de zeventiende eeuw al berekende een Ierse aartsbisschop op basis van het Bijbelboek Genesis dat het moment van de schepping zou hebben plaatsgevonden op de avond van 23 oktober 4004 voor Christus.

Dus zo'n zesduizend jaar geleden. Vergelijkbare berekeningen wijzen overigens uit dat sommige personages uit de Bijbel meer dan negenhonderd jaar oud waren. Veel Urkers houden vast aan die these: de aarde is zesduizend jaar oud. Punt.

En juist hier, in het creationistische hart van Nederland, in *Gods eigen dorp* zoals ik zelf tien jaar geleden schreef, in die voor de buitenwereld zo gelovige plek, tref ik op een dag, half verborgen op het oude industrieterrein, het integrale skelet van een mammoet. Ja, een mammoet. Niemand die het weet. Niemand die het wil weten. Neen, die mammoet is geen zesduizend jaar oud.

Het beest ligt in een anonieme loods, opgebouwd uit rode baksteen en afgewerkt met witte golfplaten, met aan weerszijden van een poort een paar steriele witte lampen. Het regent als ik aankom. De roestige lamphouders bloeden op de witte golfplaten. Albert Hoekman buigt voorover om zijn hoofd niet te stoten. Hij komt het kleine deurtje uit en likt zijn sigaret dicht.

Het ware leven zit voor Albert in de grond. Als jongen vond hij zee-egels in het Urkerbos. Vader drukte hem de botten in de hand die hij als baggeraar op de Noordzee naar boven haalde. Zo snel hij uit de kleren groeide, zo snel groeide zijn collectie oude krui-

ken, blikjes, botten, insignes, obussen, wijnflessen, medaillons en kogelhulzen. Albert droomde van een leven als boswachter. Het werd visserman, en op zee verweerden zijn eigen botten en beenderen sneller dan het sediment waarin het verleden zich verschool. Hij viel achterover in het ruim, spreidde in een reflex zijn armen en verbrijzelde zijn elleboog. Albert brak zijn voet een paar keer en bij iedere breuk werd zijn kennis van de orthopedie groter. Hij vond ook menselijke resten op zee, stukken skelet uit de VOC-tijd, of beenderen van soldaten uit de Tweede Wereldoorlog. Aan de lopende band, voor in het schip, sneed hij de vangst open, trok de ingewanden er in één ruk uit en verbaasde zich over de fossiele botten die verscholen tussen de spartelende platvis als een vraagteken zijn oog passeerden. Samen met alle krabben, ingewanden, stukken glas, plastic en wrakhout verdwenen de fossielen terug in zee en zakten glinsterend in het zonlicht de diepte in. *Wat was dat?*

'Ben jij die Belg?' vraagt Albert. Met de schoenpunt drukt hij de sigaret plat. 'Kom er maar in.' De metalen deur slaat met een harde klap dicht. Binnen ruikt het naar natte stenen. Overal staan houten kisten vol beenderen. Albert gaat voor op de trap. 'Ze ligt boven,' zegt hij. 'Ze', dat is de wolharige vrouwtjesmammoet die op de hoogste verdieping op de houten vloer is uitgespreid. Een beest met een schedel dik als een boomstronk, reuzenwervels die meterslang als dominostenen tegen elkaar leunen en vasthaken aan het bekken, waaraan de dijbeenderen van de achterpoten zitten en tot de wand van de loods reiken. Honderden fossielen liggen op de grond, ze zijn tienduizenden jaren oud en allemaal zijn ze genummerd: kiezen, ribben, kaken, slagtanden, heupen, tenen, oogkassen, schouderbladen en nog veel meer, dat je hier, in het niemandsland van een oud industrieterrein, terugvoert naar Bedrock.

'Ja, dat is wel wat, hè, zo'n mammoet,' lacht Albert.

Om het reusachtige skelet heen staan bizonschedels, met de hoorn er nog aan. Op lange metalen rekken liggen miljoenen jaren oude walviswervels, oerossenpoten, neushoornkaken, edelhertgeweien, dolfijnribben en berenschedels. Hier is het verleden bruin en hard.

Wat Albert op zee niet kon thuisbrengen, legde hij aan de kant om thuis te bestuderen. Varkensbeenderen zijn op de Noordzee makkelijk te herkennen, koeienpoten ook. Matrozen op containerschepen gooien het slachtafval overboord, dat in de netten eindigt van vissers en in de handen van Albert. Aan de wal onderzocht hij de fossielen waar niemand oog voor had. Albert Hoekman kroop door de konijnenpijp, gleed naar beneden en belandde in het uitgestrekte verleden van de zee waar de Urker nog altijd vist.

De Noordzee was tot zo'n tienduizend jaar geleden geen zee, maar een gevarieerd landschap met vruchtbare valleien en rivieren. Een deel van dat landschap, het zogenaamde Doggerland, verbond ooit Engeland met Nederland. Daar waar nu schepen varen, liepen vroeger mammoeten, wolven, bizons, paarden, reuzenbevers, holenleeuwen, lynxen, reuzenherten, nijlpaarden, olifanten, wolharige neushoorns, beren, hyena's en ook mensen. De Noordzee was een dierenpark.

Ieder vreemd bot dat Albert op zee opviste, was voor hem een nieuw puzzelstuk. In de kombuis las de schipper voor uit de Bijbel en waadde Albert in gedachten op de rug van een mammoet door Doggerland. Steeds vaker bleef hij aan de wal. Na jaren van sleuren met kisten platvis, stond zijn lichaam niet meer waterpas.

Op Urk sprak Albert met Klaas Post over zijn groeiende interesse in fossielen. Post is een zakenman die actief is in de visserij, visverwerking en de visimport en -export. Ook hij verdiepte zich als kind in fossielen, en later vooral in zeezoogdieren, ging langs bij vissersschepen in de haven en vroeg naar botten. Hij gaf de vissers wat zakgeld en bouwde jarenlang aan een rijke collectie en even rijke kennis. De voormalige visserman publiceerde tientallen artikelen in wetenschappelijke magazines, waaronder *Nature*, en is nog altijd honorair conservator van de collectie die hij aan het Natuurhistorisch Museum in Rotterdam schonk. Hij beschreef ook de kaak van een sabeltandtijger, opgevist uit de Noordzee, van mogelijk 28.000 jaar oud. Een revolutionaire ontdekking was dat. De grote kat, zo werd algemeen aangenomen, zou honderdduizenden jaren geleden al verdwenen zijn van het Euraziatische continent. Niks daarvan.

Klaas was de sensei die Albert verder de wereld van de paleontologie in leidde. *Deep down the rabbit hole*. Omgekeerd hielp Albert

Klaas met het opzetten van een internationale handel in fossielen: North Sea Fossils. Hij reed nu ook met een bestelwagentje naar Nederlandse vissershavens: 'Iemand nog botten gevangen?'

'Kijk.' In het bureel wijst Albert Hoekman naar de nagemaakte kop van een stompsnuitdolfijn. Die hangt aan de muur en heeft een grote bult op zijn kop. 'Dat ben ik,' zegt hij. 'De *platalearostrum hoekmani*. Die soort is naar mij vernoemd. Het is een griend van zo'n drieënhalve meter lang, kleiner dan de gewone griend. Die bult op z'n kop is het groot uitgevallen sonarorgaan, kenmerkend voor deze dolfijnachtige.'

In 2008 vond Albert een stukje dolfijnschedel in een partij botten van een vissersschip uit Goeree-Overflakkee. Hij legde het voor aan Klaas. 'Wat denk jij?' Wetenschappers uit de Verenigde Staten, Italië en ook onderzoekers van het museum in Rotterdam braken zich het hoofd over de schedel. Die kon niet direct gelinkt worden aan andere soorten. Een orka was het niet, een potvis ook niet, een gewone dolfijn al helemaal niet. Het bleek ook niet om een pathologie te gaan, geen misvormd exemplaar. De nieuw ontdekte dolfijnachtige werd na lang onderzoek en een even lange procedure als de *platalearostrum hoekmani* erkend, *Hoekmans stompsnuitdolfijn*.

'Een paar jaar later, in 2014, gingen we vissen op fossielen,' zegt

Albert. 'Bij Terneuzen ontdekten we een meer dan tien miljoen jaar oude vindplaats van walvissen, dolfijnen, haaien en reuzenschildpadden. Bleek het daar opnieuw om een aantal niet eerder ontdekte walvissoorten te gaan.'

Die expeditie uit 2014 was best gevaarlijk. Onder de vaarlijnen van containerschepen in de Westerschelde ligt een hindernissenparcours waar vissers zich niet aan wagen. De stroming is er verraderlijk, er ligt oud staaldraad op de bodem, naast koelkasten die van boord vielen en gezonken munitie van vergane schepen. De kans dat je daar met de sleepnetten in vasthaakt is groot. Maar de crew boekte groot succes. Ze haalden schedels naar boven met de onderkaak er nog aan. Dat is mogelijk in de Schelde, waar de stroming de fossielen blootlegt. Op zee is dat veel moeilijker, daar liggen de walvisfossielen veel dieper in de bodem.

'We vonden ook de vroegste vinvis ter wereld,' zegt Albert. 'Een voorouder van het grootste dier op aarde: de blauwe vinvis. In Walcheren, op de bekende vaarroute *Het Scheur*, aan boei 10, lag een vindplaats van veertig miljoen jaar oud.

Jaren geleden vond ik ook een hyenakeutel. Een versteende drol, een coproliet heet dat. Soms duiken ook fossielen van dinosaurussen op. Van de ichthyosaurus en plesiosaurus, twee zwemmende dino's. Fantastische beesten moeten dat zijn geweest. Mijn grote droom is het vinden van een volledige leeuwenschedel. Er zijn al stukjes leeuw gevonden in de Noordzee, maar een schedel zou het helemaal afmaken.'

Van over de hele wereld is er vraag naar de fossielen van North Sea Fossils. Kisten vol glanzende slagtanden staan klaar voor verzending. De aanvoer is groot. Van mammoetkiezen tot walviswervels en bizonschedels: alles wordt eerst gepoetst en nadien bewerkt, opdat het broze gesteente niet uit elkaar valt en de fossielen nog jaren blinken in vitrinekasten. Ook de vraag is groot. Een neef van de Qatarese emir stond ooit bij de loods op het industrieterrein. Hij zocht fossielen en hij vond er genoeg. Een auto bracht de man naar Parijs, die per diplomatiek vliegtuig terugvloog naar het Midden-Oosten. Ook oud-vedetten van Oranje hebben een stukje slagtand in hun woonkamer. Een tussenpersoon regelde het zaakje. Pas achteraf hoorde Albert dat het om voetballers ging.

In het strenge refodorp vertrekken vanuit een onoogIijke schuur, tussen vrachtwagens en diepvriezers, honderdduizenden of zelfs miljoenen jaar oude fossielen naar musea en kopers over de hele wereld. Van Thailand tot Australië tot de Verenigde Staten, Singapore en Hongarije: er schuilt een blinde vlek in 's lands meest christelijke dorp.

'Als ik naar de haven rijd om de bottenvangst op te halen, vragen vissers me weleens hoe oud die fossielen zijn,' zegt Albert. 'Heel oud, zeg ik dan.' Hij lacht. 'Ik ben opgegroeid in de Gereformeerde Kerk, in een gezin dat niet gelooft dat de aarde zesduizend jaar oud is. Het is overigens hier pas, als verzamelaar, dat ik die Bijbel-theorie voor het eerst hoorde. Voorheen heb ik me daar nooit in verdiept. Toen ging ik nog regelmatig naar de kerk, nu niet meer. Al twijfel ik nog weleens over het hogere.'

Klaas Post, de ondernemer annex fossielenexpert, is een tot atheïst geëvolueerde Urker. Hij las als kind over de evolutieleer in de bibliotheek van Emmeloord. Nam hij zo'n boek als visserman mee op zee, dan schreef zijn oom ONZIN op de kaft.

Albert en Klaas voelen geen grote weerstand op Urk. Wie het weet, laat Albert en Klaas met rust. De overkoepelende Urker eilandidentiteit biedt de paleo's een dak om onder te schuilen. Ze houden zich in stilte bezig, en zijn consequent en pragmatisch. Daar houdt het dorp van. Wie draait als de wind en de ene dag de kinderdoop prijst en de andere dag de overdoop, hem laat de Urker achter op de pechstrook.

Thuis op mijn kamertje, na het mammoetbezoek, hoor ik gezang op het nabije buurtplein. In een tent zingen jong en oud opwekkingsliederen. William is er ook bij, de jongen die over de kop ging en de demon zag. Iedereen zingt mee. Ook het meisje dat zich in het IJsselmeer liet dopen is erbij. Op een paar T-shirts staat Fearless in Christ. Ik vraag William naar zijn vakantie en naar zijn geloof. 'Ik ben met vrienden naar Lloret de Mar geweest,' zegt hij. 'Het was lastig om aan de verleidingen te weerstaan. We gingen naar een hardstyle-festival. Daar waren ook veel meiden. We dronken een biertje. Ach, je kent het wel. De wereld is lastig, hè. Ik weet het.'

7

Tesla's en Trumpies

'Je kunt jezelf altijd wijsmaken dat het de schuld is van degene die de menigte opjut, meesleept, laat dansen als een hazelworm om een stok, en dat de menigte zelf geen weet heeft van haar daden, haar toekomst en haar pad. Maar zo is het niet. In werkelijkheid is de menigte zelf het monster. Dat zichzelf gebaard heeft: een enorm lichaam, opgebouwd uit duizenden andere denkende lichamen.'

Philippe Claudel, *Het verslag van Brodeck*

Ik zit in de woonkamer bij de moeder van de familie B., een Nederlands gezin met Marokkaanse roots. Kort voor mijn aankomst op Urk werd haar gezin aangevallen door een grote groep Urker jongeren. Ze drongen haar huis binnen en sloegen erop los. Het gezin is nog altijd van slag. Praten over wat er is gebeurd ligt gevoelig, maar uiteindelijk stemt moeder B. in met een gesprek.

De familie bezoek ik haast ongezien. Dat is niet moeilijk op Urk. In dit dorp liggen alle huizen dicht bij de straat, alleen een voetpad scheidt de rijtjeswoningen van de autoweg, maar achter de huizenrij, aan het oog onttrokken, loopt een netwerk van steegjes niet breder dan een deur. Het gangenstelsel is omzoomd door hoge muren, tuinhekken en garageboxen, en biedt de mogelijkheid om mensen discreet te bezoeken.

De familie B. woont aan de rand van Urk, nabij het Urkerbos, in een wijk die in de jaren zeventig is gebouwd. Hier doet niks nog denken aan het eiland of het oude dorp. Op de stoep wacht het afval op de ophalers: lege dozen van Bol, plastic zakken van Jumbo en een roestige step zonder wielen. Ik zie blonde meisjes op het grasplein. Eentje heeft een tablet in haar handen en speelt een filmpje af op YouTube. Wat verderop zie ik een oude, Syrische man. Altijd knikt hij me gedag. Het is de vader van de jongen die haren knipt in Makkas, de Arabische barbershop op Urk. Niemand die de man kent. Af en toe zie ik hem, net als hij een steegje ingaat, of net als hij de straat uit fietst en zo altijd buiten beeld raakt.

De uitbreiding van Urk, het eindeloos bijbouwen, bracht de voorbije decennia behalve prefabmuren en nieuwbouwkasten ook nieuwe mensen met zich mee. Mensen met een andere kleur en een andere god, op zoek naar werk en een beter leven. Zoals de familie B. Sinds 1998 wonen ze op Urk. Vader B. is visserman. Hij stak als eerste over, vanuit de Marokkaanse havenstad Nador, nabij het Rifgebergte. Aangekomen op Urk vond hij werk in de visserij, op een kotter. Hij liet zijn vrouw overkomen en bouwde aan een nieuwe toekomst op Urk. De integratie verliep vlot. Moeder B. zegt me dat ze niet te koop liepen met hun moslimgeloof, dat ze zich gedroegen zoals iedereen op Urk en dat het vissersleven van haar man aansloeg. Ze dachten erbij te horen.

De familie B. was *vreemd* in de ogen van de Urker. Andere kleur, andere taal, andere god. Daar kan de Urker moeilijk mee omgaan. Maar vader viste en moskeeën zijn er niet in het dorp, dus bleef hun leven buiten zicht. Dat de vreemden zich schikten naar het Urker paspoort zorgde lange tijd voor een zachte modus vivendi. De Urker had niet het gevoel dat de wereld verkleurde en versmolt en hield haar voor wat ze altijd is geweest: het afgebakende leven, de houten palissade om het eigen denken.

Moeder B. zit op de bank in de woonkamer en schenkt verse muntthee in kleine, goudomrande glazen. Ze kijkt haar kinderen vaak aan. Die zitten om me heen. Over haar gezicht hangt een voile van ontgoocheling, een zwart gaas waarin de herinneringen aan vroeger verkleuren. Diep vanbinnen wil ze liever niet uitvaren tegen de Urkers, want veel moeders knikken haar gedag en zwaaien als ze passeert. Ze zien haar als een van hen, moeder B. Veel moeders ook die haar steunden na de gebeurtenissen, net zoals er ook vaders zijn die vader B. steunden. Want je kunt rekenen op die man. Hij heeft zeebenen.

'Meer dan twintig jaar waren we Urker onder de Urkers,' zegt moeder. Even wacht ze. 'En dan plots, in één avond, bleken die twintig jaar één grote leugen.' Haar dochter valt haar bij: 'Dus jij woont hier?' vraagt ze. Ik knik. 'Je weet dat je nooit Urker kunt worden, hè? Je moet het ook niet proberen. Blijkbaar zijn echte Urkers alleen de mensen die hier zijn geboren en afstammen van families die hier al hun hele leven wonen.'

De zoon van de familie B. heet niet Willem van Jan. Hij heet Soufyan en het hele dorp weet sinds die avond wie Soufyan is. Begin maart treedt hij op in discotheek Chez Marknesse, een club in de polder, op twintig minuten rijden van Urk. Die dag vindt er een schoolfeest plaats in de club. Leerlingen dansen op het podium, een van hen speelt piano, een ander blokfluit. Soufyan brengt er nummers van rapper Boef. De eigenaar van de club vindt het best aardig. Wanneer Soufyan vraagt nog een keer te mogen rappen, nodigt de eigenaar hem uit voor de teenageparty *SUPERSTARZ*, een dikke maand later. Soufyan is in de wolken en maakt snel een flyer. Hij fotografeert zichzelf in de spiegel. Op de foto draagt hij een zilveren ketting. De flanken van zijn hoofd zijn kaalgeschoren en onder aan de foto staat 'Souff, CHEZ MARKNESSE'. Hij maakt ook een video, al rijdend in de auto: 'Het is je boy mister Souff, de Boef', hij heeft een capuchon over zijn hoofd en belooft gratis kaartjes uit te delen aan 'echte broeders'.

Al snel circuleren filmpjes van Soufyans optreden op het schoolfeest. Alles gaat via WhatsApp, Instagram, Facebook en Snapchat. In een mum van tijd weten alle Urker jongeren dat 'Souff' zich op een podium heeft gepresenteerd als Boef. Dat leidt tot spot. Soufyan is niet geliefd. Dat bewijst een filmpje dat een jonge vent me via WhatsApp stuurt. Daarop zie ik hoe Soufyan in de grote hal van de visserijschool hard wordt aangepakt. Hij draagt een zwart trainingspak en zwarte sneakers. Een beer van een kerel in een zalmkleurig T-shirt loopt op z'n rubberen klompen naar Soufyan toe. Ze worstelen. Soufyan buigt voorover en sluit zijn armen om de romp van zijn tegenstander, als bij een rugbytackle. De beer staat pal. Hij buigt ook voorover, grijpt Soufyan ook bij z'n middel, heft hem op en gooit hem van een meter hoog als een zandzak op de betonvloer. De rest van de leerlingen staat erbij te kijken, lacht en verbergt zich achter de rug van de beer.

Na de vechtpartij doen verhalen de ronde over een aangifte, grote schadevergoedingen en dikke auto's. In de digitale jongerenwereld worden zulke roddels snel feiten, ook de roddels over Soufyan. Niemand die op den duur nog weet wat er precies speelt. Maar ieder bericht, iedere nieuwe foto en video, is olie op het vuur. Dat is op 11 maart 2019 niet anders, als de flyer van Soufyan voor *SUPERSTARZ* in de 'Rollerbankapp'-groep wordt gepost.

Tientallen, soms meer dan honderd jongeren maken deel uit van die WhatsApp-groep. Het aantal fluctueert. De naam rollerbank verwijst naar het toestel dat de politie gebruikt om de maximale snelheid van een scooter te meten. De foto die bij de groep hoort is die van een politieauto, en zodra iemand zo'n wagen met een rollerbank opmerkt, post hij een berichtje in de groep en blijven alle opgevoerde scooters op stal. Of juist niet: dan troepen ze samen en scheuren lachend langs de agenten.

Het aantal fluctueert omdat ambtenaren of zelfs politieagenten soms ongezien in de groep zitten, of proberen te zitten. De groep is zo groot dat niemand het overzicht bewaart. Maar wordt iemand ontdekt, dan gaat de bezem er doorheen. In die WhatsApp-groep steken een paar jongens de draak met de flyer van Soufyan. Die zit ook in die groep, en reageert meteen.

Freek: '*Wat een debiel*'

Soufyan*: 'Je moeder ook*'

Binnen een paar minuten tijd ontspoort het gesprek. Wat begint met een flyer eindigt in een scheldpartij. Al snel is Soufyan een '*tyfes Marrokaan*'.

Soufyan: '*Freek: Toen ik dat wijf van je neukte en dr kut zag dacht ik ook wat een debiel dat je hier een jaar en een dag mee kan neuken.*'

Freek: '*Denk et ook vriend. Waar woon je dan kom ik vanmiddag ff langs kan je et in mn gezicht zeggen*'

Groepslid: '*Fittiee.*' (straattaal voor 'ruzie')

Soufyan: '*Kom maar 18:30 bij wdb*' (de 'wdb' is Willem de Boer op Urk, de snackbar aan de Ichthuskerk)

Groepslid: '*Dikke fittie bij wdb*'

Freek: '*Is goed jonge*'

Groepslid: '*Punch out battle*'

Het nieuws over de aanstaande knokpartij verspreidt zich als een veenbrand over Urk. *Het gaat gebeuren.* De broer van Soufyan is 's avonds aan het werk in een koelcel op het industrieterrein. Zijn moeder is thuis, zijn zus en jongere broers ook. Soufyan zelf zit in de snackbar en wacht op Freek. Plots ziet hij de lichten van tientallen brommers opdoemen. In geen tijd groeit de menigte aan en voelt Soufyan zich geïntimideerd. Nog voor het tot een gevecht komt, belt hij de politie. Twee agenten escorteren hem uit de snackbar. De *punch out battle* lijkt een dooie mus te worden.

'Er stond een hele groep klaar om met me te vechten,' zegt Soufyan tegen zijn moeder, als hij thuiskomt. Op dat moment krijgt zijn broer in de koelcel telefoon van een vriend: 'Pas op! Ze gaan Soufyan doden! Ze gaan hem doden!' De broer belt in paniek naar huis. Een neef van Soufyan is op dat ogenblik ook ten huize van de familie B. Er ontstaat lichte paniek, vrees dat de groep jongeren zich alsnog naar hun huis gaat begeven. De neef besluit Soufyans brommer snel op te halen, die staat nog bij de snackbar. Een broertje van de familie B. loopt hem achterna. Bij thuiskomst zegt het jonge ventje, helemaal overstuur, dat de groep hem bedreigde: 'Jouw broer gaat eraan!' riepen ze volgens hem. 'Jouw broer gaat vandaag dood!' Thuis staat moeder B. bij het raam. Ze ziet een grote groep jongeren op haar huis afkomen.

Jongens op brommers rijden rondjes voor de deur, zij vormen de voorhoede van een menigte die als de harde kern van een supporterslegioen op de tegenstander afstapt. Jongens stoken vuurtjes. Ze gooien rotjes op het voetpad. 'Kom, we pakken die Marokkaan,' hoort moeder B. 'Iedereen blijft binnen,' zegt ze tegen haar kroost. 'Ik regel dit wel.'

De moeder van Soufyan trekt de deur open, terwijl haar kinderen achter haar in de hal staan. '"Vieze kutkankermarokkaan" is wat ik hoorde,' zegt moeder B., terwijl ze van haar thee drinkt. '"Je kan je zoon begraven vandaag!", nog zoiets. Ze riepen ook om Geert Wilders. Een paar jongens drongen ons huis binnen. Hier', ze wijst naar de gang, 'werd ik geslagen, net als Soufyan en mijn dochter. Ik lag op de grond, kreeg ook schoppen in mijn buik en raakte even buiten bewustzijn. De chaos was compleet: roepen, schreeuwen, duwen, trekken, slaan, schoppen. De politie heeft de jongeren uiteindelijk met gummiknuppels weggejaagd. De rest van de avond was onze familie in shock. Buiten knalde het vuurwerk onophoudelijk boven ons huis.'

Een paar weken voor het gesprek met de familie B. sprak ik met een van de daders. Het piepjonge ventje ging die avond naar eigen zeggen gewoon naar de snackbar om een zakje patat. 'Ik heb zoveel spijt als ik eraan terugdenk,' zei hij me. 'Iedereen hitste elkaar op. "Kom, we pakken die Marokkaan!", hoorde ik de hele tijd. De groep kwam in beweging en vertrok naar het huis van Soufyan. En ik ging mee. Toen we daar aankwamen, riep iedereen me toe: "Doe het dan! Doe het dan!" Ik ben forsgebouwd, mij zet je niet zomaar aan de kant. Ik wilde me bewijzen, de druk was groot, en toen heb ik geslagen, ja.'

Na de rellen gaan opnieuw filmpjes en foto's rond op Urk. In onlinegroepen verschijnen memes met onderschriften als 'heil Wilders' en 'kut mocro's', samen met foto's van hakenkruizen, van het NSDAP-logo, foto's van Anne Frank samen met Adolf Hitler, en een overlijdensbericht van Soufyan. Eén Urker maakt ook een filmpje. Een 21-jarige jongeman draagt een fluo-wintervest, heeft een gasdrukpistool (dat erg lijkt op een normaal pistool) in de hand en dreigt in de camera: 'Souff, ik heb berichtje voor je, man. Je gaat kogels eten, vriend.'

Het nieuws over de vechtpartij verspreidt zich, en het omgekeerde gebeurt. Nederlanders van Marokkaanse origine willen de Urkers een les leren. Plots gaat het om 'De Slag om Urk', om wraak voor de geslagen moeder. Jonge Urkers worden toegevoegd aan WhatsApp-groepen met namen als 'Kk honden': 'Ik kom je kanker moeder halen. Ik kom met half west amsterdam. Let maar op. Goed achteromkijken.' Of uit diezelfde groep: '*Luister vieze vuile kanker urkers.*' Kort nadien zijn de plannen concreet: een locatie, een datum en een tijdstip worden rondgestuurd: 'Terroriseren jongens! Neem je vrienden mee, neem je Strijdlust mee en NEEM JE BROEDERSCHAP MEE'.

Er verschijnt veel nepnieuws, van Urker vrachtwagens die zouden zijn bestormd, of auto's die op Urk in brand zijn gestoken. Klopt niet. Wat wel klopt, is dat de ordediensten er niet gerust op zijn. De lokale politie op Urk is niet groot. Het hogere niveau wordt ingeschakeld. Blijkt dat er in Utrecht, Antwerpen en ook in Düsseldorf sprake is van een zekere mobilisatie, groepen die zich richting Urk (willen) begeven. Er is contact met buitenlandse politiekorpsen, die ingrijpen. De Urker politie vreest dat er tot vijfhonderd mensen komen om wraak te nemen. De geografische ligging van het dorp maakt het wel makkelijk om Urk te vergrendelen. De politie barricadeert de toegangswegen, controleert paspoorten, vindt een honkbalknuppel in een koffer, en laat bijna niemand door. Het werkt. Uiteindelijk is er geen bestorming. Er komt geen Slag om Urk, maar online is het vuur zo snel niet gedoofd.

De familie B. krijgt na de rellen telefoon van journalisten uit Turkije, België, Spanje en Marokko, en lange tijd bivakkeren er Nederlandse journalisten op Urk. Moeder B. vertelt: 'In dit christelijk dorp hebben wij ons onder de radar gehouden, altijd, stuitten niemand tegen de borst, pasten ons aan. En dan plots zijn wij "dat Marokkaans gezin op Urk", slaat een jongen uit het dorp je in je gezicht, spuit iemand KM op de schutting, "eindig je in een rolstoel, kutmarokkaan", wordt je zoon bedreigd en blijft er niks meer over. Stel je het omgekeerde eens voor, dat honderd Marokkanen een Urker huis bestormen, wat zou er dán gebeurd zijn?'

Sinds het voorval is de deur van de familie B. altijd op slot, is ook de auto gesloten en blijft het gezin zo veel mogelijk binnen.

Miskend. Zo voelt Urk zich na de rellen. Veel Urkers wijzen naar de media, die de gebeurtenissen volgens hen hebben opgeklopt: 'Altijd moeten ze Urk hebben.' De feiten raken ondergesneeuwd. De gesprekken gaan niet over de berichtjes met Hitler en hakenkruizen, en niet over de moeder die slaag krijgt, de discussie gaat eerder over de oploop zelf, over het feit dat zoveel jongeren op straat rondliepen en dus niet thuis waren. Velen keuren de gebeurtenissen af, maar wijzen ook naar Soufyan, die door zijn gedrag de oploop zou hebben uitgelokt. Over racisme spreekt het dorp niet.

De Urker voelt zich nadien ook aangevallen door Nederland, dat wél spreekt van racisme. Wanneer Elfie Tromp in een column op NPO1 uithaalt naar het dorp, kruipen ze nog veel meer in hun schulp: 'Inteelt, je wordt er nooit slimmer van, maar wel racistischer, zo blijkt. Sommige stukken van Nederland zijn zo door en door rot dat ze maar het beste kunnen teruggegeven worden aan de zee. Wat mij betreft morgen ze de dijken alvast doorsteken bij Urk. Jammer van de gerookte paling, maar beter voor de rest van het land.'

Na het gesprek met de familie B. valt me nog meer op hoe weinig mensen van kleur op Urk wonen. Dit dorp is zo wit als slagroom. In Nederland is iets meer dan 75 procent van de bevolking van Nederlandse afkomst, op Urk is dat 96 procent. Meer dan 410.000 mensen in Nederland hebben een Marokkaanse migratieachtergrond (de eerste en de tweede generatie). Kijk je naar Urk, dan vind je er daar maar goed honderd van terug. Dat is maar een half procent van de Urker bevolking. Ik stel me vaak de vraag of mijn project zou slagen als ik een Marokkaan was. Zouden de Urkers me dan ook zo hartelijk ontvangen? Hoe zouden ze reageren als ik me op een matje naar het oosten zou richten?

Vergeleken met de Nederlandse families met Arabische roots word ik op Urk als veel minder 'vreemd' ervaren. Ik ben dat curiosum dat met een boekje in de hand door het dorp loopt en fietst. Op veel plekken, of het nu op café is, op de dijk of in de sporthal: overal voel ik een grote onmin met moslims. Die onmin met die specifieke groep reikt veel verder dan bij andere 'vreemden'. Die overstijgt ook het geloof. Het gaat in wezen om meer dan enkel de moslims zelf, het gaat bij uitbreiding over alles wat veraf staat van de Urker cultuur, alles wat een bedreiging inhoudt, maar het is vooral in de onmin met de islam dat het ongenoegen zich kristalliseert. *Die moslims moeten zich aanpassen.* Ook dit dorp, dat zo graag een eiland wil zijn, maakt deel uit van een grotere wereld en kent op dorpsniveau de problematiek die de steden treft.

Wanneer ik nieuwe mensen leer kennen, waar dan ook, en ik voel die grimmige ondertoon, dan klap ik nadien mijn laptop open en merk dat de ondertoon online omslaat in een boventoon. Je drinkt koffie, eet mergpijpjes, luistert naar een vredelievend christelijk verhaal over naastenliefde en collectes, en leest dan onlineboodschappen van diezelfde mensen waarin moslims door de gehaktmolen worden gehaald en vluchtelingen naar hier komen om je dochter te verkrachten.

In dit door christelijke partijen gedomineerde landschap kreeg Pim Fortuyn geen voet aan de grond, wegens te pedant wellicht, en te opzichtig homoseksueel, maar scoorde de PVV van Geert Wilders bij de Europese verkiezingen van 2009 wel dik twaalf procent. Hij nam het openlijk op voor de Urker vissers en knabbelde zo aan de macht van de christelijke partijen CDA, ChristenUnie en SGP. In 2018 brak een ventje van twintig jaar door in de politiek, als éénmanslijst namens de PVV, en trad er zo voor het eerst in de geschiedenis van Urk een niet-christelijke partij toe tot de raad. Urk is weliswaar geen PVV-bolwerk – het dorp stemt nog altijd structureel minder op Wilders dan de rest van het land –, maar de christelijke partijen die op Urk overheersen, kun je bepaald niet als links afdoen.

Sommige Urkers spreken tegenover mij ook openlijk hun steun

voor Wilders uit, en nog veel meer Urkers staan vierkant achter Thierry Baudet. In 2019, bij de Provinciale Staten-verkiezing, haalde Forum voor Democratie 17,6 procent van de stemmen. Ik hoor het in te veel woonkamers om het te negeren, bij alle lagen en leeftijden: Greta Thunberg is een door de linkse lobby gesubsidieerd kind met autisme, de klimaatverandering is fors overdreven, Trump zegt tenminste waar het op staat, de NOS brengt alleen maar fake news en homo's moeten niet in hun blote reet op Urk rondlopen.

Niemand die iets zegt over jongeren die hakenkruizen naar elkaar sturen.

Urkers verwijzen naar hun vreedzame samenleving en hun vredige omgang met Nederlanders van Maghrebijnse afkomst. Ze verwijzen ook altijd naar de vele pleegkinderen die het dorp telt. Maar dat samenleven, merk ik, is niks anders dan het vreedzaam negeren.

Op de dijk zie en hoor ik 's avonds weleens mannen Arabisch praten op een bankje. Syriërs of Marokkanen. Zoals de vader van de kapper. Hun leven is gescheiden van het Urker leven, ook al staan ze met de Urkers samen in de vis en ook al zal de Urker in tv-reportages de vreemde vrolijk omarmen: de werkelijkheid is anders. Er is op Urk maar plaats voor één god, en zolang mensen die een andere god aanhangen zich gedeisd houden, hun kop niet boven het maaiveld uitsteken, is er geen probleem en 'kan Urk met iedereen overweg'. In deze samenleving 'leven' de vreemden niet samen met de Urkers, ze wonen er alleen naast. Alleen zij die hun eigenheid opgeven en zich schikken naar de ongeschreven regels, krijgen een paspoort in handen, al is dat eerder een tijdelijke vergunning.

Ik herken de problematiek. Het is elders niet anders. Maar hier krijgt het *vreedzame* soms een heel donker karakter.

Eind jaren negentig openen de broertjes Alan een shoarmazaak op Urk. In de haven kruipen ze de ladder op en timmeren een groot naambord tegen de bakstenen gevel: shoarma SHALOM grillroom. Shalom betekent 'vrede' in het Hebreeuws, een pluspunt in een dorp dat opkijkt tegen en als in een lichtbak staart naar hun zo geliefde en beminde *volk Israël*. De snackbar huist in het voormalige kantoor van de Urker Stoomboot Maatschappij, waarin later nog een toprestaurant zal komen. Wat voor sommige Urkers ooit de deur naar de vrijheid was, is nu een Turkse eettent waar het vet van het vlees drupt.

De broers hebben er zin in. Het zijn echte ondernemers, net als de Urkers. Al van kinds af wonen de vele broers Alan in Nederland, in Dronten, op twintig minuutjes rijden van Urk. Daar bouwt de familie de eerste pizzeria van het dorp. In geen tijd komen daar nog een paar restaurants en een discotheek bij. Sinds eind jaren tachtig drijven de Alans ook handel op Urk. Ze verwerken er vis – Silvervis heet hun bedrijf – en ze vallen op. Tussen de stugge Urkers en hun houten klompen lopen de Alans met hun strak, ravenzwart haar. Ze trekken hard op na een vluchtheuvel, met gierende banden, waarna de Urker kucht en de geur van verbrand rubber van zich af waait. *Moet dat nou?* De Urker houdt niet van patsergedrag. Je hoeft je niet als Boef te gedragen, ook eind jaren negentig niet.

In het hart van het industrieterrein gooit de familie Alan de Turkse roots niet van zich af, maar draagt die fier, borst vooruit. In het kleine kantoortje van Silvervis hangen geen christelijke citaten aan de muur en ligt de Bijbel niet op de hoek van de tafel. In het kantoortje hangt een enorm portret van Kemal Atatürk, de grondlegger van het moderne Turkije. Er werken bij de kleine visverwerker ook alleen maar Turkse Nederlanders, allemaal moslims. Urk bekijkt de Alans op afstand, met vernauwde ogen, als zoomen ze in op het gevaar, maar duiken de broers onder de prijs van hun concurrenten, dan vervagen religie en afkomst, en rijdt de Urker zijn vrachtwagen vol tong en schol achterlangs bij Silvervis binnen. Het is niet anders bij Shalom. Urk loopt niet hoog op met de Alans, maar een broodje shoarma is lekker na een nacht lang bier drinken.

Een van de broers Alan heeft een Urker vriendin. 'Allah is voor hun God,' zegt zij in *de Volkskrant*, eind jaren negentig. 'Hunnies bijbel is eigenlijk hetzelfde als ons Oude Testament.' De Urker vrouw is de jongste van een gezin van vijftien. Ze is niet bekeerd tot de islam en gaat nog altijd naar een zware, gereformeerde kerk. Ze krijgt felle kritiek op haar relatie, want de Alan met wie ze samen is, is al getrouwd – 'uitgehuwelijkt, vroeger' – en dat pikt de Urker niet. De vrouw spreekt over dronken jongens die haar belagen, over de noodzaak van een geheim telefoonnummer, over zwartmakerij, over mensen die haar in de supermarkt de pas afsnijden 'om te kijken hoe zwart mijn kind is' en ze weet waarom dat alles gebeurt: 'Wat ik doe, omgaan met een moslim, is fout volgens ons geloof.'

Vanaf het begin klikt het niet tussen Urk en grillroom Shalom, en de relatie met het Urker meisje doet daar geen goed aan. De voorgevel wordt een paar keer geramd, er zijn vechtpartijen met dronken Urkers, er is zelfs sprake van een 'dodenlijst' met vijftien Urkers die de Turken uit wraak te grazen willen nemen, en wanneer een Turkse vriend van de Alans het aanlegt met een ander Urker meisje, die ook nog een relatie heeft met een Urker jongen, nadert het *tipping point*.

Bij de vechtpartij met Soufyan en zijn familie, in maart 2019, fungeren sociale media als vliegwiel. Alle jongeren hebben een smartphone, uit wat voor gezin ze ook komen. En allemaal staan ze in contact met elkaar. In geen tijd weten alle jongeren wat er te gebeuren staat: waar, met wie en wanneer. Eind jaren negentig kent internet niet de kracht die het nu heeft en is er van Facebook, Instagram en Snapchat nog geen sprake. Maar wel van een zelfgemaakte Twitter, in zekere zin. De 27 MC-toestellen – het *bakkie* – zijn radio's waarop je verschillende kanalen kunt ontvangen. Net zoals je nu iemand kunt volgen op Twitter, kun je met de 27 MC's afstemmen op een specifiek kanaal. En zoals je leest wat iemand post, kun je op de 27 MC's horen wat iemand zegt. Bovendien kun je ook zelf 'tweeten' en lokaal uitzenden op het bakkie. In de jaren negentig is dat prefab sociaal medium populair op Urk. Ook op zaterdagavond 28 maart 1998, wanneer het gerucht van een knokpartij zich verspreidt.

Een groep Urkers trekt naar de snackbar. Daar zit de vriend van de Alans die verkering heeft met het Urker meisje. En daar zitten nog veel meer vrienden van de Alans. De politie is op de hoogte van de oploop, is onderbemand, trommelt snel wat extra volk op en haast zich naar Shalom. Ze zijn te laat. Er worden messen getrokken in de snackbar. Een vriend van de Alans haalt een knuppel tevoorschijn. Een Urker slaat een flesje bier kapot op zijn hoofd. De politie valt uiteindelijk wel binnen. Een agent loopt een snee op. Buiten zwelt de massa aan tot honderden jongeren. De clan van de Alans is omsingeld. Urkers gooien stenen en flessen door het raam. Steeds meer agenten stromen toe. Ze zijn met vijfendertig, vormen een kordon om de snackbar en gebruiken zes aangerukte politiehonden om de honderden Urkers terug te dringen. De honden bijten, en een deel van het volk vlucht via het steegje naast Shalom het dorp in. Onder een regen van stenen en glas escorteren de agenten de Alans het dorp uit. 'Allah is geil!' wordt geroepen. Getuigen zeggen nog andere dingen te horen: 'Adolf Hitler', 'Urk is van ons' en 'Ausländer Raus'. 's Anderendaags zijn Urker huisartsen door hun voorraad tetanusspuitjes heen en belt een politieman een paar predikanten op. Hij vraagt om rust.

De burgemeester van Urk pareert de kritiek op het dorp, of probeert dat in elk geval: 'De mensen zijn erg nieuwsgierig en weten graag alles van elkaar. Dat is voor een buitenstaander misschien bedreigend, maar ik heb er geen moeite mee. De mensen snuffelen een tijdje aan nieuwelingen en dat kan een integratieprobleem geven,' zegt Sijko Veninga. 'De andere kant is dat Turken zéér eergevoelig zijn. Die twee zaken bij elkaar hebben aanleiding gegeven tot broeierigheid, tot cultuurverschillen.'

Kort na de shoarmarel publiceert *De Telegraaf* een polemisch verhaal. 'Urk mag niet in moslimhanden komen' is de titel. En: 'Haatgevoelens oorzaak rel'. De krant spreekt van vijfhonderd jongeren bij de rellen en een kleine, harde kern met zuiver racistische motieven. Die krijgen het woord: 'Turken en Marokkanen moeten we hier niet. Moslims passen niet in ons dorp en kunnen dus maar beter opkrassen. Ze pikken onze meiden in en willen hier zo langzamerhand de boel overnemen. Wat er zaterdagavond is gebeurd, is nog maar het begin. Volgende week steken we de boel in brand. Want we zijn ze zat. Het is oorlog en het blijft oorlog.'

Na het hele gedoe met Shalom verkoopt de familie Alan de shoarmatent. Ze blijven wel vis fileren op het industrieterrein, uit het zicht, en bouwen het bedrijf later met een paar Urkers uit tot een forse onderneming, 'Dadas', waarna de Katwijker trawlerrederij Parleviet & Van der Plas een meerderheidsbelang neemt in de groep en de Alans langzaam uit beeld verdwijnen. Shalom komt na de vechtpartij in handen van een van de Vietnamese bootvluchtelingen die zo'n twintig jaar eerder op Urk werden ondergebracht.

‘Shalom’ wordt ‘Hawaï’, gerund door Tran, de ‘poepchinees’. Tran zwijgt. Tran lacht. En Tran maakt zich nog kleiner dan hij al is.

En het stopt niet. Dit volk dat z’n boontjes altijd zelf moest doppen, kent een ‘oog om oog, tand om tand’-cultuur die nauw aansluit bij de vrijgevochtenheid die maritieme culturen kenmerkt. Een Urker luistert maar naar één iemand, die van hierboven, en neemt voor de rest het heft in eigen handen. Al wat niet past in het dorp wordt geweerd, en ter legitimatie wordt er een of ander Bijbelcitaat bij gehaald. En altijd zijn het de jongeren die ageren. Zij doen wat de ouderen denken.

Driekwart jaar na de hevige rellen in de shoarmazaak wordt een man op Urk veroordeeld voor ontucht met een minderjarige, hij krijgt een taakstraf. Wanneer die man nadien in een park op een achtjarige afstapt, doet de moeder aangifte bij de politie, die geruchten opvangt over een aanstaande vergeldingsactie. Urker jongeren willen wraak nemen. Het *bakkie* doet zijn werk en de jeugd zwaait met de Bijbel. Romeinen 1:27: *En insgelijks ook de mannen, nalatende het natuurlijk gebruik der vrouw, zijn verhit geworden in hun lust tegen elkander, mannen met mannen schandelijkheid bedrijvende.* En Romeinen 1:32: *Dewelken, daar zij het recht Gods weten, namelijk dat degenen die zulke dingen doen, des doods waardig zijn.* Het huis van de veroordeelde wordt bekogeld. Stenen en bierflesjes vliegen door het raam. Nederland snapt het niet. En Urk voelt zich niet begrepen. Gerrit Komrij grijpt het volksgericht aan in een sonnet in het *Algemeen Dagblad*. Op het einde van ‘Nirwana’ schrijft Komrij:

Heel kort verkeer je in het paradijs.
Wees zalig.
Maak je zelf voor één keer wijs
Dat kwaad gelijk staat met verdommenis,

Dat Holland geregeerd wordt door een Turk,
Dat er een God van liefde en vrede is,
En dat er een atoombom valt op Urk.

De burgemeester, Sijko Veninga, sprak na de rellen met de Turkse Nederlanders over 'snuffelen aan nieuwkomers', nu spreekt hij voor de camera over 'een cultureel signaal': 'Als een dader hier wordt veroordeeld tot het verrichten van arbeid wordt dat niet als een straf ervaren.' De burgemeester met de ringbaard vraagt justitie om 'bij komende veroordelingen rekening te houden met de opvattingen op Urk'. Het openbaar ministerie pikt die woorden niet: de wet is gelijk voor iedereen, ook voor Urk. Een paar dagen later opent de burgemeester de gemeenteraad: 'Heer, dank U wel dat wij als raad weer bijeen mogen zijn.' De rellen staan op de agenda. Er zitten veel journalisten in de zaal. Ook een van NRC *Handelsblad*, die verslag doet. Veninga zegt dat niet alles van het interview met hem is uitgezonden, dat hij de rellen ook niet tolereert. Zijn woorden zijn verdraaid, vinden raadsleden. Een van hen zegt dat het alcoholgebruik van de jeugd ernstige zorgen baart. Een ander oppert dat de politie misschien juist de nieuwsgierigheid heeft gewekt door in gesprek te gaan in de bars. De raad dient een motie in: 'Het recht in eigen handen nemen is in strijd met Gods Woord.' De gemeenteraad roept het college van burgemeester en wethouders op in gesprek te gaan met ouders, schooldirecteuren, predikanten en voorgangers. En weg is het onderwerp, volgens NRC: 'De stemming klaart op. Er staan nog tien punten op de agenda. Aan de orde is de aanleg van een skatebaan. "Heeft u al geoefend?" vraagt de burgemeester aan een raadslid. Een licht gelach gaat door de zaal.' Een week nadien is het weer prijs en vliegen de stenen in het rond.

In 2017, tot slot, raakt een chihuahua vermist – 'Mouse' – en post het baasje van de hond een bericht op Facebook. Ze suggereert dat haar hond is meegenomen en doorverkocht. Plots gonst het van de geruchten als zou een man die eerder in het tv-programma *Opgelicht?!* als 'Schurk van Urk' werd bestempeld, de chihuahua in zijn bezit hebben. De boel ontspoort, voor de zoveelste keer. Tientallen Urkers trekken naar het huis van de man, die niet thuis is. Er sneuvelt een raam. Nadien tweet een agent op Urk: 'Geen hond aangetroffen en ook geen sporen van een hond. Iedereen kan naar huis.'

Nooit verraden de daders elkaar. Ook de jongeren houden elkaar de hand boven het hoofd. Iedereen weet wie de ramen ingooit, iedereen weet wie vecht met de familie B., iedereen weet wie het huis van de 'Schurk' belaagt, maar niemand zegt het. In dit dorp worden problemen niet geregeld met een aangifte. Ook als jongeren met elkaar vechten kan de politie zelden tussenbeide komen. Want officieel weten die van niks. Soms vangen agenten wel verhalen op, maar die vertalen zich niet in de cijfers. Wie zijn neus breekt in een café, gaat niet naar de politie. Die gaat naar de dader, en regelt het onderling. Kun je een week niet vissen door de vechtpartij? Dan duwt de dader je een weekloon in handen en is de zaak gesloten.

Het zijn de mensen zonder Urker paspoort die hier een 'gevaar vormen'. En het zijn de jongeren die ageren. Die voelen zich gelegitimeerd door de ouderen. Altijd weer verwijzen die naar het oude eiland, naar een reine, schijnbaar onbezoedelde geschiedenis, en de jeugd verdedigt dat verhaal. Het is de onbegrensde trots op hún dorp die hen tot de voorhoede van het verzet maakt. De trots, maar evengoed ook de verveling, want er is voor jongeren geen bal te doen in dit refodorp. Of is het frustratie? Ergernis om de druk die op hen rust, de druk zich te conformeren? Alsof ze alleen *de ander* te lijf gaan, hij of zij die zich niét conformeert. Zijn de jongeren jaloers op de mensen die ze aanvallen? Schuilt er afgunst in het verzet?

Ik raak ervan overtuigd dat dit dorp, zonder het te beseffen, een monster heeft gecreëerd, net als Frankenstein, en het dorp heeft dat monster niet meer in de hand. Veel jongeren zitten thuis, dat klopt, en zingen psalmen of surfen op YouTube, maar er is een bepaald significant deel van de Urker jeugd die zich niks laat opleggen. Jongeren die ontsnappen aan de regels.

Niet álle jongeren drongen het huis van de familie B. binnen, maar er stonden er wel écht veel bij de deur en op het plein. Die wanen zich, wel ja, God in dit dorp. Niemand die erin slaagt ze te beteugelen. In plaats van in de spiegel te kijken, praten de ouderen het snel goed, alsof hen geen schuld treft voor dat gedrag. 'Ach, we zijn ook jong geweest,' hoor je vaders en moeders zeggen. 'Ze moeten nog tot geloof komen,' zegt de dominee. 'En Soufyan moet zich zo niet gedragen', hoor je aan de toog. Dus breekt die jeugd uit en komt alles samen. De trots op het dorp, de wegkijkende aard en het zo nauw aangesnoerde korset dat ze uit noodzaak openbreken, happend naar lucht. Ze wanen zich onaantastbaar en hebben het geschikte medium gevonden om die onaantastbaarheid te beklemtonen. Vuurwerk. Dat is de middelvinger van Urk.

Vuurwerk is het signaal aan alles en iedereen dat je vierkant de boom in kan. BOEM. Soms gaan kereltjes met de hoed rond bij vrienden, tijdens feestjes op zaterdagavond. Dan vragen ze om een tientje en is spektakel verzekerd. Daags nadien streamt een anonieme account op sociale media de vuurwerkshow en zien de Urkers op hun telefoon wat zich afspeelt boven hun hoofd. De eerste keer dat een forse vuurpijl boven mijn kamertje ontploft, donder ik bijna van mijn stoel. Ik denk aan een blikseminslag en haast me naar buiten. Niks. Sta ik daar op het grasplein voor de deur, alleen, druk om me heen kijkend – geen puin, geen rook, geen stof – en zie ik de buren vanuit hun woonkamer verbaasd naar me kijken: *Die kent het vuurwerk nog niet.*

Een van de beruchte vuurwerkers, zo vertellen jongeren me, is een ventje uit Espel, een knoopsgat vlak bij Urk. Dat is de Joe Speedboot van dit dorp. Hij heeft een eigen bedrijf op het Urker industrieterrein, doet in straat- en grondwerk en veel jong volk verdient bij hem een aardige cent als bijbaantje. Het jongetje heeft ook een bar, waar andere jongetjes zich in het weekend een maagbreuk drinken en tegen hem opkijken, naar het litteken op zijn hoofd, en naar zijn durf.

De vuurwerkers zijn moeilijk te pakken. Ze verbergen de pijlen op geheime plekken, scheuren er met een brommertje en een aansteker naartoe en kijken toe hoe iedere knal het dorp verlicht. Ook de politie grijpt naar een paling in een emmer snot. Soms, op het einde van hun shift, stappen agenten het commissariaat uit en knalt het vuurwerk boven hun hoofd. Dan staat een peloton brommers aan de overkant van de straat, zwaaiend en glimlachend, met een sigaret tussen de lippen. *Me know nothing.* Als een kasseirug loopt het piekhaar over hun hoofd, de flanken zijn kaalgeschoren en de gouden oorbel is hun legitimatie: het is hún dorp, zij bepalen de regels en daar komt geen vreemde tussen. Geen burgemeester, geen politieagent, geen vader, geen moeder, geen dominee. *Fuck off.*

Dat peloton rijdt helmloos door de straten, soms dwars door

het Wilhelminapark, langs de sportveldjes, de speeltuinen en het skatepark, rijdt een rotonde links op en scheurt plankgas over het voetpad. Opdat iedereen hen kan horen, zijn de uitlaten van de brommers afgezaagd en klinken de opgevoerde scooters als rijdende slijpschijven. Ze zijn ongrijpbaar.

Het dorp is niet in staat het tij te keren. Al wie denkt hun regels op te kunnen leggen, heeft het mis. Dat deel van de jeugd richt zich niet enkel tegen de vreemde, maar ook tegen het eigen dorp, het eigen gezag. Verzet tegen de versmachting, dat is het.

Dat is ook zo in 1998, dik twintig jaar geleden. Een paar maanden na de shoarmarel verbiedt de gemeente het drinken van bier op straat. Dat pikt de jeugd niet. Dus krijgt de Urker politie een anonieme bommelding, gaan agenten ter plaatse kijken en troept ondertussen een groep van tweehonderd jongeren samen in de tuin van burgemeester Sijko Veninga, die niet thuis is. De man is op vakantie. De jongeren breken de tuin af, gooien een raam in, vernielen de schommel en de decoratie bij de vijver, en wanneer de politie na de afleidingsmanoeuvre van de bommelding in de tuin arriveert, ontstaat een vechtpartij en schopt een negentienjarige een agente twee keer in het gezicht.

In de aanloop naar Koninginnenacht roept burgemeester Jaap Kroon in 2011 op tot rust. Kroon wil geen herhaling van de rellen een jaar eerder. Hij is het zat. De man spreekt ook zijn afkeuring uit over het dronken lastigvallen van mensen op het strand, over de kapotte bierflesjes in het zand en over het wildplassen. Al vroeg controleren agenten die avond op alcohol, ze halen ook brommers naar de kant die technisch niet aan de voorwaarden voldoen, en langzaam gist het ongenoegen. Honderdvijftig jongeren trekken 's nachts om vijf uur groepsgewijs naar het huis van de burgemeester. Ze scanderen 'Jaap is homo', richten vernielingen aan en belagen het huis. De politie voert charges met gummiknuppels uit en arresteert acht jongeren voor openlijke geweldpleging, openbare dronkenschap en brandstichting.

Door vast te houden aan het verleden zijn de oudere generaties vergeten dat hun kinderen opgroeien in een heel andere wereld, waarin alles veel toegankelijker is. Denk aan Urkerdag: aan de ene kant van de straat zingen mannen in klederdracht hoofse liederen, aan de andere kant van de straat drinken jongeren zich het wit voor de ogen en luisteren naar trancemuziek. De ene kant van de straat wil niet zien wat er aan de andere kant gebeurt.

De band tussen de generaties is bij een deel van de Urker jeugd doorgeknipt. Voor wie in de eilandtijd het Urker korset veel te nauw was aangespannen waren er niet veel opties. Dan ging je maar de zee op, dan werd je met rust gelaten en dronk je bier bij thuiskomst. Het leven was overzichtelijk. Nu bij velen ook de band met de zee is doorgeknipt, kijken die jongeren naar het hinterland. Zij leven in een andere wereld. Bij die generatie werkt het paspoort niet meer. Ze zijn wel trots op Urk, maar ze zoeken ook naar een eigen verhaal, een eigenheid die niet strookt met de cultuur waarin je een deel van jezelf moet afstaan.

Aan de rand van Urk hoef je de Urkervaart maar over te steken en je rijdt een nieuwe wereld binnen. Op het Urker industrieterrein ontdek ik een totaal losgeslagen wereld vol illegale kroegen waar de jeugd alles doet wat God en het dorp verbieden. Een schijnwereld die niks meer van doen heeft met inpolderingen en predestinaties. Een wereld waarin de jongeren zich in het weekend van de regels ontdoen waar het dorp hen tijdens de week voor op de vingers tikt. Nergens is het verschil tussen de daad en het Woord groter dan in die wereld. Daar, op het Urker industrieterrein, kan werkelijk alles. De zogenaamde uitwassen van de moderne wereld zijn er doorgedrongen tot de vezels van 's lands meest godvrezende en antieke dorp.

'Hop! Hop! Hop! Hop! Doe het, Klaas! Doe het!' Ik sta aan de toog van de Oelebar, een illegale kroeg aan de rand van het industrieterrein. De muziek – *The 6th Gate* van de D-Devils – knalt ongezond hard uit de professionele boxen. Overal hangen discolichten, iedereen is dronken en de tafels zien groen van de lege bierflesjes. Op de zitbank die de bar in een U-vorm omzoomt, staan jongens en meisjes rechtop. Ze dansen en schreeuwen. Een van hen maakt continu dezelfde beweging, met zijn rechterarm trekt hij een diagonaal over de borst, als wil zijn grasmachine maar niet starten. In de Oelebar zijn de ogen waterig, dragen de jongens spijkerbroeken en sneakers en kent iedereen het refrein uit het hoofd: '*Fight! And dance with the devil!*' Aan de ingang van de bar, vlak bij de steile trap, wordt een zekere Klaas aangemoedigd. Het piepjonge ventje staat op de zitbank, grijpt naar een plank van het houten plafond, trekt zich op, klemt ook zijn voeten om de plank en hangt als een luiaard tussen de verlichting, op zoek naar bladeren en twijgen. 'Ha Klaas, en nu zonder handen!' De D-Devils begeleiden het tafereel: *pain, anger, hate, fear, chaos, darkness, evil, hell. The gates are open!* De jongen hangt nu ondersteboven, met zijn armen naar beneden. De beat zwelt aan en dan breekt de plank. Het jongetje stort naar beneden, breekt zijn val op de zitbank en eindigt op de vloer. De groep vrienden klapt in de handen: 'Haha! *Keurig jongen, dat eeuw je goed edoan*!'

Van maandag tot vrijdag is het industrieterrein de motor van het dorp en staan veel jongeren er aan de band schol en tong te snijden. Vrachtwagens rijden de vis naar alle uithoeken van Europa en op vrijdagavond rijdt iedereen naar huis, staan de vrachtauto's in de garage, maar keert het jonge volk 's avonds terug, met de fiets, en gaat de rem eraf in de tientallen illegale bars.

Toen de kotters vroeger na een week vissen op de Noordzee de dorpshaven binnenvoeren, dronk de bemanning op de behouden thuiskomst en kwamen jongeren 's avonds bijeen in de kombuis. Dan dronken ze bier, rookten shag of wat hasj. Kwamen er vriendinnetjes langs – *kalletjes* –, dan was de deining groot in de kajuiten waar in de week de bemanning sliep. *Doe het Klaas, doe het*. Iedereen op Urk wist wat er toen gebeurde. Iedereen zag het ook, de kotters lagen gewoon in de haven. Het bier drinken werd getolereerd als uitlaatklep voor het afzien op zee. Een van de boten kreeg wel de naam sekskotter, maar de boel was tenminste nog te overzien, daar aan de haven. Later werden de kotters groter, gingen ze niet meer aan wal op Urk, maar in havens langs de Noordzee, en rijden vrachtwagens sindsdien de vangst naar de afslag op Urk. De jeugd zocht een nieuw onderkomen. Ze ruilden de kombuis van de kotters voor de bijhorende vissersboxen op het industrieterrein. Iedere Urker kotter heeft wel zo'n box. Daar worden de netten geboet en ligt de tuigage. Jongeren, vaak zonen van de eigenaars, bouwden kleine keten in die boxen en betaalden wat zakgeld, of ze huurden ergens een box, hingen snel wat posters op, lapten wat geld bijeen en dronken bier. Overal op Urk verrezen illegale bars, niet alleen op het industrieterrein, maar ook in het tuinhuis van mensen, in garageboxen, zelfs in vrachtcontainers waar ze een raam in pleurden. Vergelijkbaar met de boerenschuren op het platteland ging de hardwerkende jeugd voortaan los in de vissersloodsen. Niemand die erom maalde. Alleen betekende de intrek op het industrieterrein ook het einde van de zichtbaarheid.

De bars verschuilen zich nu in loodsen die van buitenaf allemaal op elkaar lijken. Vierkante, grijze blokken zijn het, met een blauwe, elektrische poort om te laden en te lossen. De kroegen worden bezocht door hon-der-den jongeren. Ooit telde Waypoint, een organisatie op Urk die zich inzet tegen verslaving, alle jongens en meisjes bij de toegangswegen tot het industrieterrein. Het waren er toen ruim duizend op een avond.

In sommige bars gooien jongeren alleen pijltjes of spelen tafelvoetbal, staat de muziek zacht en gaat iets voor middernacht het licht uit. Maar het gros van de bars is uitgegroeid tot mini-discotheken, met stroboscopen, professionele muziekinstallaties, tapkranen, barkrukken, metersbrede koelkasten, keukentoestellen en frituurpannen, en overal is de drank spotgoedkoop. Ze worden gerund door jonge kerels. Vaak betaal je tien of twintig euro en kan het feest beginnen, of krijg je dertien shots sterke drank voor even weinig geld. In de bars gaat het dus niet om een biertje, het gaat om doorgedreven zuipen in één grote aaneenschakeling van illegale horeca. In de Sjoelclub lap je twintig euro en kun je de hele avond *shotjuuusss* drinken, leert Twitter. Een andere bar, op Instagram: '1x lappen is zuipen in 2 barren', of een oudere tweet van een kerel die zich online presenteert als visserman, 'gelegenheidsbeffer' en 'zaaddonor': 'tien euro lappen onbeperkt zuipen bitches'.

Niet dat je zomaar overal binnen kan. In veel bars zit een vaste vriendengroep. Dus helpt het als iemand je binnenloodst. Zoals iemand dat nu voor mij doet, in de Oelebar. De jongen die als een steen naar beneden viel van het plafond is kennelijk niet verwond. Op de zitbank rolt hij een sigaret: '*Van wie bin jie er iene dan?*' vraagt hij. Ik leg uit wie ik ben. Interesseert hem geen moer. Boef wordt hier platgedraaid. Je mag hem dus meebrullen, maar je er niet naar gedragen.

Aan de bar praat ik met een meisje die de 'Oele' goed kent. 'Hier kan je totaal losgaan,' zegt ze. 'Geld is geen probleem. Iedereen heeft er genoeg, dankzij alle bijbaantjes in de vis. Dat geld geven we in het weekend makkelijk uit aan drank. Vooral aan bier en rode wodka. De omzet in sommige bars loopt makkelijk op tot tweeduizend euro per weekend. Alles kan hier, dat zie je zelf ook wel. En met alles bedoel ik alles. De boxen hebben ook zoldertjes, hè.' Ze lacht.

Ik vraag een jongen naar zijn leeftijd. Veertien is hij. Vanavond heeft hij meer pilsjes gedronken dan hij jaren oud is. 'En morgen naar de kerk,' zegt hij. De kerk interesseert hem niet, 'maar ik moet van mijn ouders'. De jongen kan kiezen: de ochtend- of de middagdienst. 'Moeilijke keuze, 's ochtends op je tanden bijten en proberen niet in slaap te vallen. Of lang slapen en weten dat je straks nog naar de kerk moet.'

De Griend is de beruchtste straat van het industrieterrein. Hier huizen de meeste illegale bars, de ene naast de andere, aan weerskanten van de straat. Daar staan tientallen jongeren en een roestig olievat. In de ton verkolen een paar boomtakken en overal op straat liggen fietsen. Een kerel doet een wheelie op een brommer. Een

jong meisje leunt verdwaasd tegen een poort en geeft over met de kracht van een brandslang. Het steegje dat de Griend verbindt met een andere straat heet *cocaine alley*. Twee jongetjes snuiven op een gele, plastic container. '*Goon nor eus*,' zegt er eentje.

Ik ga de Barracuda binnen, nog zo'n kroeg. De trap naar de bar is steil en gevaarlijk, er is geen leuning. Aan een wand hangt een meterslange prent van het oude Urk, van de haven en het palenscherm. Boven de prent hangt een rood slingerlicht en het palenscherm baadt in het blauwe schijnsel van de draaiende discobol. De Barracuda heeft ook een strippaal en had vroeger een jacuzzi. Hier lopen jongens in voetbalshirts. Ze komen rechtstreeks van het hobbyvoetbal en de derde helft is nog aan de gang. In het schemerdonker zitten koppeltjes. De leeftijd is hier iets hoger dan in de Oelebar, al is niet iedereen meerderjarig. Als ik naar buiten ga, fluiten mijn oren als een stoomketel.

Iedereen zegt het te weten. Iedereen. Maar niemand gaat erheen. Niemand van de oudere generaties weet daarom echt wat zich hier afspeelt. Urk gedoogt de geheel aan het oog onttrokken wereld van drank, en ook van drugs. Ik denk aan wat Durk Hak me tien jaar geleden aan de telefoon zei: 'De ouders van die jongeren treden daar niet tegen op. Tot op een bepaalde leeftijd laten ze hun kinderen begaan, worden misdragingen door de vingers gezien. De achterliggende gedachte – "het komt wel goed" – staat zo'n opvoeding toe. "We zijn hoe dan ook zondig, het geloof zal de problemen wel oplossen."'

De bars spotten ook met het dorp en steken hun middelvinger op naar de gemeente. Zoals de BBU, Berenburg Urk. Lange tijd kende het industrieterrein een Escobar en bar De Gram, tot de politie er binnenviel en de namen bewaarheid werden. In een andere bar trof de politie een wietplantage aan, in weer een andere kroeg een vuurwapen en illegaal vuurwerk. En de chemicaliën die in een vissersbox werden aangetroffen waren niet om een schoonmaakmiddel te produceren. In 2018 viel een man van een trap. Er werd een traumahelikopter opgeroepen. In 2020 trof de politie er bij de zoektocht naar een hennepplantage ook een *crypto mining farm* aan, een bitcoinfabriek, die illegaal stroom aftapte. In het weekend pikken ambulances er meisjes op om hun maag leeg te pompen en de politie heeft echt geen gps nodig om de bars te vinden.

De gemeente heeft een eigen term voor de illegale disco's: 'jeugdhonken'. Alsof jongeren er Vier op een Rij spelen en de kerkklokken naspelen op een xylofoon. Dat is wat veel ouders nog altijd denken: 'Ach, biertje erbij, gezellig.' In veel bars komt er veel meer volk dan toegestaan is. Sommigen hebben een camera. Zien ze de weinige controleurs komen, dan verstoppen ze hun cliëntèle desnoods achter een valse wand en bieden de controleurs een cola aan; wanneer de controleurs weg zijn viert de vrijstaat feest. Na een inval en het aantreffen van illegaal vuurwerk en wapens in twee loodsen zegt een wethouder van de SGP aan Omroep Flevoland: 'Ik vind dat we een uniek beleid hebben op Urk. Ik denk dat er weinig plekken zijn in Nederland waar zo omgesprongen wordt met jeugdhonken, waar iedere week gecontroleerd wordt.' Het meisje uit de Oelebar: 'De uitbaters kennen de controleurs persoonlijk. Wij overigens ook. Die zijn helemaal niet streng. Vaak vertrekken ze ook om middernacht. En als er al politie is, dan komt die gewoon eens langs, meer niet.'

Als er een wapen wordt gevonden, of wiet, of als het op alle vlakken de spuigaten uit loopt, dan gaat het slot erop. Ook als bars te vaak in de fout gaan, zoals de Sjoelclub. Het blijft niet altijd bij een eenmalige waarschuwing. Maar zodra er een bar dichtgaat, duikt er een nieuwe op, met een nieuwe naam, op een nieuw adres. Soms, als de druk te groot wordt, gaan ze bijna allemaal een tijdje dicht, maar begint alles een paar weken later weer van voor af aan. Al decennia klagen inwoners over de bars, maar ze stemmen ook al decennia op partijen die amper actie ondernemen. Die zien het door de vingers en zeggen dat de regels goed nageleefd worden; en terwijl Urk op zaterdagavond tijdig in bed kruipt, opdat de zondag geheiligd blijft, gaan jongeren luid brullend de nacht in. *The gates are open.*

Hoe langer ik hier rondloop, hoe meer de uitspattingen van het industrieterrein me doen denken aan de 'Rumspringa', de *rite de passage* van de Amish. Jongeren die zestien worden krijgen in die gemeenschap de kans om van de buitenwereld te proeven. Ze zijn nog niet gedoopt en mogen zich tijdelijk onttrekken aan het ouderlijk gezag. Sommigen gaan daar niet op in, anderen volgen rijlessen, gaan voor het eerst naar de cinema of dragen een spijkerbroek. Om dan later, na de Rumspringa, terug te keren in de gemeenschap en zich voor altijd te schikken naar de geldende regels.

Is dat wat hier gebeurt?

De ontgroening bestaat op Urk vooral uit drank en soms ook uit drugs – niet uit bowling of de bioscoop, zoals bij sommige Amish. Dat is niet verwonderlijk, want veel valt er op Urk niet te beleven. Het gemeentebestuur mag dan wel langzaam ontdooien en het lintje van de sporthal doorknippen, verder reikt de dooi niet. Er is geen bowling. Er is geen bioscoop.

Dat hier veel alcohol wordt gedronken, is logisch. Drank is inherent aan deze cultuur. Op zaterdag bakt Urk een visje 'en een visje moet zwemmen, nietwaar?' Het hoort er echt bij. Zo'n zaterdag op Urk duurt ook eindeloos lang. Het begint met het visje, dan nemen vader en/of zoon deel aan het hobbyvoetbal, waarna er nog ergens iemand jarig is en de jeugd nadien doorgaat op het industrieterrein. Het hele verhaal eindigt als de jongen of het meisje een partner vindt op Urk. Liefst tegen hun vierentwintigste, of vroeger. Dan eindigt de Rumspringa, luiden de kerkklokken, komen er kinderen in huis en tegels in de tuin, en laat de Urker zich gewillig insnoeren in het maatschappelijk leven. Komen de kinderen later dronken thuis, dan zegt vader dat hij ook jong is geweest.

Maar er is meer aan de hand. Ook die bewuste avond.

Na de Oelebar en de Barracuda drink ik met een paar Urkers bier in de Polder Inn, een minidiscotheek. Een plek voor stoer volk. Kerels met dikke armen vloeken er op de slotmachines. De Polder Inn is de rode loper voor de masculiene ijzervreters op Urk, en dat zijn er nogal wat.

Ook in deze bar val ik op. Ik ben niet toe te wijzen aan een vriendengroepje, lijkt het. Al heb ik wel een fijne compagnon bij me, die bekenden treft, die weer anderen ziet, enzovoort, tot ik een schakeltje word in een lange ketting en niemand zich nog vragen stelt. Uit het niets spreekt een kerel mij aan. Heel snel gaat het gesprek over drugs. Ik heb er niet naar gevraagd, spreek niet in dubbelzinnige taal en begrijp niet hoe een kerel wiens naam ik niet eens ken, me plots uitgebreid vertelt hoe het eraan toe gaat. Hij praat over cocaïne, amfetamines en 'ach, het is zo gewoon op Urk'. Hij zegt te gebruiken op het toilet, op het industrieterrein, thuis, in de auto, overal: 'Ik gebruik al waar ik zin in heb. Coke, pillen, maakt niet uit. Gebruik jij ook?' Ik schud het hoofd.

Dit gesprek kan ik maar moeilijk plaatsen. Wat nadien volgt is nog veel moeilijker te plaatsen.

Ik zit in een illegale taxi, bij een man van wie iedereen het telefoonnummer heeft en die op Urk zaterdagavonds eindeloos heen en weer rijdt tussen de illegale bars buiten het oude dorp en de legale kroegen bij de haven. De auto zit propvol en slalomt met gierende banden over het wegdek. Er zit volk in de koffer: 'Doe normaal, man!' Het is ruim na middernacht en ik beland via via in een bar waar je niet makkelijk binnenkomt, dat is duidelijk. Binnen is het donker. De muziek staat epileptisch hard. Iemand komt van de trap af en legt een arm om mijn schouder: 'Nou, wat wil je? Coke, pillen? Zeg het maar!' Ik houd het bij bier. Er komt een kerel de bar binnen en de sfeer verandert. Hij is de baas van de keet. Buiten staan een paar groepjes, twee bij twee, ze overleggen, stappen in de auto, vertrekken, keren terug, komen binnen, overleggen, vertrekken, keren terug.

Ik weet wie die baas is, althans, ik ken zijn naam. De man is berucht. De avond die begon met een biertje tussen een hoop bezopen tieners is uren later veranderd in een duistere scene. Ik observeer en besef dat ik me plots vrij hoog op de ladder bevind. Ik ga naar het toilet, wandel rond en zie jongens openlijk gebruiken. Ze vallen achterover op de zitbank. Ook hier zijn de armen dik en getatoeëerd. Iemand krijgt een pil 2C-B in zijn mond geduwd, een psychedelische drug waar je een paar uur van tript. Hij trekt zijn shirt uit – 'Hé, speel eens "Cocaine Blues"!' –, kruipt op een tafel en schreeuwt: 'En straks zal er weer een oude dominee preken in de Gereformeerde Kerk! Hah!' Ik zie coke liggen en kijk naar de man op de tafel. Johnny Cash knalt uit de luidsprekers. Cash, de bekeerde zondaar die zo populair is op Urk, want na alle verderf zag hij het licht. De blote bast zingt luidop: '*Come on, you've gotta listen unto me. Lay off that whiskey and let that cocaine be!*'

Daags nadien voelt mijn hoofd aan als tropisch hardhout. Mijn mond is droog en ik woon een dienst bij in De Belofte, een stichting met als grondslag 'het geloof in de Bijbel als het onfeilbaar en gezaghebbende Woord van God'. Bijna twee uur lang raast een vent in een dandykostuum van de ene Bijbeltekst naar de andere. Algauw verlies ik mijn aandacht en vecht tegen de slaap. Thuisgekomen werk ik een plan uit. Wat ik de avond voordien zag, de drank, het zuipen, de drugs, de drugshandel, wil ik uitdiepen. Klopt het cliché dan echt? Is Urk een cokedorp? Is dit dorp ten prooi gevallen aan de uitwassen van de buitenwereld? Veel boeken zijn hier niet over geschreven. De bibliotheek in mijn kamertje helpt me niet verder, maar vrij snel tref ik gebruikers en ex-gebruikers die het deksel van de pot schroeven en me meenemen op een tijdreis, van het oude dorp naar de nieuwe tijd.

In het midden van de jaren negentig valt Urk ten prooi aan de harddrugs, die de rest van het land, voornamelijk de steden, al sinds het begin van de jaren tachtig kent. De toegenomen mobiliteit – Urkers kunnen met de auto overal naartoe – en de opkomst van grote discotheken overal te lande brengt de cocaïne veel dichterbij. Lange tijd is niemand op Urk zich bewust van de aanwezigheid van cocaïne. Er zijn wat occasionele gebruikers, hier en daar een vriendengroepje, maar het thema staat pas echt op de agenda als Kat in 't Bakkie zich ermee bemoeit.

Dat is een groepje jongeren uit de Jachin Boazkerk, een achttal zonen van vissers die elkaar niet alleen kennen van de kerkbank, maar ook van het schoolplein. In korte tijd klonteren een paar aanverwanten tot een vriendengroep samen. Ze voegen zich bij het octet visserszonen en samen richten ze Kat in 't Bakkie op, een clubje met een eigen bar, de Ponderosa, op het oude industrieterrein.

In het midden van de jaren negentig verdienen de visserszonen waanzinnig veel geld, een van hen tot honderdveertigduizend gulden (vijfenzestigduizend euro) binnen zes maanden, allemaal verdiend op zee, waaronder een groot deel zwart. Hij koopt er twee crossmotoren mee, zomaar, zonder dat hij die dingen kan besturen. Staat gewoon lekker in de tuin, vindt hij. Een andere is negentien, heeft een auto op de oprit, twee scooters in de schuur en een speedboot in de haven. Het zijn Oom Dagobertjes, die zwemmen in het geld. Heeft Kat in 't Bakkie zin om een avondje te stappen in Maastricht? Geen probleem, ze gaan met de taxi.

Die financiële draagkracht koppelt Kat in 't Bakkie ook aan spierkracht, geheel naar de Urker norm. Touwtrektraining geeft de groep meer armslag. En die armslag leidt tot onaantastbaarheid. Tijdens de week spreken de jongens elkaar op zee via de marifoon, in het weekend komen ze samen in de bar, drinken zich een ongeluk en scheuren met honderd per uur door het dorp. Kat in 't Bakkie is al even opgefokt als de brommers waar ze mee rijden. De Katten zijn groot, sterk, breed als koelkasten en al wie hun glas omstoot eindigt met zijn tronie tussen de spijlen van een stoelrug. 'Kat in 't Bakkie was net een bende Hells Angels,' zegt een ex-lid me.

Hebben de Katten 's nachts zin om te zwemmen? Dan wrikken ze een paar tegels los uit de stoep, gooien die door het raam van het zwembad 't Bun en trekken baantjes in het donkere bad tot ze sirenes horen en het blauwe schijnsel van de arriverende zwaailichten het bad verlicht. Kroegbazen sluiten snel de deur als de brommers zich in de verte aandienen. Kat in 't Bakkie breekt met de codes, de groep breekt ook neuzen, brilmonturen en barkrukken. Na een vechtpartij in Zwolle is het hele café gesloopt, zijn ook knuppels en teasers niet bestand tegen het brullende vissersvolk en druipt het bloed van de bar. Als een ploeg honkballers gooien ze systematisch ramen in, tot de lokale glasleverancier een paar leden zelfs een rollade toestuurt, uit dankbaarheid voor de geleverde opdrachten. Maar op den duur gooit de groep vooral de eigen glazen in. Coke. De boel ontspoort helemaal.

'Drugs was toen *not done* op Urk,' vervolgt het ex-lid. 'We kenden eigenlijk geen drugs. Bij cocaïne dacht ik aan Amerikaanse films. Dus schrok ik toen iemand me dat aanbood in De Dichte Deur, een oude discotheek op Urk: Lijntje snuiven? Zat ik plots in het speeltuintje bij de oude begraafplaats, haalde iemand daar een zak wit poeder tevoorschijn en dacht ik: Echt? Is dit coke? Hier? Op Urk? Toen bleek dat je door coke nog veel meer kon drinken, was het hek van de dam.'

De leden van de club die zich aanvankelijk nog verzetten tegen drugs, gaan snel overstag. Het gebruik schiet de hoogte in wanneer een prominent lid van de Katten een handel opzet: 'Wiet, pillen, dat kostte toen niks, dat was voor de *losers*. Wij snoven coke, de champagne onder de drugs, en dat mocht iedereen weten. Zonder het te beseffen gleed ik af richting verkoop en zag ik niet meer helder. De cocaïne kwam uit de haven van Rotterdam, werd verkocht aan dealers in Emmeloord, met wie ik samenwerkte. Ik verkocht tot vierhonderd *seals* (een zakje met cocaïne, meestal een gram) per week, soms per weekend. We spreken hier dus over kilo's coke. Na een tijd verzamelde ik alle *cash* in een badkuip en vroeg een vriend om het allemaal na te tellen.'

Ik tref steeds meer leden. Er hangt een zekere trots over hun woorden, als waren het Tony Montana's. Een van hen zegt dat de tijd van de drugs ook de tijd van de bendeoorlogen was: 'In Chez Andre (later omgedoopt tot Chez Marknesse, de disco in het gelijknamige dorp) had iedere bende zijn plek. Wij, de Urkers, hadden er een ruimte voor onszelf, maar ook de zwarten hadden een plekje, en de Marokkanen. Er werd toen veel gevochten.'

Nog een ander lid spreek ik thuis. Wanneer zijn vrouw het huis uit is, spreekt hij voluit, maar aangezien de Heere nu in zijn leven is, zijn de woorden niet met trots omhuld, maar zijn het zwachtels van schaamte: 'We kwamen samen in de woonkamer. Iedereen haalde een pinpas tevoorschijn, rolde een bankbiljetje open en liet het cd-doosje de hele tijd rondgaan. En ondertussen maar blijven drinken. "Kijk eens wat wij doen!" Dat was het gevoel. Op den duur werd er overal gesnoven: in de auto, in de toiletten van de kroeg, zelfs in telefooncellen. Er werd zelfs gedeald tijdens de catechisatie. Dan luisterde je eerst naar de dominee en verkocht na afloop coke aan je mede-catechisanten. Het hoorde er allemaal bij.'

Wat er ook bij hoort en wat Kat in 't Bakkie niet weet, is het onderzoek van de politie. Een tip van de Criminele Inlichtingen Eenheid leidt tot Operatie Mispoes en tot telefoontaps, een inval en meer dan twintig aanhoudingen, ook in Emmeloord. De straffen variëren. Een paar leden vliegen de cel in, anderen krijgen taakstraffen en moeten op cursus om eerst hun drankgebruik te minderen. Een ex-lid: 'Dan haalde vader je op het politiebureau op. Maar zoals dat op Urk gaat, vraagt vader dan niet waarom je ontspoort, wat erachter schuilt. In de films hoor je vaders dit zeggen: "*Son, let's talk*", op Urk is dat even schreeuwen en gedaan.'

De grootschalige actie maakt een einde aan het verhaal van Kat in 't Bakkie, maar niet aan het druggebruik, dat definitief doorbreekt en de vriendengroepen dan al lang is ontstegen.

Ik spreek een groot aantal gebruikers, ook jongens die nog altijd snuiven, slikken en roken, die veel jonger zijn dan de Katten van vroeger. In de woonkamer van een anoniem huis gaat het over basecoke (uitgekookte cocaïne die je rookt; het effect duurt maar een paar minuten, maar is zeer intens en zeer verslavend): 'Wij inhaleren de giftige dampen via een plastic fles cola, tot op een bepaalde hoogte gevuld met water, om het effect van een waterpijp te creëren.' Hij laat me een fles zien. 'Makkelijk zat. Wij lappen vijftig euro per persoon en roken op een avond tot tweeduizend euro aan coke op.'

Een is verlost van de drugs. In zijn huis hangt nu een wereldkaart met landen waar christenen worden vervolgd: 'Ik ben ooit wakker geworden in het Urkerbos en wist niet hoe ik daar was beland. Totaal paranoïde liep ik dat weekend tussen de bomen, helemaal in paniek. Ik had achtervolgingswaanzin na het slikken van te veel fout spul. Veel vrienden zijn uiteindelijk in de kliniek *verdaagd* (zeemanstaal voor 'verzeild geraakt'). Met sommigen gaat het nog altijd niet goed. We spreken hier op Urk intussen over contacten met de drugsmaffia van Amsterdam. Het is helemaal genormaliseerd. Je rookt basecoke en zit een paar uur later in de Jachin Boazkerk.'

In de gesprekken keren steeds dezelfde locaties terug. Plekken waar ik al honderd keer langs ben gekomen. Gebruikers hebben een paar telefoonnummers in hun adresboek, sturen berichten in codetaal en spreken af bij de Maranathakerk, sporthal De Schelp, het vissersmonument of het Berechja College. 'Weet wat je ziet,' zegt iemand me. 'Dit dorp moet niks hebben van het stadsleven, maar in werkelijkheid gebeurt hier hetzelfde als in Amsterdam.'

Op het industrieterrein, heel laat op de avond, vertelt een ex-gebruiker over de kilo's coke die hij achter in een bar versneed, buiten het zicht. Bang voor de politie was hij niet. Zagen ze die aankomen op de camerabeelden, dan ging het spul een geheime ruimte in. Of stak hij het gewoon in zijn broekzak: 'Ze mogen toch niet zomaar fouilleren.' De jongeman komt niet vaak meer in de bars. De verleiding is te groot. 'Maar als ik ga, dan schrik ik. Jongens van een paar jaar jonger, die ik al geruime tijd ken, blijken ook te gebruiken. Dan loop ik rond en denk: Jij ook? Echt?'

Tijd om te kalibreren. Koop je een rode auto, dan zie je op de snelweg overal rode auto's. Maar mijn ogen zijn geopend; en al zou je het willen, je krijgt ze niet meer dicht. Zo plant ik me op een zomeravond neer op een bank in de schaduw, op een openbare plek, en tref een groepje tieners. Ze staren me aan. *Wie is die vreemde?* Ze zijn met een man of vijf en stappen op me af. Even denk ik in een nare situatie terecht te zullen komen, maar dat is niet zo. '*Wie ben jie dan?*' vraagt er eentje. Ik doe mijn verhaal, voor de zoveelste keer. 'Echt? Uit België? Ben jij dan een Vlaam?' Een Vlaming, ja, dat ben ik. De jongens blijken tussen de dertien en achttien jaar te zijn, en komen uit verschillende kerken, van heel zwaar tot heel licht. 'Mijn ouders zijn strikt in de leer,' zegt een wat schuchtere jongen. Hij kijkt me geen enkele keer in de ogen. 'Ze drinken niet, roken niet en gedragen zich zoals iedereen het verwacht. Ik niet.' Ze antwoorden op al wat ik vraag, zonder schroom, zonder dat de een naar de andere kijkt, zoals de volwassen Urkers doen. 'Ik wil gewoon zijn. Maar wie hier anders doet, is al snel "niet normaal". Voor je het weet, krijg je een stempel. Het is kut.' Een vriend vult aan: 'Het is toch niet omdat je af en toe een pilletje slikt, dat *jie verslaafd ben*.' Net zoals het gesprek in de Polder Inn schuift het onderwerp ook nu geruisloos richting drugs. Ik hoef er zelfs geen moeite voor te doen. De schuchtere: 'Er wordt meer gebruikt dan iedereen denkt. Jongeren slikken eerst pillen, en later coke en zo. Pillen zijn goedkoop. Kijk', hij haalt een zakje xtc-pillen tevoorschijn, 'voor vijf euro heb je al een pil. Vrienden mogen zelfs nog minder betalen.'

Ik dacht even uit te waaien. Nu zit een jongen naast me die een zak xtc-pillen opdiept.

'Dit zijn cowboys', hij toont een xtc-pil in de vorm van Walter Whites gezicht, het hoofdpersonage van *Breaking Bad*, in de serie ook bekend als *Heisenberg*. 'Er zijn ook Trumpies (Donald Trump, oranje), Tesla's (automerk, blauw), Philipp Pleintjes (luxe kledingmerk, meerdere kleuren), Red Bulls (energiedrank, roze), Flügels (drankmerk, geel) en Screams (horrorfilm uit de jaren negentig, paars). En Barça's, die ook, met het logo van voetbalclub FC Barcelona op de pil gedrukt.' De rest van de groep knikt. Ik ben omringd door jongeren die praten over drugs als over Paninistickers. 'Je vindt hier ook psychedelica,' zegt er eentje, achteloos. 'Zoals 2C-B en lsd, veel paddo's, veel ghb en heel veel lachgas, al stelt dat niks voor. En joints natuurlijk. Oudere Urkers hebben echt geen idee wat hier gebeurt.' Ze vullen elkaar aan, ik voel me een moderator. Geen enkel moment twijfel ik aan hun woorden, die nu van overal komen.

'In het speelbos, aan de rand van Urk, wordt veel geblowd.'

'Soms pikt iemand uit Emmeloord wat Urkers op. Hij kent die kerels. Dan rijden ze naar zijn wietplantage. Daar verknippen ze de wiet en als loon krijg je soms een zak knipafval mee, of wat toppen van planten voor eigen gebruik.'

'Op Urk maak je dingen mee die je normaal alleen op Netflix ziet.'

'Het is handig, hè. Wie veel drinkt, en dat geldt voor veel Urkers, kan zijn grenzen verleggen door lijntjes te snuiven.'

'Gebruik jij ook?'

Zei ik tot voor kort 'katholiek opgevoed, niet gelovig, respect voor religie', dan zeg ik nu voor de tweede keer in korte tijd: 'Nee, ik gebruik niet.'

Een najaarsavond op Urk. Ik stap in de auto van Auke van Slooten. Auke is een beer met een rosse baard. Ooit had hij een bar op het industrieterrein, nu werkt hij bij Waypoint als hulpverlener en straathoekwerker. Waypoint is de christelijke organisatie op Urk die zich inzet tegen verslaving, en Auke, dat is de straat. Er is niemand op Urk die de leefwereld van de jongeren zo goed kent als Auke van Slooten. Vroeger reed hij in het weekend met een bestelbusje naar de bars, bakte er gehaktballen en probeerde in te praten op de jeugd. 'Kijk', hij toont me een sms van een week oud, 'meisje van 14 jaar "out" van de ghb.' Hij steekt de sleutel in het contact en vertrekt. 'Kun je dat nu geloven?'

Waypoint heeft verhalen van meisjes die eerst verdoofd worden met ghb en dan worden aangeboden aan jongens. Meisjes die de hulpverleners vertellen 'dat alles zo vaag is van die avond'. Auke kent de verhalen, die van de drank, de drugs en zelfs van de abortussen, en weet ook wat 4MMC is, Miauw Miauw. 'Jongens vertellen me dat meisjes met drugs op sneller ingaan op avances. Sommigen maken de drugs bijna zelf, zoals ghb, met gootsteen-ontstopper en zo, en de boel dan inkoken.'

We rijden naar het speelbos. Hij haalt een reusachtige zaklamp uit de koffer en gaat me voor. Aan het zicht onttrokken, tussen struiken en boomtakken, is een plekje vrijgemaakt. Het lijkt op een slaapplek voor reeën, maar die laten geen peuken achter. 'Hier, aan de rand van het dorp, en aan het begin van het Urkerbos, kun je alles doen wat je wilt. Ooit trof ik wat verderop een soort woonkamer aan. Met losgeschroefde verkeersborden hadden jongeren in het bos tafels en stoelen gemaakt, om rustig te kunnen gebruiken, zonder dat iemand hen zag.

Als ik ze tref, ga ik in gesprek en probeer te begrijpen wat er achter hun gebruik schuilgaat. Niet iedereen heeft een bepaalde problematiek, sommigen vinden het gewoon lekker, maar druggebruik wijst soms op verwrongen ouderrelaties, op familiale druk, op een gebrek aan persoonlijke ontplooiing, en het móéten voldoen aan een bepaald beeld. Soms is het ook een indicatie voor andersgeaardheid. Jongens of meisjes die niet uitkomen voor hun seksualiteit en door druggebruik toch grenzen durven over te steken, fysieke grenzen.'

In het speelbos zien we niemand, maar wanneer Auke aan het opslagdepot van de gemeente Urk een half bos verlicht met z'n zaklamp, valt het harde licht op een groepje jongeren dat zich verschuilt tussen afgebroken takken en hoge struiken. Ze dragen shirts van het hobbyvoetbal. Piepjong zien ze eruit, ze lopen weg. 'Tieners in het pikdonker aan de rand van een bos. Waar zijn hun ouders?' zegt Auke. 'Dat vraag ik me af.' Ik krijg zelf ook een sms: in de Barracuda is een jongen van de trap gevallen. De steile trap zonder leuning. Hij wordt in een kunstmatig coma gehouden. Meteen ontstaat er een bidgroep, via WhatsApp.

We rijden het industrieterrein op. Overal is het feest. 'Het is echt niet zo dat alle jongeren ieder weekend veertig pilsjes drinken en een paar gram door hun neus jagen,' zegt Auke. 'Helemaal niet. Maar een bepaald gedeelte is de weg kwijt, en die probeer ik te helpen. Ik moet me buiten het dorp ook altijd verdedigen tegen de vooroordelen. Alsof iedereen hier de hele tijd stoned rondloopt.'

Jongeren waggelen over straat en pissen tegen de omheining van visfileerders. Een kerel met zwart piekjeshaar valt op. Hij heeft een groot litteken op zijn voorhoofd.

'Ha, wie we hier hebben,' zegt Auke. 'Hoe gaat het met je? Neem je deel aan de autorally, aan de kauwgumbalcup?'

'Ja, topidee.'

'Heb je dan tijd voor een gesprekje?'

'Doen we.'

Een paar weken later zal eerst Urk opschrikken, en dan Nederland, en zal iedereen weten wie hij is.

Op een weekdag eind augustus klap ik mijn vouwfiets open. Het is donker, de straten zijn verlaten. Ik schakel de verlichting aan en vertrek in stilte. Dit is het ideale moment. Ik heb een geheime afspraak en rijd ongezien het dorp uit. Overal lichten schermen op, in telkens andere kleuren.

Een paar uur eerder kreeg ik een adres toegestuurd, via WhatsApp. Ik heb de route gememoriseerd, arriveer op tijd en rijd de fiets bij aankomst meteen het pand binnen. De man, een twintiger, is vriendelijk en bedeesd. Hij leidt me naar een anoniem bureel.

Anderhalf uur lang praat hij over drank en drugs. De man vertelt hoe hij van het pad af raakte. Af en toe stel ik een vraag over drugscircuits en de opmars van de goedkope pillen. Hij vertelt over moeilijkheden tussen ouders, over het gebrek aan structuur en de totale ontsporing die is geëindigd in afkickcentra en de jeugdgevangenis. Het verhaal is intriest, dat van een jongetje dat door het dorp loopt en een blikje voor zich uit schopt, die graffiti spuit op schoolmuren, die eerst drinkt, dan blowt, dan slikt en dan snuift.

Net wanneer ik wil vertrekken, houdt hij in en twijfelt. Ik kan de stilte niet thuisbrengen. Er gaat een deurtje open in het hoofd van de man voor me. Plots krijgt het net afgelopen gesprek een totaal andere lading. Terwijl Urk in de Bijbel leest of psalmen zingt, naar het voetbal kijkt en een flesje bier haalt, terwijl Urk de nacht als een deken over zich heen trekt, groeit de eenzaamheid in dit bureel naar een onpeilbare diepte en aan de basis van wat volgt, ligt weer het niet kunnen praten.

'Er lopen jongeren rond op het industrieterrein die problemen hebben,' zegt hij. 'Ik zou het zelf willen uitschreeuwen.' Ik vraag wat hij wil uitschreeuwen. Na het inhouden en de vertwijfeling. 'In de krant, op straat, aan de bar: dat ik níét die lukrake drugsverslaafde ben, dat ik níét die typische alcoholist ben, dat ik níét die stoere vechtersbaas ben. De reden voor dat gedrag, de trigger die alles in gang heeft gezet, is... wel..., hier, ik zeg het je: het is incest. Ik ben seksueel misbruikt door mijn broer en kan hier met niemand over praten. Dát is het verhaal.'

Hij vertelt opnieuw wat hij twee uur geleden al vertelde, maar zet alles nu in chronologische volgorde. Waarom hij blowde, waarom hij begon te drinken, wat hij te verdringen had, waarom het steeds erger werd. De man praat rustig, is zich heel erg bewust van ieder woord. Hij laat veel stiltes vallen, praat over zelfmoord, over de zoektocht naar een uitweg. Niemand weet dat in dit dorp. Ooit zal hij publiekelijk praten, zegt hij. Nu nog niet. 'Wie dat doet, moet sterk in de schoenen staan, want dan sta je er alleen voor op Urk.'

Alsof hij net een rugzak vol kasseien van zich heeft afgeworpen. Zo zit de man nu voor me. We gaan naar buiten en roken een sigaret in het donker. Beschut, niemand ziet ons. Het is laat en de straat is verlaten. In het kantoor maakt hij zijn verhaal af.

'Je kan niet zomaar publiekelijk erkennen misbruikt te zijn. Dat kun je niet in Amsterdam en niet op Urk. Maar in dit dorp zijn er zoveel bezwarende factoren die het bijna onmogelijk maken.

Urkers zitten eerst samen op school, zien elkaar op de zondagsschool, doen catechisatie, zitten samen in de kerk, zingen samen bij een koor, trainen bij de sportclub, fileren aan de band, roken op het bankje, drinken op het terras, feliciteren elkaar bij doopsels en huwelijken, en condoleren elkaar bij rouwdiensten: het eindigt echt nooit. Die verbinding is op den duur zo sterk, dat je onherroepelijk aan elkaar vastzit. Wie zijn mond opentrekt, staat meteen bekend. Je krijgt een stempel waar je erg moeilijk van afkomt. Als ik de anonimiteit opgeef, dan ben ik "*die van dat incest*", en niet te vergeten: dan is mijn vader "*die van dat misbruikgezin*", en wetende dat zijn klantenbestand vooral uit Urkers bestaat, kan praten in dit geval ook leiden tot economische schade. Ik wil niet dat mijn vader klanten verliest doordat ik openlijk spreek.

Het gaat niet over drank en drugs, het gaat niet over incest, het gaat over de onmogelijkheid om emotionele problemen aan te pakken. Hoe doe je dat? Hoe ga je met elkaar om? Wat zeg je tegen elkaar? Er zijn op Urk veel meer mensen die vluchten en weglopen van de moeilijkheden. Mensen die de kerk niet uit durven, kinderen van ontwrichte vader-zoonrelaties, jongeren die om aandacht schreeuwen maar die niet krijgen, mensen die zich niet kunnen ontplooien en soms in verslaving eindigen. Dat is de waarheid, sociale controle eindigt in eeuwig zwijgen. Dan is zo'n industrieterrein handig natuurlijk.'

Na het gesprek zal ik deze man nog een paar keer zien in het dorp. Ook op plekken met veel volk. Altijd negeren we elkaar, opdat niemand ziet dat wij elkaar kennen. Ik ontmoet nadien mensen die goed met hem bevriend zijn. Zij weten niet wat ik weet. Al die tijd houd ik contact met hem.

De anonieme verhalen kruipen onder mijn vel. De man naast zijn moeder in de auto, het meisje dat bevrijd wordt door Google, de jongen die kunst studeert op zoek naar vrijheid, de misbruikte dochter van de ouderling, en nu hij, afgedwaald en opgesloten in zichzelf. Er zijn zoveel mensen die me 's ochtends wekken met Bijbelcitaten, zoveel mensen die maar blijven praten over de inpoldering, zoveel mensen die als een horde Japanners niet de man of vrouw met de paraplu volgen, maar de dominee, en die me eraan blijven herinneren hoe goed het is op Urk, hoe sterk het geloof er wel niet is, hoe mooi het is de jeugd te zien opgroeien, in volle kracht, met de volle steun Gods. En dan is er die keerzijde, de wolk die voor de zon schuift, de generationele spreidstand, 'Urk is zo mooi' versus Tesla's en Trumpies. Ik wissel de hele tijd van register. Probeer bij oudere generaties aan te geven dat de jonge wereld er anders uitziet. Velen wuiven dat weg, als zat er een vlieg op de taart.

Na het gesprek in het kantoor is het middernacht. Bijna nergens brandt licht. Terwijl ik op mijn kamertje de tape van het gesprek op mijn computer upload en herbeluister, zit ik aan het raam en drink een glas wijn. Ik kijk uit op een graspleintje dat grenst aan een dubbele rij garageboxen. Er stopt een auto. De lichten dimmen. Er komt een andere auto aangereden. De twee chauffeurs stappen uit, schimmen zijn het, drukken elkaar iets in de hand en vertrekken weer.

Klopt het wat ik zie?

Ik zoek cijfers om de drugs te duiden, maar cijfers over drugs zijn weinig betrouwbaar. Dus reis ik naar Amsterdam en bezoek een Urker die zich in deze problematiek heeft gespecialiseerd.

'Ik durf niet te zeggen dat er op Urk meer drugs wordt gebruikt dan elders in Nederland,' zegt Dirk Korf, hoogleraar criminologie aan de Universiteit van Amsterdam. 'Het softdruggebruik (zoals wiet) is misschien zelfs aan de lagere kant, en harddrugs (xtc, cocaïne...), de zogenaamd prettige, sociale uitgaansdrugs, worden misschien meer gebruikt op Urk. Maar ik ga er nog altijd van uit dat we over een statistische minderheid spreken.'

Er passeert een olifant langs het raam, verderop staat een zebra. Urker Dirk Korf heeft een woonboot in Amsterdam, bij het dok nabij dierentuin Artis. Hij heeft ook een seizoenskaart in de Johan Cruijff ArenA, als fan van Ajax. In de kast staat een langspeelplaat van rapper Drake. 'Er wordt veel gedronken op Urk, dat klopt, maar er is te weinig betrouwbaar cijfermateriaal om ook dergelijke uitspraken over drugs te doen.'

Tot zijn achttiende blijft Dirk Korf op Urk wonen, bij vader en moeder. De familie Korf woont er al generaties lang. Na de Tweede Wereldoorlog zit de vader van Dirk drie jaar als militair in het toenmalige Nederlands-Indië, zoals veel van zijn leeftijdsgenoten. Bij terugkeer op Urk trouwt hij met Dirks moeder en start een melkhandel. Het zijn de jaren van de grootschalige, naoorlogse wederopbouw. Vader wil eigenlijk migreren naar New Jersey, aan de Amerikaanse oostkust, waarheen familie twee decennia eerder al is vertrokken, in volle crisistijd. Maar moeder Korf krijgt heimwee nog voor ze vertrekken. Het blijft bij de melkhandel. Vader rijdt met een bakfiets door Urk, moeder opent een winkeltje en algauw worden ze leverancier aan kotters. Ze voorzien de bemanning van proviand nu de vloot nog groot is en er op Urk wekelijks een berg eten, groot als voor een legermacht, wordt ingeslagen voor op zee. Uiteindelijk gaat vader alsnog aan boord, als visserman. Een van zijn zonen vaart later ook op zee, waarna ook diens zonen voor de Noordzee kiezen. Dirk niet. Hij verlaat het dorp, studeert in Amsterdam, waar hij zich als jongeman verwondert over de verkeerslichten, de bioscoop en het Rembrandtplein. Vijftig jaar later woont hij er nog altijd.

'Af en toe bezoek ik mijn familie op Urk,' zegt hij. 'Alles is er nu anders. Onlangs zag ik een parkeerbordje – "Gereserveerd voor de dominee" –, die gaat dus met de auto naar de kerk. Urk is diverser en losser, lijkt het. Maar de buitenwereld ziet zo'n dorp, net als andere plekken in de Biblebelt, vaak nog als achterlijk, als weinig meer dan kerk, kotters en cocaïne.'

Over dat laatste, coke, en het drugsimago dat Urk, maar evengoed ook Volendam en Spakenburg, met zich meedraagt, heeft Dirk Korf als criminoloog een eigen these ontwikkeld. Net zoals Durk Hak de kerkscheuringen op Urk verklaart door de zoektocht naar sociale status, nuanceert Dirk Korf het beeld van Urk als cokedorp, en spreekt van 'morele paniek'.

In 2009, bij de aanvaarding van het ambt van bijzonder hoogleraar, neemt Dirk Korf het woord en spreekt in zijn oratie over 'Coke bij de vis. Misdaad en moraal'. Hij opent de rede met een verwijzing naar de klassieke studie *Folk Devils and Moral Panics* van Stanley Cohen, een bekende socioloog en criminoloog. Die beschreef de maatschappelijke reactie op relletjes onder groepen Londense jongens die eind jaren zestig vakantie vierden aan de Engelse zuidkust. Britse media schreven dagelijks over 'gewelddadigheden' van *Mods* en *Rockers*, hoewel er toen niet zo bijster veel aan de hand was. Cohen sprak toen over morele paniek, over wat wordt ervaren als een grote bedreiging van bestaande maatschappelijke waarden en belangen. De Londense jongeren stonden symbool voor de zorgen om een veel bredere, maatschappelijke ontwikkeling: de opkomst van de jeugd als een zelfstandige sociale categorie, een generatie jongeren die voor het eerst over zakgeld beschikte en daarmee een eigen markt ging vormen, met eigen muziek en eigen kleding. Korf ziet een soortgelijke paniek in de manier waarop over drugs op Urk wordt gepraat en geschreven.

‘Ik hang de stelling nog altijd aan,’ zegt hij, ‘dat berichtgeving over drugs in vissersdorpen volgens mij pars pro toto staat voor de ruralisering van het drugsgebruik. In de jaren negentig zagen we het cannabisgebruik in de middelgrote gemeenten steeds meer opschuiven richting de omvang in de grote stad. Nadien, vanaf eind jaren negentig, gebeurde hetzelfde met plattelandsdorpen.

In drugs zie ik een metafoor voor de teloorgang van traditionele normen en waarden, zoals het geloof dat inboet aan belang, Urker kleding die niet meer is wat het ooit was, mensen die zwemmen op zondag, enzovoort. Drugs zijn een welkome afleiding van de onzekerheden die gepaard gaan met verandering. Je hebt op Urk de romantisering van het verleden, van de vissersmentaliteit, en aan de andere kant heb je het heden, de zorgen om de jeugd. Urk maakt veel meer deel uit van de grote wereld, en dat is lastig voor de Urkers. Veel rituelen zijn verdwenen, ook die uit de uitgaanswereld. Vroeger zag je de jongens aan de ene kant van de Torenstraat, en de meisjes aan de andere kant, zag je jongeren bij de kotters in de haven en wist je dat ze een pilsje dronken in de kombuis. Die rituelen zijn weg. Urk is echt geen homogene wereld meer, en dat is lastig om te dragen.

Wat zich op Urk afspeelt geldt niet alleen voor een vissersdorp, maar geldt voor het hele land. Er wordt overal veel gedronken, er wordt overal drugs gebruikt. In de stad, in de middelgrote gemeentes, op het platteland, overal. Voor media is het evenwel heel aantrekkelijk om te focussen op Urk. Je kunt beelden van het oude dorp, van de vuurtoren, de oude haven en de oude klederdracht plaatsen naast beelden van zuipende jongeren. Dat contrast is aantrekkelijk op televisie, maar in wezen gaat het om hetzelfde als in Lutjebroek, maar daar geeft niemand om.

“Hypocriet” is een woord dat vaak gebruikt wordt. De buitenwereld plaatst de drugs naast de kerk, en ziet de discrepantie. Maar “hypocriet” is een woord met een negatieve connotatie. Misschien ben ik nog te veel gebonden aan Urk, dat kan, maar je kan toch evengoed het woord “meerlagig” gebruiken? Ga ik op zondag naar Ajax kijken, dan hoor ik op de tribune vaak Urkers om me heen. Op zondag, ja. En dan? Wordt er gezondigd in een christelijk dorp, dan kun je dat als hypocriet bestempelen, maar je kunt evengoed zeggen dat Urkers niet anders zijn dan u en ik. Door de ander neer te zetten als hypocriet, als dommig en inconsistent, voel je jezelf beter, je zet jezelf boven de ander. In de antropologie heet dat *the othering*. In het woord hypocriet schuilt een veroordeling, en als Amsterdammer heb ik geen reden om Urk te verdedigen, dus ontken ik de meerlagigheid niet, maar waarschuw voor dergelijke etiketten. Het is gemakkelijker voor de buitenwereld om Urk als homogeen en hypocriet neer te zetten, door de contrasten uit te spelen, maar in werkelijkheid is het ook een microwereld die steeds diverser wordt. Dat is niet hypocriet, dat is fascinerend.'

Begin november breekt er morele paniek uit op Urk. De familie Bos ligt te slapen. Het gezin woont aan de rand van het dorp, op de Golfoploop, vlak bij een grasveld en een speeltuin. Om half drie 's nachts schuift iemand een zelf geknutselde bom door de gleuf in de voordeur. De knal is enorm, als bij een gaslek. Vader en moeder Bos nemen hun kinderen onder de arm en gaan de trap af. De voordeur is weggeblazen en ligt op de stoep. Door een wolk aan neerdwarrelend kalkstof valt het licht van de straatlantaarns naar binnen. Het gezin Bos stapt door het gat in de muur en staat verbouwereerd op het grasplein voor de deur. Hun pyjama's wapperen in de wind. De hal van het huis is verwoest, muren zijn gebarsten, de voorpui staat scheef en op de bovenverdieping is de deur van de kamer van hun dochter losgerukt.

Een paar uur voor de ontploffing werd het oude dorp opgeschrikt door een vuurwerkspektakel. Uit het niets schoot een enorme hoeveelheid pijlen de lucht in. Ze spatten als vurige treurwilgen uiteen. Op Facebook schreef een buurvrouw van de familie Bos dat ze een auto vol illegaal vuurwerk zag in het dorp en riep andere getuigen op ook de politie te bellen. Plots veert de buurvrouw 's nachts op van een enorme knal. Ze kijkt door het raam en ziet de familie Bos op straat. De bom was voor haar bedoeld.

De Urkers roeren zich, de consternatie is groot, maar de feiten blijven zich opstapelen. Met de regelmaat van de klok slopen jongeren bushokjes op Urk en vliegen er stenen door het raam. Begin juli nog, terwijl ik er woon, is het opnieuw prijs en knalt een baksteen door het raam van de burgemeester. Wanneer de politie in het voorjaar van 2020 twee bars tijdelijk sluit op het industrieterrein, waaronder de Barracuda, en een andere bar definitief dichtmoet – de Sjoelclub – wegens overtreden van 'het aantal bezoekers, de aanwezigheid van drugs, wapens en/of vuurwerk', rijdt een groep van dik honderd jongeren naar het gemeentehuis. Ze gooien ramen in, duwen bloembakken om, gooien zwaar vuurwerk tegen de gevel en trekken met hun brommers diepe voren in het grasplein.

De politie heeft grote moeite om de bomleggers op te pakken. Pas zes weken na de ontploffing wordt een eerste verdachte opgepakt, een 28-jarige Urker. De tweede verdachte laat zich niet snel vangen, ook niet nadat het tv-programma *Opsporing Verzocht* er aandacht aan heeft besteed, en zelfs niet nadat de politie zijn foto met naam en toenaam publiceert. Nochtans weten heel veel Urkers om wie het gaat, zelfs ik, maar de jongen duikt niet op. Het is de kerel met het litteken op het hoofd. De kerel die ik met Auke trof op het industrieterrein: '*Hoe gaat het met je? Neem je deel aan de kauwgumbalcup?*' Die van het straat- en grondwerk.

Na de publicatie verschijnen memes over de jongen. Iedereen lacht om de feiten, maar het duurt tot midden februari voor de politie hem kan inrekenen. Al die tijd zit hij gewoon verstopt op Urk. Een paar maanden later bekent hij en geeft toe dat het pakketje voor de buren was bedoeld. Nu valt er geen bom door de gleuf, maar een brief: 'Ik realiseer me dat de buren ook erg geschrokken zijn. (...) Het had een knal voor de schrik moeten zijn. En niet meer! (...) Ik hoop dat het allemaal goed gaat met jullie en als er nog vragen zijn zou ik die graag willen beantwoorden. Dan zou u mij een kaartje moeten sturen met uw gegevens.'

Een paar maanden later worden auto's in brand gestoken, en wanneer een groep kinderen, jonger dan twaalf jaar, graven vernielt op de oude begraafplaats van Urk, vlak bij de plek waar ik woon en waar ook Bennie Oost ligt begraven, het broertje van Rinke, is het dorp van de Hand Gods geslagen. Waar gaan we naartoe. Waar gaan we in hemelsnaam naartoe.

8

Brave New World

'He saw himself and his father crowding round their ancestral shrine waiting in vain for worship and sacrifice and finding nothing but ashes of bygone days (...)'

Chinua Achebe, *Things Fall Apart*

Iedere nacht van zondag op maandag, stipt om 00.00 uur, lichten de huizen op in het donker. Dan ritsen mannen op rubberklompen hun jas dicht. Geruisloos gaan ze de trap op, duwen de deurklink van de slaapkamer zachtjes naar beneden en kijken een laatste keer naar hun slapende kinderen, kussen hun vrouw, gaan de trap weer af en trekken de voordeur zo stil mogelijk in het slot. Het is tijd.

Alleen David Attenborough kan deze bedreigde soort treffend inleiden, wanneer ze uit het zwart opdoemt. Eerst de vage, wat schimmige contouren, de klompen die over de tegels schuren, de sigarettenrook die naar boven klimt, en dan valt het lantaarnlicht eindelijk op hun schuwe blik: '*And there they are, these magnificent creatures: fishermen.*' Vissers. Ze komen hun hol uit als niemand kijkt, met een sporttas in de hand, wachtend op de stoep tot iemand hen oppikt om op jacht te gaan. Deze nacht ben ik een van hen. Ik prop een handdoek in mijn tas, ondergoed, een tandenborstel en wat boeken, en zie hoe ook elders in de straat vissers geruisloos tevoorschijn komen. Daar staan we, als vuilniszakken die straks in het ruim worden geladen.

Een aanstormend peloton busjes rijdt door het stilleven heen, kriskras door het dorp, pikt bemanning op in alle mogelijke straten en rijdt in een razende vaart naar de Noordzee. Daar liggen de schepen op hen te wachten. Er zijn Urker crews die 's winters met honderdzeventig per uur naar Frankrijk denderen, naar Boulogne-sur-Mer, in de hoop er niet te lang te hoeven aanschuiven aan de sluis en zo snel mogelijk het Kanaal in te stomen. Ware het niet om de religieuze zondagsrust, dan vertrokken ze vroeger, en reden rustiger. Anderen rijden al even snel naar IJmuiden, of naar Harlingen, waar ikzelf zo meteen naartoe ga, of naar Lauwersoog, Eemshaven in het uiterste noorden van Nederland, Delfzijl, Cuxhaven (Noord-Duitsland) of zelfs naar Thyborøn, in het noorden van Denemarken, een rit van acht uur.

Een paar minuten na middernacht stopt een busje voor mijn neus, als uit het niets. Ik stap in en zie mannen met dikke armen. 'Hoi,' zegt iemand. De schipper, Simon, stelt me voor: 'Hij komt uit België.' Het lampje in de auto dooft. De chauffeur trapt het gaspedaal hard in.

Al naargelang het seizoen en het soort schip vissen de Urkers voornamelijk op schol, tong, kabeljauw en inktvis, en komen na vijf dagen terug aan wal, vaak in dezelfde haven als die van het vertrek, waarna de vangst met een katrol uit het vriesruim wordt gehesen, de vrachtwagen in gaat en er, in navolging van de bestelbusjes met bemanning, ook tientallen vrachtwagens uit al die Noordzeehavens terug naar Urk rijden om de vis via de Urker afslag te verkopen, en niet via de afslag die het dichtst bij het schip ligt. Zelfs vanuit het noorden van Denemarken rijden de vrachtwagens duizenden kilo's vis terug naar Urk, naar het eigen Beloofde Land. Uit gewoonte, uit traditie, en omdat de prijs vaak goed is op Urk.

Op de afslag sorteren goedkope arbeidskrachten de vis, waarna die via de klok wordt verkocht, in de mijnzaal, waar mannetjes met gegroefde gezichten naar elkaar loeren en op het juiste moment op het juiste knopje drukken en zo vis kopen voor hun klanten, in hoofdzaak visverwerkers en vishandelaren op het Urker industrieterrein.

Op vrijdag, soms ook op zaterdag, zet ik me af en toe op een bankje aan de ingang van het dorp en kijk naar de busjes die het dorp weer in rijden. Dan liggen de beren te slapen op de achterbank, met hun wang tegen het trillende raam, en zie je de diepe groeven die de vermoeidheid als met een hark in hun gelaat heeft getrokken. Ook in dat van de chauffeur, die op het stuur leunt en met kleine ogen naar de weg kijkt. *Volhouden, man, nog even.*

Hun hele leven lang. Een week vissen, op adem komen, en hop, weer weg.

Er is geen enkele plek in Nederland waar de vis – het vangen, verwerken en verhandelen – zo groot en belangrijk is als op Urk. Niemand kan eromheen. Urk is vis. De kottervloot bestaat nog altijd uit meer dan zeventig schepen. Daarnaast kent Urk nog tientallen schepen die onder buitenlandse vlag varen (vooral Belgische, Britse en Deense vlag) maar over een Urker bemanning beschikken. Samen goed voor zo'n zeshonderd vissers.

De hele economie staat in het teken van de vis: scheepsbouwers, schrijnwerkers, koelcelverhuurders, elektriciens, visverwerkers, exporteurs, importeurs, lassers, schilders, nettenmakers, ingenieurs, reparateurs en transporteurs. Met bijna vierduizend banen is de visindustrie, inclusief de hele visverwerking en -handel, zo groot dat meer dan 30 procent van alle Urker banen verbonden is met de vis. Dat percentage lag vroeger nog veel hoger, met veel meer vissers; toen omvatte de visserij bijna het hele dorp.

'*Mijn kinderkens, laat ons niet liefhebben met den woorde, noch met de tong, maar met de daad en waarheid.*' Het is stil in de kombuis van de UK227, de Oranje Nassau. Schipper Simon leest voor uit de Bijbel. '*En hieraan kennen wij, dat wij uit de waarheid zijn, en wij zullen onze harten verzekeren voor Hem.*' Het is maandagochtend, iets na half twee 's nachts. De Oranje Nassau ligt in de haven van Harlingen. Bij de patrijspoort zie ik benen en sporttassen passeren. In de kombuis, rond de houten tafels met verhoogde randen, zit de bemanning. Het zijn mannen met sterke lijven, tatoeages en gou-

den kettingen. Er liggen pakjes shag op tafel. De man naast me, Maarten, heeft een tatoeage van de Noordzee op zijn rechterarm. Maarten is begin veertig en straalt paardenkracht uit. Naast hem ben ik een fietspomp. Zijn hele arm is opgedeeld in ruitjes, als bij een landkaart. Vlak bij zijn schouder zeilt een driemaster. Daaronder, op de bovenarm, geeft een kompas de windrichting aan en begint de tekening van de Noordzee die de rest van de bovenarm beslaat. Het hele noordwesten van Europa is in inkt op zijn arm getekend. De tatoeage kent ook de coördinaten van Urk: 52°39’42”N, 5°35’27”E. Hoe verder naar beneden, hoe groter de wereld, met ook de Middellandse Zee en West-Afrika op de onderarm. Terwijl alle kopjes tijdens het voorlezen uit de Bijbel nog naar beneden wijzen – sommigen hebben hun hoofd op hun gekruiste handen gelegd – kan ik mijn ogen niet van de tatoeage afhouden. ‘*God is meerder dan ons hart*,’ hoor ik Simon zeggen. ‘*En Hij kent alle dingen*.’ Al wat ik zie, is een landkaart op een mannenarm. ‘*Amen*.’

‘Ik ga proberen niet te kotsen,’ zeg ik wat later. De bemanning lacht besmuikt. We drinken koffie terwijl de motor warmdraait. Ik klap mijn oren dubbel, opdat iedereen de pleistertjes ziet die erachter kleven. Die raadde dokter Bloed me aan, een huisarts op

Urk. De pleisters bevatten een speciale stof, scopolamine, die duizeligheid en evenwichtsstoornissen tegengaat en zo helpt tegen reisziekte. Wat heb ik eraan, als ik een week zou liggen kotsen in een houten kooi? Ik vertrouw op de pleisters, nadat oud-vissers me eerder vertelden over de vreemdste middeltjes die ze vroeger uitprobeerden: van een gepekelde pruim die iemand op zijn buik bond, tot een magnetisch polsbandje en het drinken van een kruidenbitter. Ik laat mijn oren weer los en merk dat iedereen me aanstaart, als had ik drie armen en maalde ik een bierglas fijn met mijn tanden. Een van hen staat op: 'Nou, ik ga maar eens even.'

In de kajuit schuif ik mijn sporttas onder een kleine tafel. Mijn kamergenoot Hessel ligt op bed, in zo'n houten kooi, en leest *De Wachter Sions*, het weekblad van de zware kerk waartoe hij behoort. De teksten gaan over de Bijbel, maar ook over abortus, euthanasie en over Donald Trump, die conservatieve rechters aanstelt: '*Het is een wolkje als eens mans hand.*' In het schip hangen overal religieuze citaten: in de gang, de kajuit, de kombuis, overal word ik herinnerd aan Hem die alles bepaalt. In de tegelvloer is de beeltenis van een zeewolf verwerkt, ook die van een meeuw en van een visarend die zijn klauwen in een vis priemt.

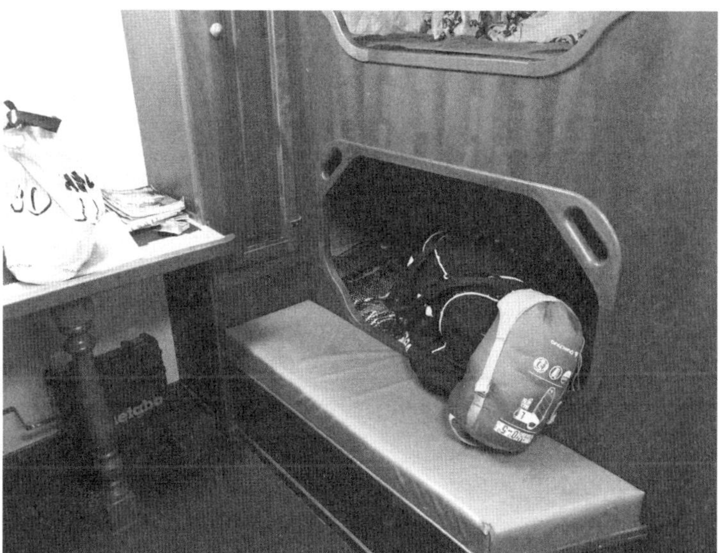

Ik ga de trap op naar de stuurhut. Schipper Simon loopt op blote voeten op het kamerbreed tapijt. Hij draagt een trainingsbroek. Zijn haar is grijs als nat zand. 'We gaan,' zegt hij, en hij laveert de UK227 de haven van Harlingen uit, met in zijn zog een colonne Urker kotters. Voor ons openbaart de Waddenzee zich als een reusachtig zwart gat. Simon drukt de hendel naar beneden. We stomen de nacht in.

Over een paar uur begint het echte werk, als we eenmaal ver de Noordzee op zijn gevaren. Ik kruip in mijn kooi. Terwijl Hessel leest over een tabernakeldienst – *Die overwint, Ik zal Hem geven te eten van het Manna dat verborgen is* – klap ik het dagboek open dat een bekende oud-visser zijn kinderen en kleinkinderen naliet, *Herinneringen uit mijn leven,* van Lubbertje Kramer, Lub van Jan van Bubbe. In zijn dagboek zie je de geschiedenis als een landschap aan het raam voorbijflitsen. Hij vertelt over pokken, tyfus en tbc op het eiland, maar ook over het vergaan van 'een zeer grote en snelle passagiersboot, de "Titanic": God laat zich niet bespotten. In deze nacht is het lied "Nader mijn God tot U" wereldbekend geworden.' Op het einde van zijn memoires reist Lub af naar Breskens. Daar is de opbloei van de Urker visserij ontstaan, in Zeeland.

'Reeds in de oorlog vingen de Belgen en de weinige vissers van Breskens en andere Zeeuwse vissersplaatsen grote hoeveelheden haring bij de kusten,' staat in het dagboek te lezen. Zoveel, dat Lub er in 1947 met een andere dorpsfiguur gaat vissen. Ze hangen een net tussen beide schepen in 'en gingen naar voor ons onbekende wateren'. Lub vaart op een gloednieuwe stalen kotter. Kaarten hebben ze niet in een gebied dat vol oorlogswrakken ligt. 'En daar zagen we een zeehond. Dat was een goed teken!' Ze halen manden vol haring op, en wanneer Lub een jaar later vanuit Breskens richting de Sandettiebank vaart, een zandbank iets ten noorden van het Nauw van Calais, en daar met een bevriende visser binnen één week 13.700 gulden aan haring bovenhaalt, valt een eerste steentje en stomen een heleboel Urkers snel naar de 'zilverput' van Breskens. Het afschrift van de veiling zal Lub in zijn Bijbel bewaren.

Er was na de inpoldering al een goed draaiende IJsselmeervisserij op Urk, maar na de ontdekking van het 'zilver' dringt de Noordzee zich verder op en trekt de Urkers als een magneet naar zich toe. Wanneer een nieuwe vistechniek eind jaren vijftig opgang maakt onder Noordzeevissers, schuiven de Urkers de zilveren haring makkelijk aan de kant en kiezen finaal voor de vis waar het nu nog altijd om draait: platvis. Dat wordt 'm. Ook voor het schip waarin ik nu lig te lezen: platvis.

De Urkers waren al bekend met die vissoorten, maar nu de nieuwe boomkor (hoewel dat eigenlijk een oude techniek is) goed aansluit op hun nieuwe, stalen, motorisch aangedreven kotters, vermenigvuldigen de vangsten zich. Met de '*boom*'-kor wordt de '*bodem*'-kor bedoeld, een techniek waarmee je niet op haring vist, dat is een rondvis die in scholen rondzwemt, maar op soorten als tong en schol, die zich individueel in de bodem verschuilen. De kor is omstreden, die zou de bodem door het omploegen in een woestenij herscheppen, maar de techniek werkt goed en het geld is de reden waarom de vissers de zee op gaan.

De grote vangsten hangen ook samen met de toename van de voedselrijkdom in de Noordzee door de instroom van het fosfaat- en nitraatrijke water van de Rijn, Maas en Elbe. De elektrische wasmachine breekt in die tijd door, en de fosfaathoudende wasmiddelen stromen de Noordzee in en voeden het plankton, die de vis voedt, die de Urker voedt. Die praat niet over wasmachines, maar over vangsten als *door God gegeven*. In geen tijd ontwikkelt Urk een vloot als een legermacht en groeit het door de inpoldering verloren gewaande dorp uit tot het machtigste vissersdorp van Nederland. Lub, in zijn dagboek: 'Vanuit het geloof in onze opdracht en roeping moet alles, ook ons dagelijks werk, gebeuren.'

Het vertrouwen stijgt als de afslag van IJmuiden, waar de Urker tot dan toe zijn vis afzet, op zaterdag de deuren sluit, op aandringen van het personeel, dat net als de rest van Nederland meer vrije tijd wil. De Urkers richten daarom een eigen afslag op, elk nadeel heb zijn voordeel, en verkopen de Noordzeevangst sindsdien in hun eigen dorp. Samen met die vangsten wordt de visverwerking georganiseerd, want wie gaat anders die vis kopen? De eigen afslag is een schot in de roos. In ruim twintig jaar tijd haalt Urk het geld binnen als nooit tevoren en spoelt de welvaart als een vloedgolf door het dorp.

Die explosieve stijging komt op het conto van de steeds grotere vangsten, door steeds grotere schepen, met steeds krachtiger motoren. De opgang leidt tot een pk-race onder de Urkers, de een wil niet onderdoen voor de ander. De eerste kotters die met de boomkor vissen, redden het nog met 200 pk. Tien jaar later, in 1970, is het gemiddeld motorvermogen al toegenomen tot 450 pk en in 1990 stomen megamotoren van 2800 pk door de Noordzee. Een van de vissers, een zoon van Lub Kramer, heeft een kotter met een vermogen van 4000 pk. Urk bouwt kotters aan de lopende band en de hele economie leeft op. Niks is nog hetzelfde in het dorp. De banken zien de cijfers door het dak gaan en geven makkelijk leningen, en als ze dat niet doen, is er altijd wel iemand die geld overheeft en te hulp schiet. De timmerman, de oliehandelaar, de scheepsbouwer zelf: Urk bouwt en vangt en lacht en telt en weet het zeker: wij zijn de *Uncrowned Kings*.

Hoewel de orthodoxe leer voorschrijft dat je voorspoed beter niet omzet in uiterlijk vertoon, zijn er toch een paar ongekroonde koningen die het succes etaleren. Er is later zelfs een schipper die een landhuis bouwt met een plattegrond in de vorm van een scheepsschroef, met drie 'bladen' en een centraal torentje – de as van de schroef – als uitkijkpost. De man laat vloerverwarming installeren onder de oprijlaan, zodat de sneeuw smelt, kiest voor koperen dakgoten, een binnenzwembad met een Romeinse trap, een spiegelwand, een wijnkelder en vier marmeren zuilen die de hal stutten. Het huis is helemaal rond, bijna nergens vind je rechte hoeken. Alles is op maat gemaakt. Een computergestuurd videocircuit overziet het domein en ziet Urkers vanaf het voetpad naar het huis wijzen. *Kijk, Hollywood.*

In vergelijking met toen wordt er nu veel minder geld verdiend in de visserij, zijn de motoren gelimiteerd, blijkt de platvis wispelturig en groeien de bomen al lang niet meer tot in de hemel.

'Word je snel ziek?' vraagt Hessel vanuit zijn kooi. Ik lig aan de andere kant van de kajuit en beeld me in dat er een dienblad op mijn buik ligt. In het midden rolt een knikker en die mag er niet af vallen. Bij iedere schommeling van het schip maak ik een tegengekeerde beweging. Ik denk de zee te slim af te zijn, maar dat slaat nergens op. Al na een paar uur geef ik me over en schud als in een kermisattractie van links naar rechts, van boven naar onder.

'Komt wel goed hoor,' zegt Hessel.

Dit leven is mij onbekend. Als kind bracht ik iedere zomervakantie door aan de Belgische kust. In Oostende was dat, vijfhoog op de dijk. De zee was het nimmer veranderende, blauwe vlak op de achtergrond. Nu vaar ik de Noordzee op, die ondiepe randzee van de Atlantische Oceaan, en denk aan de landkaarten aan de schoolmuur, aan brikjes melk, en aan de lange houten stok die als uit de arm van de leraar groeide.

Bijna duizend kilometer lang is deze zee en op sommige punten zeshonderd kilometer breed. Het zuidelijke gedeelte is niet dieper dan twintig à dertig meter. Het is een zitbad in vergelijking met de Atlantische Oceaan, die op een bepaald punt met bijna 8500 meter bijna even diep is als de Mount Everest hoog. Hoe noordelijker op de Noordzee hoe dieper, dat wel, maar dan spreek je nog maar over 100 of 200 meter. Toch is deze zee verraderlijk door alle stromingen. Een heel harde wind kan de zanderige bodem tot op dertig meter diepte omwoelen. Het zoute water van de Noordzee wordt ook jaarlijks ververst door het instromende water van de Noord-Atlantische Golfstroom, via het zuiden, vanuit het Nauw van Calais, en via het noorden, langs de Schotse Oostkust.

Deze zee is de vuilstort van de westerse geschiedenis. Als bij een theaterzaal waar de gordijnen de rommel in de coulissen aan het oog onttrekken, schuilt er onder de waterlijn een wereld aan puin die zich al eeuwen opstapelt. Op de bodem van de Noordzee liggen tienduizenden wrakken van vissers-, handels-, vracht- en oorlogsschepen. Ze liggen er naast neergestorte vliegtuigen, overboord geslagen containers, mijnen, munitie enzovoort. In het Nederlandse deel van de Noordzee alleen al liggen 30.000 wrakken, vaak nog uit de VOC-tijd. Er liggen ook zware internetkabels op de zeebodem en in de jaren zeventig zonk er een booreiland.

Waar ooit mammoeten, holenleeuwen en hyena's rondliepen, vaart de Urkervloot nu al zovele tientallen jaren wekelijks uit, en gaat in die enorme plas water op zoek naar de vreemdste vissen. Tussen de rommel uit de geschiedenis zit de platvis verborgen. De schol is bij zijn geboorte een simpele vis, zoals een goudvis op de kermis. Maar binnen een paar weken keert dat beestje als het ware om, wordt het een platvis, kruipt het linkeroog helemaal naar de rechterkant, samen met de schedel, de bek en de organen, en schuift de vis die er ooit als een torpedo uitzag als een zwemmende pannenkoek in de zanderige bodem van de Noordzee. Naar die beesten gaan we nu op zoek. Ze zijn met miljoenen, maar ze zwemmen zelden samen.

Na een paar uur doorstomen naderen we de visgebieden en gaan de netten voor het eerst overboord. Anderhalf uur duurt zo'n 'trek', al die tijd slepen de netten aan weerszijden van het schip over de bodem. Het is *trial and error*: 40 procent van de tijd is de schipper op zoek naar goede visgrond.

'Dit is mijn leven,' zegt Dirk, de kok. We zitten op het dek, in het donker. Dirk rolt een sigaret. Hij heeft lang haar en een ringbaardje; hij fokt thuis Perzische katten, samen met zijn vriendin. Die laten ze overkomen uit Oman: 'Je weet wel, zo van die katten zonder neus.' De goedkoopste kost vijftienhonderd euro. Dirk houdt van vissen – 'wat moet ik anders?' – en heeft geen zin om te studeren. Vijfentwintig is hij nu en hij vist al jaren. Even dacht Dirk aan een leven als vrachtwagenchauffeur, maar nog tijdens de opleiding zag hij alle vacatures verdwijnen: 'Trokken ze me daar weer zo'n blik Polen open. Nee, geef mij dan maar de zee.'

De bel gaat. Het is een hard, scherp geluid, als een brandalarm. Ik rep me naar binnen om me aan te kleden. Uit de kajuiten komt de bemanning naar buiten gesloft, ze schoppen de slippers uit, glijden in de laarzen, trekken het oliepak aan en duwen de zware hendel van de hermetisch afgesloten uitgangen omhoog. Aan weerszijden schiet een mechanische lier in gang. De netten rijzen op uit het zwarte water, als een walvis die zich oprekt. Ik zie de befaamde *puls*, een lange rij elektroden die schokjes afgeeft in het water, waardoor de platvis opschrikt en makkelijker in het net zwemt. Vissen met een puls vraagt veel minder brandstof dan vissen met de aloude boomkor. Aan die kor hangen zware metalen kettingen die over de grond slepen en de vis wakker moeten schudden. Maar omdat die veel meer trekkracht van het schip vergen, zijn het nu elektrische pulsen die de vis wekken.

De gieken klappen naar binnen. Twee enorme zakken vis bungelen aan dek. De bemanning houdt de zakken boven een grote, metalen bak. Maarten, de man met de tatoeage, en Hessel, mijn kamergenoot, trekken aan het touw onder aan de zakken, die openscheuren, waarna de vangst in de bak stort. Het krioelt van het leven in de bakken. Maarten schakelt snel de lopende band in. Alle vis wordt als bij een watermolen opgeschept en komt op die band terecht. Die bevindt zich vooraan op het schip en is overdekt. Daar sta ik, samen met de rest van de bemanning. Ik heb een mes in de hand en krijg algauw een goed beeld van wat er allemaal in de bodem van de Noordzee schuilt.

Eén lange aaneenschakeling van kleine en grote vissen is het, vooral tong en schol, en hier en daar wat griet, tarbot en schar. En veel grote krabben, dat ook, af en toe een stevige rog, een pieterman, wat rode poon, maar ook veel plastic, stukken hout, een schoen of een laars, een stuk trui, beenderen, vodden, ijzerdraad, kettingschakels, glazen flesjes, stenen, stukken net, sigarettenpeuken, en zo'n langwerpige hondshaai, gevlekt als een cheetah. De haai leeft nog. Hij is een meter lang en ik gooi hem snel de zee in. De bemanning lacht.

'Begin maar,' zegt Hessel. Hij wijst naar een forse schol op de band, goed 35 centimeter lang. Een dikke pannenkoek is het. De vis krult op en biedt krachtig weerstand. Fysiek kost het geen moeite om een mes in een levende vis te duwen, maar ik moet een mentale grens over. Kijkt zo'n beest je in de ogen, dan is dat nog een stuk lastiger. 'Zo doe je dat,' zegt Hessel, hij snijdt een schol open, sleurt er in één ruk de ingewanden uit en gooit de stuiptrekkende vis in

de bak die naar het vriesruim onder in het schip leidt. 'Lukt het?' Ik kijk de vis in de ogen, zet het mes erin en trek er de darmen uit. 'Makkelijk hè,' zegt Hessel. Alle vis die niet aan de vereiste lengte voldoet, gaat terug de zee in, rechtstreeks, dood of levend, samen met alle afval dat op de band is gepasseerd. Schipper Simon komt langs: 'En?' Matige vangst. Wanneer alle grote marktwaardige vis is verwerkt, spuiten we het dek schoon en gaan weer naar binnen. De netten gaan weer overboord en slepen opnieuw over de grond. Het is wachten op het volgende belsignaal.

De Noordzee mag dan wel erg groot zijn, je hoeft geen honderden kilometers door te stomen om platvis te vangen. De bekendste plekken waar kotters hun netten uitgooien zijn de Duitse Bocht in het zuidoosten, de Doggersbank, een zandbank van 300 kilometer lang die redelijk centraal in de Noordzee ligt, de Klaverbank, die bezuiden de Doggersbank ligt, de Zuidelijke Bocht in het zuidzuidwesten, in de buurt van het Kanaal, en verder ook alle zogenaamde 'gaten' in de zeebodem, plekken waar het plots acht meter dieper is en waar schol zich vaak ophoudt. Ieder gat heeft een koosnaam die verschilt van dorp tot dorp. Urkers spreken over het haargat, het zoefgat, het blauwe- ballengat, het verschrikkelijke-ketelgat of pijn-aan-mijn-reet-gat.

Het vinden van goede visgrond is de ultieme uitdaging voor een visserman. Ervaring is het belangrijkste, net als het goed kunnen inschatten van het weerbericht en de getijdenstroom. De kennis wordt van vader op zoon doorgegeven. Iedere schipper kijkt ook in de logboeken van de voorbije jaren: waar werd er goed gevangen, en wanneer? Het gaat zover dat als iemand een kotter overkoopt, hij niet aarzelt om de computer van het schip nog eens te laten controleren. Je weet maar nooit of er loggegevens zijn achtergebleven. Veel families vissen traditiegetrouw in dezelfde buurt. Vroeger al visten de zonen van Louwe de Boer – Louwe Pet – samen met hun neven en ooms in de buurt van de Doggersbank. Daar lagen ook andere schepen uit dezelfde kerk: Jachin Boaz.

De meeste Urker kotters zijn familiebedrijfjes die generaties ver teruggaan in de tijd. Dat geldt ook voor de UK227 waarop ik nu vaar en die van de familie Van Slooten – *de zuurkolen* – is, ze hebben meerdere kotters en altijd al waren die in handen van de familie. Het nieuwe schip, de UK225, waar broer Tromp nu mee vaart, heet de 'Auke Senior', en is vernoemd naar hun vader.

Simon, de schipper, vertelt me dat hij niet te ver zoekt. Ook niet tijdens deze reis. Eenmaal voorbij de Waddenzee varen we richting de bekende banken.

Dinsdagnacht. Ik zit in de stuurhut bij Simon. Het schip deint en ik zie niks. Het is bevreemdend: alles is zwart en alles beweegt. Je hoort alleen golven die stukslaan op de romp, de motor die het schip aandrijft en het schurende gekreun van het schip dat zich als een metalen man oprekt. Simon is een zwijgzaam man. Hij is als de zee: je ziet alleen het oppervlak, maar weet niet wat zich daaronder afspeelt. Af en toe komt Maarten of Dirk de stuurhut binnen, met zijn smartphone in de hand. Tegenwoordig hebben alle kotters wifi in de stuurhut. Het gaat aan boord al lang niet meer om schietloden, maar om nieuwe technologie. Zelfs op zee ben je niet meer afgesloten van de wereld.

Wifi heeft de oude marifoon vervangen. Op die lijn kunnen andere schepen meeluisteren, wat niet handig is als je een vriend discreet wilt informeren over een goede visgrond. Dus hebben de vissers WhatsApp, zijn er kleine vriendengroepen die elkaar eventueel tippen of gewoon wat onnozele gif's en emoticons rondsturen om de tijd te doden. Ook zijn er grote(re) groepen voor veel grotere problemen. Zo is er een 'wrakkengroep', waar honderden schippers uit verschillende landen deel van uitmaken. De meeste wrakken staan wel aangegeven op de radar, maar je weet nooit of de harde wind de bodem omwoelt en een oorlogswrak blootlegt. Er is de 'BB-groep', de Barend Biesheuvel, de naam van het Nederlandse controleschip – 'opgelet, hij komt je richting uit' –, en er is een groep voor opstappers, voor al wie extra bemanning zoekt.

Veel schippers volgen elkaar ook stiekem. Als je je collega's niet meteen terugvindt op de radar, dan kun je elkaars locatie online terugvinden op *vesselfinder.com, marinetraffic.com* en *shipfinder.com.* Als je daar ziet dat een schip lange tijd op dezelfde plaats hangt, is dat vaak een indicatie dat er wat te halen valt, en blijft het stil aan de marifoon of op WhatsApp. Op vrijdag of zaterdag, als de kotters de haven binnenvaren, vraagt iedereen beleefd naar de visweek van de ander. Maar op de laptop thuis of in de mijnzaal van de veiling telt er maar één ding: wie heeft het meest verdiend? En waar? Plekken waar de grootverdieners die bepaalde week hebben gevist, krijgen de week nadien geregeld bezoek van concurrenten, waarna de visgrond na goed twee weken is leeggevist. Het is ieder voor zich.

Op een schip als de UK227 gaat de bel zowat ieder anderhalf uur. Dag na dag na dag. Het is echt ongekend. Je kunt nooit langer dan een uurtje slapen, altijd gaat de bel, 's ochtends, 's middags, 's nachts: er is geen ontkomen aan. Bed uit, laarzen aan en snijden maar, op een schip dat zwalkt als een dronkenman. Ik wist niet dat zoiets nog bestond. Je denkt bij zware arbeid aan metselaars, aan vuilnismannen, aan goedkope krachten in het distributiecentrum van webwinkels. Hier op de Noordzee kijkt ook de dood mee. Daar lees je nooit over in artikelen over de visserij: dat morgen je laatste dag kan zijn. Mensen eten graag tongfilets, maar niemand heeft een idee van het zware werk dat achter die vis schuilgaat, en van het gevaar.

Ik ben niet zeeziek, gelukkig, de pleisters helpen, en ik werk actief mee, ook 's nachts. Het levert me schouderklopjes op, 'jaaaaaa, hij heeft zeebenen!', maar het ritme gooit mijn huishouding helemaal door elkaar. Na een paar nachten van maximaal twee uur slaap loop ik verdwaald in mijn eigen gedachten, ken het verschil niet meer tussen ochtend, middag en avond, en stel me geen vragen wanneer ik om vijf uur 's ochtends een kom gesuikerde rijst met frikandellen naar binnen schrok, doorslik met een halve liter koffie en daarna sigaretten rook. De rest van de crew is het ritme gewoon. Die gaan naar bed, vallen in slaap en dat is het dan. Tot die klotebel weer rinkelt. Ik niet. Hoe langer op zee, hoe minder buitenwereld. Je dobbert ergens rond, ziet geen andere schepen, en door het slaaptekort raak ik in een soort *zone*. Dat blauwe, oneindige vlak dat je op zee omringt is een gat dat alle ruis, alle gedachten, alle ideeën opslokt tot er niks overblijft dan een schip, een mes en spartelende vis.

'Prachtig hè, dat vissersleven,' zegt Maarten. We staan samen aan de lopende band. Er passeren een paar beenderen. 'Misschien van een mens,' zegt hij. Ik neem de beenderen later mee naar de paleo's op Urk, de mannen met de fossielenhandel. Blijken we een stuk dijbeen van een jonge, vrouwelijke, wolharige mammoet te hebben opgevist, een stuk heup van een koe (slachtafval) en een stuk fosforbom uit de Tweede Wereldoorlog. Wanneer ik even vergeet dat de wereld op Urk maar zesduizend jaar oud is en ik in het dorp vertel over het veel oudere mammoetfossiel, stuit ik op een muur, en wint de ontgoocheling het van mijn enthousiasme. 'Die

tatoeage zegt het helemaal,' vertelt Maarten, 'de Noordzee verwijst naar mijn leven als vissersman, maar je vindt er ook de Middellandse Zee en West-Afrika op terug, waar ik soms in de bagger werk, als kapitein. Ook "Helene", de naam van mijn vrouw, is getatoeëerd op het eilandje Sint-Helena, net als de namen van mijn drie kinderen: Anette, Alicia en Mark. De basis van dit hele verhaal is geloof, hoop en liefde, de drie goddelijke deugden, ze vormden ook de trouwtekst van mijn huwelijk. Kijk je naar mijn arm, dan zie je waarom ik leef.' We zingen liedjes aan de band. Ik begrijp er niks van, maar neurie mee.

Er zwerven veel gebroken zielen rond op zee. Mannen die zijn gescheiden. Mannen met vragen die ze niet durven stellen, en dan maar naar de zee staren. Mannen die zich aan het sociale leven en aan de sociale druk onttrekken. Mannen met alcoholproblemen die op zee niet kunnen drinken en er ontwennen. Mannen die de druk voelen van de opvolging, die liever iets anders willen doen, maar door de mal van het Urker leven in de kajuit zijn geëindigd en geen weerstand kunnen bieden aan vrienden, aan vader, aan de traditie.

Maar de zee telt ook veel vissers die opveren als ze het water zien, die opgaan in die uitgestrekte leegte, die vasthouden aan het strakke ritme van eten, werken en amper slapen. Die vallen op vrijdag als los zand uit elkaar, en verlangen al naar maandagochtend. De zee is echt van hen. Het dorp is waar je op adem komt en waar je je kinderen en je vrouw ziet. De wereld is er beperkt tot eten, slapen en kinderen maken. Want zondag, om middernacht, sta je te wachten op het busje en wacht de zee. Opnieuw, en opnieuw, en opnieuw.

Op vrijdagmiddag varen we de haven van Harlingen weer binnen. Ik zet voet aan wal. Het zal nog dagen duren voor de knikker weer in het midden van het dienblad ligt. Doodop ben ik, met wallen als hangmatten. In de haven cirkelen vliegen om me heen. Ik ruik ook mezelf, ik ben een vuilniszak met restafval die een paar dagen in de zon heeft gelegen. De vermoeidheid heeft voren getrokken in mijn gezicht. Ik wandel met een emmer vis over het grasplein voor mijn deur. De mensen kijken op: 'Ben je mee geweest? Echt?' Ik hoor er niet bij in dit dorp, zal er ook nooit bij horen, maar ik ben wel geslaagd voor dit examen. *Hij is een week op zee geweest.* Mijn status is geüpgraded. Ik geef de vis aan mijn gastgezin, neem een douche en trek schone kleren aan. Dan ga ik op bed liggen om bij te komen en val in de vooravond in een diepe slaap. Pas de volgende dag, achttien uur later, word ik wakker, met mijn kleren nog aan.

Een paar dagen na de zeereis ben ik eindelijk van de schommeling af en wil me verder verdiepen in het zeeleven. Ik vouw mijn fiets open en rijd via de nieuwe wijken naar het industrieterrein. Daar verwacht ik het verlengde van het leven op zee aan te treffen. Oude mannetjes op krukken die met een vloeitje tussen de lippen de netten herstellen. Zoiets. Of mechanici die cilinders oppoetsen. Niks ervan. Ik besef niet dat ik op het industrieterrein opnieuw een totaal nieuwe wereld binnenrijd.

Het terrein heeft weinig meer van doen met het dorp zoals ik het ken, en zoals iedereen het zich in gedachten voorstelt: nostalgie, romantiek. Maar wat ik hier zie en ruik, is vooral de roetwalm van vrachtwagens. Die blazen me de realiteit in. Die realiteit is groot, wit en ijskoud. Na een half uur rondrijden op het industrieterrein gooi ik van totale verbazing mijn fietsje aan de kant, zet me op een betonblok langs de weg en schrijf in grote letters dat Urk geen vissersdorp meer is, neen, de visserij is ver weg. Dit Urk is een reusachtige diepvries. Dat is het: een grote, witte, anonieme doos, die helemaal in het teken staat van industriële voedselverwerking.

'*An de kaant,*' roept iemand. Ik hoor het ritmische getoeter van een achteruitrijdende vrachtwagen en rijd snel weg. Laverend tussen gebroken glas, smeltend ijs, bouten, spanriemen en hard optrekkende bestelwagens sla ik een zijweg in en kom uit op de Griend. In het weekend snuiven jongetjes hier coke in *cocaine alley*. Achter een van de blauwe poorten hing een kerel als een luiaard aan het plafond en speelde het leven zich in een waas af. Nu trekken jongens in blauwe jassen een pompwagen achter zich aan. Het glas kraakt onder hun veiligheidsschoenen.

Dit industrieterrein is haast even groot als de volledige woonkern van Urk. Anders dan de straten in het oude dorp, die als mikadostokjes zijn uitgestrooid, komen de straten hier loodrecht op elkaar uit. Rechte wegen, vierkante blokken, efficiëntie. Behalve wat versleten netten in houten kisten voelt het terrein niet aan als de coulissen van de visserij, maar is dit het toneel waar een nieuwe, machtige industrie zich over het dorp buigt en Urk in zijn vuist omhult, als een spartelende vis. Hier keert de industrie niemand de rug toe, zeker de vreemde niet: ze omhelst de geglobaliseerde wereld als een oude vriend. Deze wereld staat zo ontzettend ver af van het dorpsleven.

Weg is het dromerige beeld van de ambachtelijke Zuiderzeevissers, die hun rug als een trapladder uitklapten om de manden ansjovis aan boord te hijsen. Hier staan geen vrouwen met een ijzeren hul om de oren, vliegen geen muggen en zijn geen houten botters op de gevel geschilderd. Hier, bezuiden het dorpshart, ligt dui-zen-den ton vis opgeslagen. En die vis komt echt niet enkel uit de Noordzee. Dit is geen bedrijventerreintje van een oud-eiland, schrijf ik in mijn boekje. Dit is geen dorpje van oude vissertjes. Dit is geen romantisch volkje op klompen. Dit is geen gelovig volkje dat ijdelheid afzweert. Wat ik hier tref is een internationale, volledig geïndustrialiseerde vishub. Die geeft om harde cijfers en valuta, niet om romantiek. Jaarlijks rijden hier bijna twintigduizend volle vrachtwagens het dorp uit.

Ik kom ogen en woorden tekort.

Anders dan de vissers en hun lange geschiedenis op zee is dit terrein veel jonger en importeert het vis van over de hele wereld, verwerkt die, exporteert de vis per vrachtwagen, per boot of per vliegtuig naar al wie geld en trek heeft. Wat in dit dorp ooit begon met een man die na het oprichten van de Urker afslag een diepvries bouwde en hulp nodig had van een Deense fileerster, mevrouw Lundholm, een vrouw die weliswaar een paar vingers miste, maar de Urker meisjes en dames wel keurig leerde fileren, is nu uitgegroeid tot een reusachtige industrie die de vloot helemaal naar de achtergrond heeft gedrukt.

Het is middag en overal komen arbeiders uit de fabrieken. Ze dragen laarzen, een spijkerbroek en een dikke jas, en allemaal rijden ze per fiets het industrieterrein af. Een peloton is het. Vergelijkbaar met de volksverhuizing op zondag, wanneer iedereen door de kerken wordt opgeslokt. Nu rijdt het peloton de Arie de Witbrug over, om na de kost in sneltreinvaart terug te keren naar de immer lopende band. Ze rijden me aan alle kanten voorbij.

Het zijn zonen en kleinzonen van vissers die in de jaren vijftig het zilver ontdekten en nadien goudgeld verdienden met de boomkor. Die nieuwe generaties vissen niet meer. Die staan nu aan de band, met de dochters en kleindochters. Ze wonen niet meer in huisjes met schilderijen van botters, maar in anonieme nieuwbouwwijken. Jongens en meisjes, mannen en vrouwen, ze sorteren, fileren en paneren vis van over de hele wereld. Waarna het zootje de diepvries in gaat en iedereen 's avonds keurig op tijd thuis is. Het christelijke rolmodel – man werkt, vrouw blijft thuis – is hier niet bestand tegen het moderne tweeverdienersmodel. Had je dat een halve eeuw eerder gezegd, had niemand je geloofd.

Het industrieterrein is daarom een ontmoetingsplek geworden, net zoals de kerk dat is/was en net zoals het voetbalveld dat nog altijd is. Je werkt nu niet meer *op zee*, je werkt nu *in de vis* en zit in WhatsApp-groepen die geleid worden door fabrieksbazen. Maatschap is iets van de oude tijd. Nu heb je een vast loon, vaste uren, en ben je een radertje in een veel groter geheel. Hebben de fabrieken volk nodig, dan is het: wie eerst komt, eerst snijdt. *Ping. Ping. Ping.* De culturele schifting is voltrokken: van vissersschip naar visfabriek.

Om te weten hoe dat leven er in de fabriek uitziet, meng ik me na de middag in het peloton fietsers en volg de logo's van de visfabrieken op hun fleecetrui.

Bij Van der Lee Seafish zie ik een groepje meisjes bij de fietsrekken staan. Ze roken als schoorstenen. De fietsenstalling staat helemaal vol. Gijs van der Lee, mede-eigenaar van Van der Lee Seafish, reikt me een blauw haarnetje aan, een witte stofjas en laarzen. We wandelen eerst door een ontsmettingsbak. Al wat ik vanaf nu zie, is wit en grijs. De hele fabriek bestaat uit twee kleuren. Witte jassen, witte dozen en eindeloze, grijze, blinkende machines die allemaal met elkaar in verbinding staan, in een oneindig proces van wassen, fileren, paneren, invriezen en inpakken.

Van der Lee Seafish is een van de grote jongens op Urk, met een omzet van meer dan vijftig miljoen euro. Het bedrijf koopt tong en schol in alle mogelijke afslagen, van Oostende tot Denemarken,

en overal zit een commissiekoper. Maar evengoed komen er platvisachtige dieren uit Noord-Amerikaanse wateren richting Urk, zeebaars uit Turkse kwekerijen, vis uit China, Vietnam, Bangladesh, IJsland, Griekenland, en heel veel vis uit het Midden-Oosten.

In een enorme vrieshal is het twintig graden onder nul. De dozen vis staan op pallets, gestapeld op ijzeren rekken die tot het plafond reiken. Een heftruck rijdt de hele tijd af en aan. De chauffeur draagt een berenmuts en heeft een rode neus. *Pike Perch Fillets with skin, raw, quick-frozen*, lees ik op een etiket. Dit is snoekbaars uit Rusland, gevangen in de Zee van Azov, de politiek gevoelige zee tussen Oekraïne, Rusland en de Krim. De baars is verdeeld door een Deens visbedrijf. Er is snoekbaars uit Kazachstan. Van der Lee produceert ook fish & chips voor McCain, de Canadese diepvriesreus, dozen die uiteindelijk bij vliegtuigmaatschappijen belanden zoals British Airways en Qatar Airways, en waarvan de inhoud hoog in de lucht wordt geserveerd.

Ik rijd verder en ga binnen bij Dayseaday, nog zo'n reus. 'Onder de zegen van de Heere', hoor ik daar iemand zeggen op het hoofdkantoor. Een oudere man zegt Jelle van Veen gedag. Jelle is de CEO van dit familiebedrijf. 'Zonder de Heere lukt het niet, jaaaaaaa, dat is zo.' De oude man vertrekt: 'Want vergeet niet, we komen naakt op de wereld en gaan er naakt weer van af.' Dayseaday biedt meer dan 140 soorten vis aan. Veel vis komt uit Azië. In Ho Chi Min City (Saigon, de grootste stad van Vietnam) zit een familie Vietnamese bootvluchtelingen die ooit in Nederland strandden, maar nu voor Dayseaday Azië rondreizen. Ze sturen containers vol tonijn, gamba's, octopus, pangasius en nog veel meer naar Urk. Dayseaday doet ook zaken in Nieuw-Zeeland, Chili, Tanzania, Turkije, IJsland, de Verenigde Staten, Kenia en Oeganda. Het bedrijf volgt zelfs de etnische markt, voorziet gevluchte Syriërs in Zweden van vis uit het Midden-Oosten, en maakt geen verschil tussen nijlbaarsfilet uit het Victoriameer of baars uit Argentinië: vis is vis. Gaat het over geloof en over principes, dan is Urk het kleinst mogelijke eiland, bedenk ik bij het naar buiten gaan, maar gaat het over geld en business, dan is de wereld niet groot genoeg en tolt die als een basketbal op de vingers van het dorp.

Op 4 augustus 1984 staat Carl Lewis in de startblokken van het Los Angeles Memorial Coliseum. De finale van de 100 meter sprint is het hoogtepunt van de Olympische Spelen. In LA zoekt de Urker ondernemer Klaas Post een zitplaats op de tribune. Dit is wat hij wil zien. Hij heeft net zakengedaan met Amerikaanse vishandelaren en ziet hoe Carl Lewis als enige onder de tien seconden duikt – 9,99 – en het goud pakt. Niemand komt in de buurt van Lewis, ook Ben Johnson niet. Hij wordt derde.

Post is de man met wie Albert Hoekman – de man naar wie een dolfijn is vernoemd – samenwerkt op Urk, het zijn de paleo's van North Sea Fossils. Klaas Post is een kleinzoon van Lub van Jan van Bubbe, de oud-visserman wiens dagboek ik las op zee. Als kind droomt Klaas van een bestaan als sportleraar. Hij is ook begeesterd door fossielen, en bouwt aan een omvangrijke collectie. Uiteindelijk belandt hij alsnog op zee, na zijn studie te hebben afgemaakt. De krachten zijn te sterk.

Klaas – klein, grijzig haar, keurig gekleed – is een bijzondere Urker. Het heeft wat voeten in de aarde om hem te spreken. Klaas houdt niet van spotlights. Hij weet dat al wie op Urk zijn kop boven het maaiveld uitsteekt wordt bestreden. Klaas gelooft niet, maar respecteert ieder geloof. Ik spreek hem uiteindelijk meerdere keren. Ofwel thuis, met zicht op de haven, of op kantoor.

Na een kort leven als visserman wordt Klaas Post een van de pioniers die de industrie mee zullen opzetten en exploreren. Aanvankelijk aan de zijde van zijn oom, Hein Kramer, een kleurrijke, maar ook wat dubieuze figuur. Zo'n man die kan huilen op commando. Die Hein zoekt een man die z'n talen spreekt en weet hoe de wereld draait. Klaas is zijn man. Die zal uitgroeien tot Kuifje, hij zal de wereld als een paasei openbreken.

Nadat het dorp een eigen afslag heeft gebouwd, heeft Urk behoefte aan grote afnemers. Wat moeten ze anders met die vis? De zoektocht leidt hen naar het buitenland, maar veel connecties hebben de Urkers niet. Logisch ook. Urk heeft altijd gevist en op zee valt er niet veel te netwerken. Nu loert iedereen naar elkaar. Hoe doe je dat, Noordzeevis exporteren? Wie heeft klanten? En waar? Net zoals schippers de computer van een overgenomen kotter binnenstebuiten keren, zoeken handelaren op het Urker industrieterrein naar telexbandjes in elkaars vuilniszakken, draaien het ponsdraadje af en zien wie waar zit. Zit je concurrent in Marseille, dan contacteer je dat bedrijf en duik je gewoon onder de prijs.

Klaas Post beseft al snel dat de wereld veel groter is dan Nederland, groter dan Europa. Hij leest internationale magazines als *Fishing News*, scant die op advertenties en vindt een klant in Israël. Bij het klaarmaken van de eerste container schol komt een rabbi naar Urk om te zien of het om koosjere vis gaat. Klaas Post vliegt met z'n oom Hein naar Israël, naar Ariël Mirrelman, een handelsagent die de deal beklinkt. In steenkolenengels praat Hein bij de landing al over de exodus uit Egypte. Godsdienst als glijmiddel, denkt hij, en hij ratelt religieuze citaten af. Hij begint over kwakkels die uit de lucht vielen, waarop meneer Mirrelman zich omdraait en Klaas aankijkt: 'Deze man gelooft toch niet dat we zo veertig jaar in leven bleven in de woestijn?' Waarop oom Hein: 'Wat zegt hij?'

Klaas Post reist de wereld rond. Hij is de eerste die de West-Amerikaanse markt opengooit voor Urk. De vis wordt verscheept via het Panamakanaal of overgebracht per vliegtuig. Oom Hein stuurt hem naar Los Angeles, naar Steven Kramer ('*Stieven Kreimer*'), een naar de VS uitgeweken Urker. Die man heeft een bijzondere status in het dorp, want weinigen wonen in het buitenland. *Stieven* is een cultfiguur, en al wie naar de VS reist, moet Steven toch een keer bezoeken. Die Steven draagt witte broeken, heeft altijd een strikje om en handelt in muggenschermen. Vaak neemt hij zijn gasten mee naar de paardenrennen. In LA blijft Klaas logeren bij Steven en bezoekt er potentiële klanten.

Via via leert hij Abel – 'Al' – Galletti kennen, een Siciliaan uit Terrasini, die zich met Galletti Brothers Foods specialiseert in verse en ingevroren vis. Klaas levert vis aan de Galletti's, en heeft ook al snel klanten in New York, Boston en San Francisco. Via een zwager van de Galletti's belandt Klaas in 1984 in het enorme landhuis van de Sicilianen in San Pedro, de grote havenwijk in het zuiden van Los Angeles. Hij ziet er lange tafels, gouden kettingen en mannen met zwart haar. Klaas weet dat Luca Brasi bij de vissen slaapt. In het landhuis van de Galletti's, gebouwd op een helling met uitzicht op de oceaan, staat een zwarte Steinway-vleugelpiano. Op de tweede verdieping huist een spa, en in de tuin ligt een basketbalveld in het zonlicht. '*Make yourself at home*,' zeggen de Galletti's, en ze drukken Klaas een sleutel in handen. Er liggen ook tickets klaar voor de Olympische Spelen. Klaas Post, kleinzoon van een oeroude dorpsfiguur op klompen, het jongetje dat droomde van een leven als sportleraar, zit nu in Los Angeles, verkoopt vis aan Sicilianen in Amerika en ziet hoe Carl Lewis de handen in de lucht gooit.

Op een druilerige weekdag vertelt Klaas me op zijn kantoor ook over Japan. Hij blijft er bescheiden onder, maar het is wel zo: hij is de man die Urk introduceert in een van de belangrijkste vislanden ter wereld. De Japanners zijn geïnteresseerd in schar, een commercieel schijnbaar weinig interessante vis die nochtans ook nabij Japan zwemt. Schar is eerder bijvangst voor Urker kotters, maar aangezien die soort in bepaalde delen van Japan gedroogd wordt, zijn de Aziaten toch geïnteresseerd. De Japanners komen naar Urk, ze dragen allemaal dezelfde kledij en dezelfde schoenen. Klaas neemt ze mee naar restaurant De Zeebodem. Hij trommelt wat Urker meisjes in klederdracht op en roept zijn oom Hein op het beslissende moment naar binnen: 'Hier tekenen, doe maar.' Jarenlang heeft hij op Urk het monopolie op de handel naar Japan. Het zijn de *Wild West*-jaren. Bij gebrek aan internet kennen de Japanners de veilingprijs voor schar niet. Ze betalen er behoorlijk veel voor. Het levert veel geld op. Tot een concurrent de veilingprijzen alsnog naar Japan lekt en de boel in elkaar stort.

Urk verkoopt de Noordzeevis stilaan aan de hele wereld, en hoe groter die wereld wordt, hoe meer ze zich losmaken van de Urker vloot, die de vis via de afslag aanlevert. De afhankelijkheid van de Urker vissers maakt de verkopers kwetsbaar. Wat doe je als het stormt en er te weinig vis is op de afslag? Je moet je klanten in de VS toch kunnen voorzien? Wat doe je bij slechte tong- en scholjaren? Wat doe je als de regelgeving de vangsten beperkt?

Om enige zekerheid in te boeken, besluiten de ondernemers ook vis van elders te importeren. Dat bevalt de vissers natuurlijk niet. Er groeit een schisma dat tot op de dag van vandaag speelt. Dat schisma ontstaat vooral in de jaren negentig. Dan gaan de verkopers op het industrieterrein écht wereldwijd, kopen ze overal, en ook daarin speelt Klaas Post een rol.

Fiskano – ik had de naam al opgeschreven in mijn notitieboekje, toen ik er met de fiets langskwam, op het bedrijventerrein – blijkt het handelskantoor te zijn dat Klaas Post in de jaren negentig opricht, wanneer hij zich losmaakt van zijn oom en solo gaat. Met Fiskano importeert Post sindsdien grote partijen vis uit het buitenland, laat die op Urk bewerken en verkoopt het eindproduct voor eigen rekening en risico. Veel Urker visverwerkers zijn er blij mee, want nu kunnen ze blijven fileren, ook als de aanvoer uit de Noordzee tegenvalt. De opkomst van handelskantoren als Fiskano zorgt voor meer werkzekerheid op het industrieterrein.

Fiskano is niet de enige die zich manifesteert, ook bedrijven als Seafood Connection en Dayseaday, het bedrijf van de honderdveertig soorten vis, bouwen een imperium uit, en worden nog een stuk groter dan Post. Sommige reuzen hebben op Urk zelfs de hele keten in handen. Met eigen kotters zorgen ze voor eigen aanvoer, ze importeren ook uit het buitenland, en verwerken de vis in eigen fabrieken of bij aanverwante bedrijven, waar ze zich hebben ingekocht. Veel van die reuzen hebben ook overal aandelen in internationale bedrijven, of dat nu in Namibië of Vietnam is. In 2010 opent Klaas Post zelfs met twee zakenpartners een nieuwe zalmfabriek in Shanghai, in het bijzijn van een hoop Nederlandse en Chinese bobo's. Een fabriek die werk biedt aan 100 werknemers, die 1,3 hectare beslaat, waar het personeel en de directie ook wonen en slapen, en die volledig in het teken staat van de Chinese markt.

Wat schreef Mattheüs ook alweer over die talenten?

Begin jaren tweeduizend was het Urker bedrijventerrein goed voor een omzet van zo'n zevenhonderd miljoen euro. Tegenwoordig zitten hier meer dan zestig groothandels en vijftig visverwerkers en is de omzet verdubbeld tot anderhalf miljard euro. Zalm, een product dat de Urkers zelf niet vangen, is hier drie keer groter geworden dan de eigen platvis.

Hoe kon ik hier tien jaar geleden zo blindweg voorbijrijden en dat niet zien?

Het industrieterrein is één grote lappendeken van fabrieken, koelcellen en familieallianties. En allemaal strijden ze om de beste arbeidskrachten, om de gunst van de Urker. De ene doet dat op het hobbyvoetbal, de andere in de zangkoren, desnoods in de bars, en bijna allemaal hebben ze de steven naar de buitenwereld gewend, en niet langer naar de Noordzee. De eindeloze groei houdt ook een mogelijke bedreiging van de cultuur in. Het industrieterrein is veel te groot voor het dorp. De eigen aanvoer van arbeidskrachten voldoet al lang niet meer. Buitenlanders worden met busjes geïmporteerd, en het groeiende succes werkt ook als een magneet op de grootste visreuzen van de wereld.

Aan de rand van het Urker industrieterrein, zichtbaar vanaf de Domineesweg die naar het dorp leidt, merk ik een vreemd gebouw op. Het lijkt een hoekig monster uit een oude Nintendo-game, met die vreemde samenhang van glas, staal, rode bakstenen, witte geveltegels, groenblauwe raamlijsten en een vierkante, glazen dakkoepel. Hier huist Seafood Connection, het machtige handelskantoor. Het bedrijf bestaat sinds 1995 en specialiseerde zich met tilapia en pangasius in de Vietnamese aquacultuur. Op mijn telefoon surf ik naar de website van het bedrijf en klik op Head Office. Er verschijnen portretfoto's van alle mensen van het team. Urkers zijn het, een heleboel Brouwers en Bakkers en De Boers en Kaptijns, maar tot mijn verbazing vind ik ook Takeyuki Nakazawa, Masamichi Kawano en Masato Kubota. Een aantal jaar geleden klopte het grootste visbedrijf van de wereld hier aan: het Japanse Maruha Nichiro. Op die website staat dat de Japanners Seafood Connection overnamen. '*Now is the perfect time to build up presence in Europe,*' lees ik daar, '*and get ready for further expansion.*' Een paar jaar later haalt Seafood Connection een grote Urker visverwerker binnen en verkoopt de familie Weerstand haar bedrijf. De *further expansion* is een feit, en de Japanners zitten er nu ook aan het roer.

Ik fiets verder en zie Rodé Vis, een bedrijf dat zich helemaal toelegt op zalm. Daar klopten geen Japanners aan, maar wel de tweede grootste zalmkweker van Noorwegen, die een meerderheidsbelang in Rodé verwierf. En er is meer. Naast Japanners en Noren hebben de Amerikanen zich intussen ingewerkt in de Urker koelcelindustrie. En ook de Nederlanders zelf kennen de weg naar Urk. Een megarederij als Parlevliet & Van der Plas heeft belangen op Urk, en ook W. van der Zwan & Zonen, nog zo'n reus, heeft een groot visbedrijf met wortels in de Jachin Boazkerk in haar broekzak. Quotter, de reder waar Klaas Post ook een aandeel in heeft, werkt nu met Filipijnen en durfde het als een van de eersten aan om openlijk te kiezen voor volcontinu varen, dus ook op zondag, om economische redenen. In het oude dorp lopen buitenlanders achter de gids aan, maar hier op het industrieterrein lopen steeds meer Urkers achter de buitenlanders aan.

Het is niet zo dat de *board of directors* van die reuzen de Urker cultuur als met een bladblazer het dorp uit jagen. Maar de invloed groeit. De jonge generaties Urkers die de oudere vervangen aan de top van het bedrijf, zijn in theorie wel gelovig, maar laten de praktijk aansluiten op de portemonnee en op de investeerders. Op zondag is er heus wel activiteit op het terrein, en de bedrijven halen overal arbeidskrachten vandaan die geen moer geven om religie. Vooral uit Oost-Europa. De buitenlandse vlek die zich over het industrieterrein verspreidt, werpt een schaduw over het oude dorp. Want waar wonen die Polen? Juist ja, verscholen in het hart van het dorp.

Op een weekdag sta ik aan de kassa van de Jumbo. De kassière herkent me. 'Hoe gaat het met je?' Voor me hoor ik een trio mannen praten in een Oost-Europese taal. 'Alles goed met mij,' zeg ik, en ik kijk naar de lopende band. Goedkoop bier schuift door de handen van de kassière. Ik verbaas me over de taal. De mannen dragen werkkledij, en nog voor ik ze kan aanspreken, wandelen ze de winkel uit.

Thuis op mijn kamertje zoek ik contact met wat mensen. Ik wil de Polen bezoeken. Algauw heb ik een paar adressen. Bij een daarvan staat de deur open. In de gang zie ik teenslippers en veiligheidsschoenen. Een man komt aangefietst op een bedrijfsfiets. '*Hi, can I help you?*' Ik stel me voor. Hij doet hetzelfde. Laten we hem Ivan noemen, en Ivan neemt me mee naar binnen.

Ivan komt uit Tsjechië en spreekt prima Engels. Hij stelt me voor aan de mannen in de keuken. Die komen uit Polen en spreken alleen wat Duits. Allemaal hebben ze een zakje tabak in de hand, likken het vloeitje dicht en sluiten de ogen bij de eerste, lange, gelukzalige hijs. Ik schrijf hun namen op, maar die zien ze liever niet op papier: 'Je weet nooit of de baas meeleest.' Een van hen draagt een zwemshort. Hij verloor een paar vingers in een machine, drinkt grote blikken bruin bier en schiet aliens uit de lucht op zijn smartphone. 'Yes! Thousand points!'

'Een wat???' vraagt Ivan. 'Een protestants dorp?'

Hij giet een doos spaghettistengels in kokend water.

'Meen je dat nu? Dan heb ik me serieus vergist. Ik dacht hier omringd te zijn door katholieken!'

Er wonen al bijna duizend buitenlandse arbeiders op Urk. De meesten komen uit Polen en wonen samen in sjofele huizen als deze, verspreid over het hele dorp. Het zijn blinde gaten in het compacte sociale netwerk. De Polen bestaan niet op Urk. Het zijn nummers, robots.

'Bij aankomst op Urk dacht ik in het negentiende-eeuwse West-Europa te zijn beland,' zegt Ivan. 'Die oude kleren en die kerken.'

'Ken je hier iemand?' vraag ik.

'Nee, behalve wat Oost-Europeanen met wie ik aan de band sta.'

'Hoe ben je hier terechtgekomen?'

'Wij zijn geronseld door uitzendbureaus in eigen land. Het ene seizoen zitten we op een of andere plantage in het zuiden van Frankrijk, een paar maanden later snijden we vis de kop af in een fabriek in Nederland. *That's life.*'

'Verdien je hier dan zoveel meer dan in eigen land?'

'Veertig procent meer dan in Polen of Tsjechië.'

'Word je hier goed behandeld?'

'Wie wij zijn, en waar we vandaan komen, dat interesseert niemand.'

'Wil je hier blijven?'

'Daar heb ik al aan gedacht, ja. Sommigen onder ons hebben een geschiedenis in ons thuisland, dat ga ik niet ontkennen. Financiële problemen bijvoorbeeld, of mannen die gescheiden zijn en elders opnieuw willen beginnen. Zelf kom ik uit een gebroken, gewelddadig gezin. We hebben er weinig belang bij om snel terug te keren.'

'Weet je dat er sprake is van de bouw van een Polendorp op Urk?'

'Een Polendorp?'

'Een dorp met prefabhuisjes, niet groter dan een tuinhuis, waarin alle arbeidsmigranten zullen worden gehuisvest. Een dorp buiten het zicht, weg van de kerken en het centrum, want de bewoners protesteren tegen de plannen. Op Urk wil niemand zo'n Polendorp in zijn of haar buurt.'

'Zie je, nummers, hè. Maar een prefabhuis zou niet veel slechter zijn dan de huizen waarin we nu wonen. Vocht, afbladderende verf.'

'Sommige dorpsgidsen ontwijken de straten waar jullie wonen, omdat de huizen niet mooi genoeg zijn.'

'Pffff.'

'Hoeveel betaal je hier per maand?'

'Hangt af van het uitzendbureau. De meesten betalen rond de 85 euro per persoon, dat wordt afgetrokken van je loon. Het bureau zet gewoon zo veel mogelijk arbeiders in één huis. Zoals hier.'

'Bevalt het werk in de fabrieken?'

'Het blijft routineus werk. Op zee werken, aan boord van een schip, lijkt me uitdagender. Maar daarvoor heb je papieren nodig. Er zijn intussen ook Polen die op schepen werken, en Portugezen en Filipijnen en zo.'

'Waarom wil je anoniem blijven?'

'In de fabrieken moet je vooral je mond houden. Ook als het fout loopt: mond houden, want zelfs als je ziek bent, behandelen de uitzendbureaus je als een *piece of shit*. Deze zomer zakte een kerel in elkaar aan de band. Hij gaf over en viel op de grond. Ze hebben hem zo op de fiets geduwd: ga maar gewoon naar huis.'

'Kennen de meeste Oost-Europeanen elkaar op Urk?'

'We zijn met veel te veel om elkaar te kennen. Nu al ver over de zevenhonderd man, dat is een gemeenschap op zich. Er lopen ook Bulgaren tussen, en Roemenen, en er woont een hoop volk in Emmeloord.'

'Wat doen jullie in het weekend?'

'Rondlopen in het dorp, bier drinken, naar huis bellen via Messenger.'

'Gaan jullie naar de bars op het industrieterrein?'

'Ik ben er zelf nog nooit geweest. Maar het loopt weleens fout. Onlangs is een Pool dood teruggevonden, hier op Urk, gestorven aan een overdosis.'

'Serieus?'

'Weten jullie dat niet?'

'Dat heeft nog niemand me verteld.'

'Ik schrok zelf ook toen ik het hoorde. Heb je zin om mee te eten? De spaghetti is klaar.'

De strijd tussen de oude cultuur en de nieuwe economie borrelde een paar jaar geleden op. Toen installeerde de Urker afslag een sorteermachine en vlogen de stenen door de ramen. Die 'pekers', zo worden de vissorteerders genoemd, vormen lange tijd het hart van de Urker economie. Ze werken hard en snel: hoe sneller de vis is gesorteerd, hoe sneller hij via de klok verkocht wordt, hoe meer tijd er overblijft om elders nog wat geld bijeen te schrapen. De sorteerploeg krijgt 2,25 procent van de totale verkoop. In jaren van goede vangsten en hoge visprijzen verdienen ze algauw 25 euro per uur. Het omgekeerde geldt ook: storten de vangsten en de visprijzen in, dan delen de pekers in de klappen.

In 2014 drijft de geprivatiseerde afslag de wens door om machinaal te sorteren. Er komt een machine. Dixit de directie, om het sorteren van de vis ook te verzekeren in economisch barre tijden, als een slechte visprijs en slechte vangsten de pekers richting tapijtindustrie in Genemuiden duwen. Bovendien, zo zegt de afslag, beschikt het Urker industrieterrein over alle technische knowhow, maar sorteren zij nog altijd met de hand. Waarom niet meegaan met de technologisering?

De pekers zijn kwaad en betwijfelen de rentabiliteit. Ze zien in de machine een manier om de oude maatschap aan de kant te schuiven. Op de achtergrond speelt er nog veel meer. Oud zeer uit het verleden, zoals de privatisering van de afslag. De strijd om de sorteermachine raakt het hele dorp en splitst de boel op in kampen, als bij een kerkscheuring: de pekers versus de afslag. Op den duur verandert de strijd: het wordt 'hand' versus 'machine', traditie versus technologie, maar in wezen is het een machtsstrijd tussen een groep behoudende vissers (die de macht hebben op de afslag) en de pekers, en dan zitten de handelaren, zij die de vis kopen, er ook nog enigszins tussen. Het gaat om geld, zoals altijd.

De machine komt er, tot frustratie van de pekers. De afslag maakt de maatschap ongedaan en biedt de pekers een arbeidscontract aan. Natuurlijk ontspoort deze confrontatie, zeker wanneer een van de voormannen van de pekers de oversteek waagt naar de vijand, de afslag, en dat 'verraad' de strijd oppookt. Er worden deuken in auto's getrapt, banden lek geprikt, ramen ingegooid en zakken vogelzaad in de voortuin gestrooid. Er worden zelfs advertenties aangekocht om de Urker te overtuigen van het eigen gelijk.

Het conflict eindigt voor de rechtbank in Lelystad. Zestig pekers rijden per bus naar de rechtszaal, daar is extra beveiliging opgetrommeld en zitten de paar mensen van de afslag aan de andere kant van het gangetje. Arbiters beslechten de strijd: 'De technologische ontwikkelingen zijn niet tegen te houden en de tijd staat niet stil. De Combinatie (pekers) verwijst meer naar haar rol in het verleden, terwijl de argumenten van de Veiling meer toekomstgericht zijn.'

Nu werken de pekers niet meer op maatschap. Een klein deel van de oude groep trad in dienst bij de afslag, die het pleit in theorie won, maar er ging vooral veel verloren.

'Het conflict van die sorteermachine heeft me wakker geschud,' zegt Jan Rein de Wit, oud-voorman van de pekers. 'De innige verbondenheid die je in dit dorp voorheen proefde is er helemaal niet meer. Het dorp is groter geworden dan de sociale structuren aankunnen. Ooit was het klein, direct ook, nu heb je meerdere lagen, als in een stad. Tegenwoordig concurreer je met de geglobaliseerde economie en importeer je desnoods slaven uit China om mee te kunnen. Zo werden we in de discussies voorafgaand aan de rechtszaak door de afslag-elite voortdurend afgedreigd met goedkope Polen die ons zouden vervangen als we niet luisterden.'

De man die overstapte van de pekers naar de afslag, was ouderling in het zware kerkgenootschap waartoe ook Jan Rein de Wit behoort. 'De dominee kwam langs, maar de man die overstapte was er niet bij. De dominee wilde zich niet mengen in dit "zakelijk geschil". Ook dat ontgoochelde me. We kunnen wel vrome taal spreken en samen de Bijbel lezen, maar als het dorp in nood is en de kerk trekt er zijn handen van af, waar ben je dan mee bezig? De kerk moet het publieke domein vormgeven, maar lijkt alle energie nodig te hebben om bestaande structuren overeind te houden en staat er niet wanneer ze er moet staan. Religie buigt hier het hoofd voor de *hardcore* economie van het aandeelhouderskapitalisme.'

Hardcore economie, dat is het slotwoord. Het is het laatste wat in mijn notitieboekje komt te staan. Dat het nu op Urk gaat over acquisities, over *facts & figures*, en niet meer over vaders en zonen op zee.

Het industrieterrein heeft de vloot moeiteloos overvleugeld. Dat zou het einde kunnen zijn van dit verhaal: dat Urk alles invriest en de wereld verovert. Het ware een passend einde. Maar wat gaat er ten koste van die verovering? Op mijn kamertje ligt een laatste stapeltje artikelen en boeken op me te wachten: dat over de toekomst van de visserij. De situatie is er ernstig, zo ernstig dat de volgende vraag als een donderwolk boven het dorp hangt: komt er een einde aan de Urker visserij, aan het perpetuum mobile?

Nooit eerder in de geschiedenis, zelfs niet na de inpoldering, rezen de vraagtekens over de visserij, over wat dit dorp zo groot heeft gemaakt, boven de kerktorens uit.

Ik ga langs bij Reijer. De man met de grijze baard. Reijer is mijn vriend. Soms belt hij me, uit het niets: 'Ik heb vis over. Honger?'

Altijd steek ik muntjes in de jukebox die hij is. Dan knaagt Reijer aan de buik van een schol en praat over ronddobberende bultrugkadavers.

Op een donkere koude najaarsavond vraag ik Reijer of de visserij echt in gevaar is. Hij gooit zijn servet aan de kant, en neemt me een laatste keer mee naar vroeger, dit keer naar de jaren zeventig.

'Van het ene op het andere moment legde de overheid onze vrijheid aan banden,' zegt hij. In een grote plastic kom liggen visgraten. 'De vrije zee was niet meer. Vissers kregen een bepaald quotum toebedeeld, een maximale hoeveelheid te vangen vis. We hingen plots aan een touwtje: dit mag, en dat mag niet.'

Ik heb me voorbereid op dit gesprek, las urenlang over regelgeving, tot ik er helemaal in verstrikt raakte, net zoals de Urker vissers. Die raken niet meer uit de klem van het versmeltende Europa, al sinds het midden van de jaren zeventig niet meer. Dan krijgt de EEG/EU vorm en botsen nieuwe ideeën met het oude ambacht. Urk, net als zoveel andere vissersdorpen, had voordien alleen het gevaar op zee te vrezen. Grondgolven die als op de doeken van Hokusai overboord sloegen. Nu staat er nog een tegenstander op. Die is groot, log en onzichtbaar: Europa. Urk dient zich voortaan te schikken naar Brussel, waar volgens hen niemand begrijpt wat vissen is. *Brussel* wordt het containerbegrip waarin Urk de onvrede dumpt over alle nieuwe regels.

De EEG beslist om maximale vangsthoeveelheden in te stellen voor een aantal soorten vis, en doet dat op voorspraak van biologen. In de negentiende eeuw beschouwt de mens de zee als onuitputtelijk. In de twintigste eeuw kantelt dat beeld en verschuift de focus naar overbevissing.

Reijer herinnert zich die tijd nog goed. 'Van het ene op het andere moment kon je niet meer vangen wat je wilde. Dat ging helemaal in tegen onze natuur. Vissen ging voor ons om de strijd met de natuur. Nu besliste een overheid over die relatie. Zuur was dat.'

Urk voelt de regelgeving in de portemonnee. Als je in 1975 net een nieuwe kotter hebt gebouwd, die financieel begroot is op een veel grotere vangst dan voorheen, en je krijgt plots een quotum dat berekend is op je vorige kotter, dan volstaat dat quotum niet om je nieuwe schip rendabel te houden. Maar de controles zijn niet stringent. De vissers blijven handelen zoals vroeger, en worden ze toch betrapt, dan lossen ze het wel op.

Gerard van Westerloo citeert in de jaren zeventig een Urker visser in een speciaal nummer van *Vrij Nederland*: 'En als je dan tóch betrapt wordt, dan neem je een emmertje vis mee naar de rechtbank en je huurt een handige advocaat; de rechter denkt, ach die arme visser, en hij geeft een paar honderd gulden boete: de tegenwaarde van 25 kilo tong. Dan blijf je maar een kwartiertje langer op zee – kom jongens, nog even een trekje voor de rechter.'

Bovendien, als het lampje van het AID-kantoor (de toenmalige Algemene Inspectiedienst, die toeziet op de nieuwe regels) uitgaat in de haven, is dat voor de vissers het signaal om de haven binnen te varen en hebben ze vrij spel. Maar begin jaren tachtig blijft het lampje wel branden en neemt de druk toe, en de strijd, en knaagt het geweten. Romeinen 13:1: *Want er is geen macht dan van God, en de machten, die er zijn, die zijn van God geordineerd.* God heeft de overheid ingesteld, dus dien je die te gehoorzamen.

Acht jaar later, in 1983, zijn de wetten veel diepgaander en besluit Europa nauwer toe te zien op de naleving van het quotum. De sfeer tussen de vissers en de AID wordt vijandig. De controleurs kunnen de vangst boven op het quotum niet meer tolereren. Ze hebben een rotbaan en moeten aan boord bij vissers die in hun broodwinning worden beknot en aan de lopende band staan met een fileermes in de hand en bloed aan hun oliejas. Dan vraag je niet om koffie te drinken en te klaverjassen.

'We legden ons niet neer bij de regels,' zegt Reijer. Hij haalt die nare tijd makkelijk op. 'Die zee was van ons, niet van een stelletje ambtenaren. We moesten de controles omzeilen. Aangezien de AID ook op zee controleerde, dienden we al wat boven het quotum uitkwam te verstoppen in het schip, en we moesten de vangst nadien ook ongezien aan land krijgen. De gekste trucs werden bedacht.'

Af en toe lacht Reijer. Dan verandert de beer in een jongetje met glimmende ogen, als stal hij net een appel.

'Eerst bouwden we bodemloze kisten,' zegt hij. 'Lege kisten die in werkelijkheid een grote hoeveelheid vis verborgen. Om de controle op de maaswijdte van de netten te omzeilen, bedacht ik zelf een list. Sommigen naaiden een extra "binnenzak" in de netten, waardoor de mazen kleiner werden en je dus meer (kleine) vis ving. Ik bedacht een gelijkaardige truc, met een touwtje dat de mazen verkleinde. Vissers bouwden zelfs grote, valse wanden in het ruim. Ooit stak ik een lading tong in de kettingboeg voor aan het schip, waar het anker zit. Er werd ook vis in de machinekamer verstopt, waar het veel te warm was natuurlijk, en zelfs achter de wanden in de toiletten vond je platvis.' Reijer lacht hardop. 'Nou, wil je nog een tongetje?'

'We brachten de vis aan wal in havens waar de AID niet kwam. Soms midden in de nacht. Auto's en verhuiswagens reden de vangst naar Urk. Het was ongehoord, maar iedereen deed mee.'

De vissers zien de binnenzakken en valse wanden niet als fraude. Ook andere vissersdorpen denken er zo over. Er is de reguliere *witte vis*, die binnen het quotum via de afslag verkocht wordt. Er is *grijze vis*, die buiten het quotum om via boekhoudkundige trucs toch ook via de afslag verkocht wordt. En er is de volledig *zwarte vis*, die rechtstreeks naar de vishandel gaat, zonder tussenkomst van wie dan ook.

Midden jaren tachtig is de relatie tussen de vissers en de controleurs totaal verzuurd. Aan de achtermast van een kotter hangt een schipper een pop met een touw om de nek. 'AID' staat er op een pet, 'WE ZULLEN DOORGAAN' op de borst. De fraude komt vaak aan het licht, leidt tot meerdere rechtszaken. Zelfs de afslagdirecteur wordt een keer opgepakt, hij zit ook in de fraudecarrousel. De burgemeester van Urk verdedigt de vissers en keert de rollen om: 'Die christenen daar, ze rotzooien maar wat aan, denkt iedereen. Maar zo is het niet. Het beleid is ten enenmale fout als de christenen de regels niet kunnen volgen!'

Reijer: 'In de jaren tachtig werd zoveel geld verdiend. De vangsten waren prima, maar wat moest je doen? Sta je daar aan dek, zie je netten vol kabeljauw of schol bovenkomen, op het ogenblik dat je quotum vol is. Gooi je die vis dan zomaar terug? Je hele vissersleven kan alles, zijn er geen regels en kijkt iedereen op naar de grootste vangsten. En dan ben je plots een crimineel, een boef die "illegaal" vist, en komt de politie eraan te pas. Het was heftig wat toen gebeurde.'

Te midden van de aanhoudende conflicten met de overheid brengt een Urker redding en zet een nieuw fraudesysteem op, waar iedereen van afweet. De vissers, de visafslag, de vissersvrouwen, de dominees, de ouderlingen, de vaders, moeders, broers en zussen: iedereen ziet het en iedereen zwijgt. Het leven gaat zijn gang, met voetbal op zaterdag en twee diensten op zondag, met mensen die bij de slager over het weer praten, die psalmen zingen en rondjes rijden om de haven, maar onder de waterlijn ontvouwt zich een geheime wereld van korte telefoontjes, verbrande facturen en verborgen luiken.

Niemand praat nu nog over de man, Geert heet hij, ook niet over het bedrijf waar het toen om draaide: Neboma. Valt nu de naam in een gesprek, dan kleuren de wangen rood en kijkt iedereen op zijn horloge: *ik moet ervandoor.* Nooit gaf Geert echt inzage in de carrousel waar het dorp een aantal jaar in meedraaide. Dus ga ik op bezoek bij Geert. Hij weet niet dat ik kom.

'Mijn vader woont aan de andere kant van het erf,' zegt Bape, zijn dochter. In een omgebouwde schuur ruiken grote poedels aan mijn schoenen, twee zwarte en een witte. Ze zijn keurig geknipt, als een buxushaag. Bape heeft een hondenkapsalon en hondenschool, is gespecialiseerd in labradoodles, goldendoodles en de Portugese podengo pequeño, en ze geeft ook lessen *dogdance*, dansen met je hond, in twee verschillende disciplines: freestyle en Heelwork To Music. Bape, een vriendelijke vrouw, praat me bij over honden, vertelt dat op Urk veel honden Jauwkien en Knielus heten. Ze belt haar vader. '*Een Bellug, ja, die skrift een boek over Urrek*,' hoor ik. Ze glimlacht: 'Goed hoor, hij heeft tijd.' Ze wijst me de weg: 'Daar, aan de zijkant van de boerderij, vind je een ijzeren trap naar de bovenste verdieping, daar zit mijn vader. Hij heeft je ongetwijfeld al gezien op de camerabeelden.'

Geert staat voor het raam. Hij draagt een wit poloshirt met grijze, verticale strepen. In zijn blik lees ik argwaan en nieuwsgierigheid. Geert is niet groot, maar er schuilt kracht in zijn verschijning. Ooit sloeg hij een controleur op z'n gezicht, toen die iets te diep in de achtergrond van Neboma groef. De rechter sprak toen van een 'harde klap'. Geert zag het anders: 'Als dat zo was, dan had ik mee gemoeten naar het ziekenhuis, om mijn vuist uit zijn kop te halen.' De man is een paar keer gescheiden – 'de eerste keer omdat ze rookte, dat doet een vrouw niet, punt' – en hertrouwde later met een vrouw van wie hij eerder was gescheiden.

Hij gebaart me de trap te nemen. Ik hoor een hond grommen en hoor ook de stem van een dominee: 'En denk maar niet dat je er zomaar komt. Ho neen! Ho neen!' Boven houdt Geert de deur op een kier. Op de achtergrond zie ik een myriade van beveiligingscamera's, computers, megaschermen, printers, audioinstallaties, taperecorders, telefoontoestellen, faxapparaten, harde schijven, laptops, versterkers, toetsenborden en eindeloze kabels die alles met elkaar verbinden en als tuimelkruid in de hoeken van de kamer liggen.

'Wie ben jij?'

'Iemand die geïnteresseerd is in uw verhaal.'

'Waarom dan?'

'Ik wil weten hoe en waarom u de visfraude organiseerde.'

'Waarom dan?'

'Voor een boek over Urk.'

'Ik wilde dit dorp en z'n vissers beschermen. Schrijf dat maar in je boek.'

'Wil je erover praten?'

'Waarom dan?'

'De feiten zijn toch verjaard?'

'Komt u maar binnen.'

'Schrik niet,' zegt hij. 'Om de zoveel minuten weerklinkt hier in mijn bureau een luide kreet van een roofvogel. Daarom staat het raam ook open. Dat bandje speel ik de hele dag af, opdat de andere vogels op afstand blijven en de boel niet besmeuren.'

De dominee die ik op de achtergrond hoor, is een van de 68.000 preken die Geert Nentjes op meerdere harde schijven heeft opgeslagen. Al jaren verzamelt hij predicaties. Vroeger lagen op zijn kantoor duizenden cassettebandjes opgestapeld, in op maat gemaakte kasten, tot een deel van de boerderij afbrandde en hij gewoon van voor af aan begon. Nu zenden ouderlingen van overal te lande hem preken van zware dominees.

'Die preken hielden me overeind in de gevangenis,' zegt hij. 'Eind jaren negentig zat ik zes maanden in Heerhugowaard, tussen de drugsdealers en de moordenaars. Een had zijn schoonmoeder gedood. Ik zat er voor valsheid in geschrifte. Wat een grap.'

Geert is een man die nooit twijfelt. Hij praat met de stelligheid van een advocaat. Het is zo en niet anders.

'Evengoed zat ik er ook voor moord. De dochter van mijn broer is vermoord in de jaren negentig, gewurgd met het snoer van een stofzuiger. Zet je me in dezelfde ruimte als de dader, dan denk ik aan de Bijbel: *Wie des mensen bloed vergiet, zijn bloed zal door den mens vergoten worden.* Zo steekt het leven in elkaar.'

In de gevangenis had Geert een baantje. Hij smeerde broodjes voor het ontbijt, zette thee en koffie. 'Iedereen liet me er met rust,' zegt hij. 'De andere gevangenen keken naar MTV op de televisie, ik luisterde naar preken op mijn walkman. Sinds mijn tijd in de gevangenis weet ik dat een dag uit 86.400 seconden bestaat.'

Geert heeft de inpoldering nog meegemaakt, roeide met zijn vader in een bootje om het eiland heen. Lange tijd runde hij een viswinkel in de haven, Het Urker Vispaleis. In een andere zaak, Voor Elk Wat Wils, verkocht hij souvenirs aan toeristen: opblaasbootjes, tassen, schelpen, poppetjes. Hij viste ook een tijd op het IJsselmeer en de Noordzee, verloor drie vingers bij de aanleg van de Flevopolder, raakte met z'n vingers tussen de hijsdraad van een zandzuiger. Een maand later ging hij weer aan boord. In de jaren tachtig, als heftruckchauffeur in de visafslag, zag hij de vissers worstelen met het quotasysteem en bedacht een plan. Geert tekende een boekhoudkundig systeem uit om de vissers naar eigen zeggen 'te redden van al die domme regels'. 'Altijd heb ik mijn mond gehouden,' zegt Geert. 'Ook tegen de rechter.'

Tot nu.

Een paar uur lang vertelt hij over de fraude. In theorie was het systeem simpel: alle vis die buiten het quotum viel, kocht hij op, en hij verkocht die op eigen houtje in de visafslag, om de vissers dan na aftrek van een commissie terug te betalen. Hij was een tussenstation. Dat wist iedereen, ook de mensen van de afslag, waar hij met de heftruck reed. De vis die hij aanvoerde was dus grijze vis: onwetmatig opgevist, maar schijnbaar wetmatig verkocht.

'Als de kotters een haven in voeren,' zegt hij, 'dan kreeg ik een kort telefoontje van de schipper, of van de eigenaar, wat vaak één en dezelfde persoon is: "Zoveel kilo te veel aan tong, zoveel aan schol, enzovoort." Die vis moest via Neboma verkocht worden. Zonder dat er iets op papier stond, puur op basis van vertrouwen, stond de visserman mij het teveel aan vangst af. Dan sorteerde ik de vis. Makkelijk zat, er waren toen al genoeg geheime plekken op Urk waar ik dat kon regelen. Op iedere kist met vis kleefde het nummer van de kotter die de vis had gevangen. Dat is tegenwoordig nog altijd zo. Ik haalde die briefjes eraf en kleefde er een ander nummer op, waardoor niemand nog wist van wie die vis was. Alleen ík kende de link tussen het nieuwe en het oude nummer. Opdat ik de nummers zelf niet per vergissing door elkaar zou halen, had ik een geheim briefje met alle informatie. Dat briefje zat verstopt achter een schilderij in mijn kantoor.' Hij wijst naar de muur. 'Simpel, hè.

Vervolgens verkocht ik die vis op de afslag, goed voor een ontzaglijk bedrag, en rekende thuis uit hoeveel geld elke kotter toekwam. De eigenaars hadden mij die vis zogezegd "gegeven", en wilden nu hun geld zien. De kostprijs voor mijn tussenkomst was één procent van de totale besomming.

De laatste stap in het proces was de uitbetaling. Bij de AMRO op Urk kende ik iemand die ook lid was van de Sionkerk, waar ik nog iedere zondag heen ga. Kende ik het totaal uit te betalen bedrag, dan belde ik die persoon, heel kort, en zei bijvoorbeeld "4,1" of "3,8" of "2,9". Dat ging toen om miljoenen guldens. Dan wachtte ik, zag op afstand het verse geld worden afgeleverd bij de bank, ging binnen, en wandelde aan de achterkant weer naar buiten met een paar miljoen contant geld in een zak van de C1000-supermarkt.' Hij lacht.

'Op mijn kantoor stond zo'n elektrische geldteller. Terwijl ik naar zware preken luisterde en de dominee sprak over geld en verdoemenis, liet ik het machientje tienduizenden guldens bijeentellen: *ppppprrrrrrrrrrrrrttttt*: zoveel voor kotter X. Ik liet dat geld nooit zomaar achter. Hier liepen een paar stevige bouviers rond, maar ik vertrouwde het niet. Soms had ik het geld bij me, uit veiligheid. Op Urk kon me niks overkomen. Dan zat ik in de Sionkerk met een miljoen gulden in mijn zak, *geseald* in pakjes van een ton.

Als ik voor elke visser het geld had geteld, stak ik het in bruine enveloppes, voorzien van een briefje met een korte samenvatting:

zoveel vis, voor zoveel verkocht. Dat briefje moest de eigenaar snel verscheuren of verbranden. Die enveloppes bracht ik op Urk rond in het gezelschap van mijn vrouw en dochter. Dat viel niemand op. Al wat ik in die C1000-zak had opgehaald, stroomde verdeeld over al die vissers gelijkmatig terug naar de bank. Ach, man, het was zo'n prachtige, spannende tijd.'

Zo spannend dat de overheid zich ermee bemoeit en Geert zijn systeem verder uitpuurt, zich steeds dieper ingraaft, en daar decoupeerzagen voor nodig heeft. Hij leidt me door zijn grote huis. Overal hangen religieuze citaten aan de muur, of spreuken die het gemoed schragen: 'Als je jammert: Ik ben zwakker dan mijn grootste concurrent, blijf je levenslang de stakker die je ongetwijfeld bent.' We wandelen de trap af die uitmondt in de ruim bemeten hal. Die trap is breed en sierlijk. Een kroonluchter hangt in de nok van de hal, waar het licht door het ronde glasraam valt, dat boven de voordeur is ingewerkt. 'Dat is een portret van mijn vader en moeder,' zegt Geert. Hij aarzelt. Zijn lippen trillen. Geert slikt even, herpakt zich en vertelt verder. 'Dat Urkerpak, de kleuren, de blik van mijn ouders en niet te vergeten: de trouwringen, ook die zijn ingewerkt in het glasraam.'

In de keuken zet Geerts vrouw koffie en taart op tafel.

'Heeft hij je alles verteld?' vraagt ze.

'Ik denk het,' zeg ik.

'Hij vond het fantastisch, maar ik heb doodsangsten uitgestaan. Overal lag hier geld verstopt.'

'Ik verstopte zelfs geld in een kinderwagen!' zegt Geert. 'En onder het aanrecht zaagde ik een gat in de bodem en legde daar een stuk plastic over.'

Intussen lacht Geert de overheid vierkant uit door te adverteren in de *Preventie Almanak* van de Rijkspolitie op Urk: 'Neboma, voor al uw rondvis, platvis, witvis, zwartvis, of wat voor kleur vis dan ook.'

'En toen liep het allemaal in de soep,' zegt hij. 'Vissers werden opgepakt, de visafslag kwam in het vizier en uiteindelijk kwamen ze ook bij mij terecht, als laatste. Ik nam Max Moszkowicz in de arm. "Uiteindelijk zul je hangen," zei hij, "helemaal op het einde." En inderdaad. Ik ging een half jaar de cel in.

Spijt heb ik niet. Als ik nu sterf, dan ben ik verloren. Ik ben niet bekeerd en hoor het dominee Van Voorthuysen nog zeggen: "Al was het de enige zonde in mijn leven, dit gebedje, dan nog ben ik voor eeuwig verloren." Ik kan alleen hopen nog bekeerd te worden, maar de kans dat ik naar de hel ga, is groot. Daar maak ik me zorgen over, jazeker.'

Na het gesprek ga ik langs bij een paar oude vissers. Ze bevestigen het verhaal, met tegenzin: 'Wat konden we anders doen?' Ook de voormalige werknemer van de AMRO Bank knikt: 'Maar mijn naam komt niet in dat boek, hè.'

Hoe dieper in de jaren tachtig en negentig, hoe meer vragen er aan de oppervlakte komen. Valt de visfraude nog te verantwoorden tegenover God? In die tijd zit iedereen in het complot: de vissers, het gemeentebestuur, de handelaren. Ze gebruiken de Bijbel als een gereedschapskist, waarin je altijd wel iets vindt om het probleem op te lossen. Breekt je schroef op de muur van Romeinen 13:1 – *want er is geen macht dan van God* –, dan vind je elders wel een hamer om de boel te redden, zoals in Efeze 6:4.

Een dominee van de Eben-Haëzerkerk verwoordt het als volgt: 'Wij moeten gehoorzaam zijn aan de overheid. Maar in deze situatie voel je dat het moeilijk ligt. Die vangstbeperking bedreigt de mensen op Urk in hun bestaan. In de Bijbel staat: verwekt uw kinderen niet tot toorn. Dat moeten ouders zich niet alleen ter harte nemen, maar ook de overheid. De zin van de EEG-maatregelen wordt op Urk niet doorzien. Dus is dit Schriftwoord zeker van toepassing.'

Uiteindelijk wendt de kerk alsnog haar kar, wanneer veel bekenden op Urk gestraft worden, van vissers tot mensen van de afslag, mensen van het gemeentebestuur en vishandelaren. Een van de hooggeplaatsten uit de visserij belandt een paar dagen in de gevangenis, nadat hij documenten van de afslag heeft verbrand in het rookhok van een nettenschuur. Achter tralies komt hij tot inkeer. Als een wielrenner na een dopingschorsing pleit hij voor volledige openheid. Hij is nu 'clean' en iedereen mag het weten. De kerk waartoe hij behoort, de Maranathakerk, reageert, en stelt het Heilig Avondmaal uit. Ook de Gereformeerde Kerk neemt een standpunt in en steekt de hand in eigen boezem: 'De kerkenraad verklaart dat het verkeerd is geweest dat hij vele jaren gezwegen heeft over de bij een ieder bekende praktijken rond alles wat met de visserij te maken heeft in onze gemeente.'

'Dat was een keerpunt,' zegt Reijer. De berg vis is verwerkt. Hij haalt pudding uit de koelkast.

Ik vraag hem hoe het er nu aan toe gaat.

'Erger dan toen kan niet. Er gebeurt nog weleens wat, maar niet meer in die orde van grootte. Het is de buitenwereld die erop focust.'

Bij de boekverbranding van eind jaren tachtig ligt alles wel op straat, maar net zoals er na de Festina-Tour in 1998 zogenaamd geen epo meer werd gebruikt in het peloton, maar alles wel gewoon doorging, hangt om de visindustrie nog altijd een geur van fraude. Vaak is dat onterecht. Wielrennen krijgt het dopingetiket ook niet gewist, terwijl de atletiek de ware kraamkamer van de doping is, en niet de wielerkoers. Het helpt natuurlijk ook niet als er om de zoveel jaar een grote zaak aan het licht komt.

'Maar is een grote zaak dan echt nog groot?' vraagt Reijer. 'Dat valt nu toch mee?'

Ik vertel hem over het wielrennen, zeg dat er nog altijd renners tegen de lamp lopen, zoals in alle sporten. In het wielrennen zou het er nu *properder* aan toe gaan. De controles zijn ook veel strenger. Kan best zijn. Maar vanwege de geschiedenis is er helaas geen vermoeden meer van onschuld. Dat geldt ook voor de visserij op Urk.

In 2007 veroordeelt de rechter in Zwolle zesentwintig vishandelaren, vissers en het management van de visafslag voor hun aandeel in een nieuwe fraudezaak, van de directeur en twee marketingmanagers van de Urker afslag tot bekende vissers, diepvriesbedrijven en de directeur van Vishandel J. Koffeman. Die J. Koffeman is ook SGP-raadslid en krijgt een boete van 25.000 euro, zestig uur taakstraf en een maand voorwaardelijk. Na de veroordeling staat hij zijn zetel in de raad niet af, begint een eigen partij en haalt bij de volgende verkiezingen zoveel stemmen dat hij weer gekozen wordt. Die zaak is een voorbeeld van ondermijning.

Het gaat om het 'omkatten' van vis. Een gequoteerde vissoort, schol, wordt 'omgekat' naar een ongequoteerde soort, schar, en de hele keten is daarbij betrokken.

Terwijl ik op Urk woon, treffen controleurs in de zomer van 2019 meer dan duizend kilo ondermaatse schol aan op de afslag. De kleine scholletjes zitten tussen de gewone schol. Duizend kilo is niet veel als je de totale vangst bekijkt. Die ondermaatse schol is ook geen teken van grootschalige fraude, geen Festina-affaire, maar is een teken van de malaise in de visserij.

De gouden tijd van de jaren zestig, zeventig en tachtig is vervlogen. Strenge regels, slechte vangsten, lage prijzen, dure brandstof. En vis die zich kennelijk wat terugtrekt. Vissers moeten steeds verder varen, verbruiken meer brandstof. Dat is niet ieder jaar zo, maar zoom je uit, dan wijst de pijl naar beneden. Zeker vanaf het begin van de jaren 2000.

Intussen is de Urker vloot al meer dan gehalveerd en blijft van dat ooit zo machtige leger niet veel meer over. Terwijl de vissers van de kaart vielen, zagen ze het industrieterrein aangroeien tot een mogol.

Rond 2014 bereikt de visserij een nieuw dieptepunt. Alles valt tegen: de vangst, de brandstofprijs, de visprijs. Veel kleine familiebedrijfjes staan op instorten. Sommigen denken aan ophouden, aan het verkopen van hun schip. De Urker vloot is een bloedend kalf, omringd door wolven. Die ruiken het bloed van ver, tot in Amsterdam. Het ondenkbare gebeurt. Na eerst te hebben gevist op haring en ansjovis in de Zuiderzee en daarna op de platvis in de Noordzee, is er nu een Urker kotter die vist op sporttassen. En die bevat geen ondergoed en tandenborstels.

'Maar daar kan ik je weinig meer over vertellen,' lacht Reijer. 'Die familie ken ik niet goed.'

Ik lepel de pudding naar binnen en verdiep me in drugstransport: is de Urker vloot zo ver afgedreven, dat de mocromaffia erin is geïnfiltreerd? Echt? Het lijkt van de pot gerukt. Terwijl het industrieterrein waanzinnig hard groeit, vissen de kotters van ellende op cocaïne? Toch is het gebeurd. *Meerdere malen*, klinkt het hier op Urk, maar het bewijs ontbreekt.

Iedereen stelt zich vragen hoe het kan dat de familie N. een aantal jaren geleden zo makkelijk investeerde in nieuwe schepen. Johannes N. koopt een kotter, samen met zijn vader en een andere partner, de Z181, en de Urkers staan ervan te kijken. Er komt zelfs een tweede kotter. Het kan niet op. De familie N. doopt de Z182 in de haven van Urk. Johannes huurt daarvoor restaurant Het Achterhuis in Urk af en moeder N. moet drie keer tegen de romp slaan voor de fles champagne openbarst. Dat de economie intussen even in het groen staat, dat klopt, maar iedereen ziet elkaars besommingen op de afslag, en de vangsten van de familie N. zijn niet veel beter dan die van de anderen.

Iedereen weet dat ze al eens sigaretten hebben gesmokkeld op zee. Maar dat doen andere Urkers ook. Het is eigen aan visserculturen. Maar met sloffen koop je geen kotters. Hoe dan wel? Het antwoord valt in een rechtszaak.

Op 9 juni 2017 observeert de Nederlandse recherche de Pakistaanse Nederlander Mohammed S. Die man wordt verdacht van betrokkenheid bij een schietpartij. Hij heeft nauwe banden met Naoufal F., een beruchte baron uit de Amsterdamse mocromaffia. Die dag in juni pikt Mohammed onder het oog van de recherche een Montenegrijn op: Dalibor D. Die heeft twee zwarte tassen bij zich en stapt in de auto van Mohammed. De twee rijden naar een parkeerplaats in het Friese Harlingen. Daar ontmoeten ze Johannes N. van de Z181.

Dalibor stapt over in de blauwe Volkswagen van Johannes, en laadt ook de twee tassen in de auto. De twee rijden naar de haven. Het is vrijdag. Dat betekent dat veel kotters binnenvaren in Harlingen. Wanneer Johannes en Dalibor aankomen in de haven, ligt de Z181 aan de kade. Hoewel het schip vaart onder Belgische vlag – Z staat voor Zeebrugge – heeft het wel een Urker bemanning. De kotter is net terug van een week vissen op platvis en Noorse kreeft, zoals veel andere. Wanneer Dalibor aan boord gaat van het schip, slaat de recherche alarm.

Het is eerder bij toeval dat de recherche Johannes N. op het spoor komt. Hij is bijvangst bij het onderzoek naar een stel zware jongens. In april 2016 legt de politie beslag op de servers van Ennetcom, een Nederlandse aanbieder van PGP-netwerken (PGP staat voor *Pretty Good Privacy*). Zo'n netwerk staat gebruikers toe om via versleutelde berichten te communiceren, als iedereen tenminste over een PGP-telefoon beschikt. BlackBerry heeft zo'n toestel. Je kan niet eens met de telefoon bellen of sms'en, de microfoon en camera zijn verwijderd, maar alle mailcommunicatie is versleuteld en dat maakt zo'n telefoon geschikt voor zeer gevoelige informatie.

De server van Ennetcom staat in het Canadese Toronto, en hoewel de berichten normaal gezien niet langer dan 48 uur op die server staan, treft de politie er zeven terabyte aan gegevens op aan, goed voor 3,6 miljoen berichten, afkomstig van tienduizenden PGP-telefoons. En nog veel beter: de politie krijgt ook de sleutels in handen en slaagt erin de berichten te decoderen en de nummers toe te wijzen aan criminelen. De Nederlandse recherche krijgt zo veel meer armslag in het onderzoek naar de mocromaffia en leest plots berichten van verdachten die gaan over 'vissers', over een 'drugslijn' en over 'Joego's' die werken met mensen van 'Montenegro'. *NRC Handelsblad* kan later het justitiedossier al vroeg inkijken en leest daarin dat Mohammed S. spreekt met een verdachte uit Den Helder over de 'Z181' en over een zekere 'Johannes'. De naam valt. Net als de naam van een bekende Urker ondernemer, 'Leendert R'.

Die Leendert beschikt op Urk over meerdere horecazaken, ook over een zalmrokerij, en Leendert kent ook de weg naar het politiebureau. Hij smokkelde ooit Pakistaanse hasj en zat vast in een Franse cel voor hasjhandel. Uiteindelijk werd hij vrijgesproken. Verschillende vissers op Urk vertellen me later dat Leendert toen geregeld een rondje deed bij kotters, om te horen of er eventueel iets mogelijk was, in wat voor vorm dan ook.

Het wordt voor de recherche alleen maar interessanter als Mohammed S. in de versleutelde berichten zegt te beschikken over een groep vissers die op het water kan 'aannemen en opvangen'. Er volgt een extra onderzoek, dat tot verbazing van de rechercheurs naar Urk leidt.

Wanneer de Z181, met Dalibor D. aan boord, die vrijdag opnieuw uitvaart, wat vreemd is voor een kotter, weet de bemanning – twee Urkers, een Pool en de Montenegrijn – niet dat ze in de gaten gehouden worden door de kustwacht. Een paar uur later, vroeg in de ochtend, komt de kotter aan op de bekende visgronden, vaart op 'vissnelheid' en doet kennelijk niks vreemds. Maar de netten zijn niet uitgegooid en het volgsysteem van het schip is uitgeschakeld. Al snel keert de kotter terug, 'motorpech' communiceert de schipper naar Johannes N. Het blijkt een afgesproken alibi te zijn. De kustwacht ziet hoe de terugkerende kotter in de namiddag, rond 15 uur, binnen de Nederlandse territoriale wateren in het spoor van een containerschip vaart, de MSC Krystal, een gevaarte van 300 meter lang. Dat is ongewoon gedrag voor een kotter. Een vissersschip waagt zich zelden op de bekende, maritieme vaarroutes, en mag dat vaak niet. De MSC Krystal, een Panamees containerschip, is twee weken voordien vertrokken uit Brazilië, om via Antwerpen ook Rotterdam aan te doen. De bemanning van de Z181 ziet zwarte sporttassen in het water drijven, die met touwen aan elkaar zijn gebonden, en haalt ze aan boord. De tassen verdwijnen op een moeilijk bereikbare plaats, achter een gesloten deksel van een watertank. Al die tijd staat Johannes in contact met de Urker schipper. De buit lijkt binnen; die lijkt Johannes 300.000 euro te gaan opleveren. Maar dan grijpen de kustwacht en de douane in en wordt de Z181 naar de haven begeleid. Daar staat Johannes op de kade te wachten. Leendert is ook in de buurt, net als Mohammed S. Ze gaan er beiden snel vandoor als ze de douane opmerken.

Ook de Fiscale Inlichtingen en Opsporingsdienst staat klaar in Harlingen. Die gaat aan boord van de Z181 en vindt dertien natte sporttassen met daarin 261 kilogram cocaïne, allemaal verpakt in stevig ingetapete blokken, groot als goudstaven, goed voor een straatwaarde van zo'n 8 miljoen euro. In de zwarte tassen van Dalibor treffen ze een gele ENOS-koffer (reddingsapparatuur om de positie van een duiker mee te bepalen), een satelliettelefoon, een portofoon, twee verrekijkers en een nachtlamp.

Johannes zal later verklaren dat hij de paar dagen voorafgaand aan de feiten onder grote druk werd gezet om de drugs op te vissen. Maar uit de versleutelde berichten blijkt dat er al twee jaar eerder sprake is van een 'Johannes', die bedreigd blijkt te zijn met foto's van zijn vrouw en kind, en hun bijhorende BSN's. Mohammed S. heeft ook berichten verstuurd naar een medeverdachte:

‘Truste die N. [Johannes] weet niet ik heb granaten liggen ik gooi op die kanker huis van hem als mijn hoofd moe wordt!’ Mohammed zegt via versleutelde berichten aan Naoufal F., de baron van de mocromaffia, over eigen observanten te beschikken die de vissers kunnen volgen. Ze wilden te allen tijde verhinderen dat Johannes N. naar de politie zou lopen: ‘Ik zeg de vissers leg voor we beginnen met werken met hun 600 K klaar voor het geval iets fout gaat kan gelijk team pikieuw ingeschakeld worden!’ Er zou dus 600.000 euro klaarliggen om de vissers eventueel te liquideren. *Pikieuw* zou zoiets betekenen als moordcommando. De zaak krijgt een nog grotere wending, wanneer uit meerdere berichten blijkt dat niet enkel sprake is van Johannes, maar van vissers, meervoud. Ten minste drie andere kotters worden genoemd. Justitie vermoedt ook dat de vangst van de Z181 maar het topje van de ijsberg is, dat Leendert R. veel meer heeft gefaciliteerd. Zo zijn er berichten van *Leen* waarin het gaat over het verbergen van ‘maximaal 500’, meer kan niet verstopt worden. Er is zelfs een Urker die verdacht wordt van betrokkenheid bij de moord op een Amsterdamse onderwereldfiguur. Die Urker is door de recherche ook gezien bij ontmoetingen met hoofdverdachten van de Z181-zaak. Er zijn heel veel losse draden in dit verhaal, dat geldt ook voor drugstransport in andere vissersdorpen. Er zijn heel veel vermoedens over andere Urkers dan enkel Johannes, die overigens briefjes onder zijn celdeur doorgeschoven krijgt met de raad zijn mond te houden. Maar bij gebrek aan andere bewijzen kan justitie de eindjes niet aan elkaar knopen.

Ik probeer het zelf uit te vogelen en spreek vissers aan. Het duurt een tijd voor ik genoeg vertrouwen win. Het helpt als vissers me op zondag in de kerk zien of ’s avonds wandelend aan de haven. Met een aantal van hen drink ik een biertje, en ik laat af en toe een ballonnetje op. De meerderheid prikt die ballon snel leeg: ‘Coke opvissen? Ben je helemaal gek?’ Anderen laten de ballon tegen het plafond stuiteren en reageren niet. Ik vraag door, spreek ze op een andere plek, op een ander tijdstip, en heel langzaam hoor ik een ander geluid. Een paar enkelingen zeggen ‘over een telefoonnummer te beschikken’, voor het geval ze in zware moeilijkheden zitten. ‘Het is de economie die ons naar de rand duwt,’ zegt iemand.

Dat betekent niet dat ze het nummer daadwerkelijk gaan bellen, 'want zoals we zagen bij Johannes kom je nooit meer van die gasten af'. De enkelen geven ook aan dat cocaïne opvissen 'moreel totaal onaanvaardbaar' is, 'maar dat is die Europese quotumregeling ook, toch?'

Het gebeurt weleens dat vissers een paar kilo in de netten vinden. Dan gooien ze de pakjes bij terugkomst op Urk anoniem over het hek van de politie, of ze gooien de drugs terug de zee in, nog makkelijker.

Het is niet verwonderlijk dat criminelen Urkers benaderen. Of omgekeerd. Hier heb je een bevolking die alles onder elkaar regelt en over een vloot kotters beschikt die niet door de scanner van Rotterdam of Antwerpen moet. Bovendien verkeert die vloot in grote problemen. Dit dorp beschikt ook nog eens over ontiegelijk veel vrachtwagens. Zo ontdekt de Britse douane in de zomer van 2020 een enorme lading drugs in de laadruimte van een Urker vrachtwagen. De 250 kilogram cocaïne en 169 kilogram speed zitten verstopt tussen een lading rozen en zonnebloemen. Het kost de douaniers een hele dag om de 419 kilogram aan drugs, met een straatwaarde van dik 15 miljoen euro, los te wrikken. De chauffeur van de vrachtwagen, een Urker, is overigens de zoon van een bekende SGP-wethouder uit het dorp. Die wethouder blijkt ook vervoersmanager te zijn bij de transportfirma van zijn zoon. Een nevenfunctie waar de gemeente tot dan toe niet van op de hoogte is. De precieze details van deze zaak, of de familie in kwestie op de hoogte was van de drugssmokkel, was bij het ter perse gaan van dit boek nog niet bekend. Maar dat er in dit dorp veel onder de radar gebeurt, is wel duidelijk. Ondermijning ligt op Urk vaak op de loer. Meer nog, in sommige gevallen is het een feit. Kom ik in gesprekken niet verder dan 'een telefoonnummer', dan lees ik op papier hoe ver ondermijning hier kan reiken.

'Geheim concept' staat gedrukt op een rapport dat achter slot en grendel ligt opgeborgen in het gemeentehuis. Het rapport begint met een woordwolk waarin DRUGS in grote letters opvalt. Verder ook 'bedrijventerrein', 'jeugdhonken' en 'mensenhandel'. Dit 'geheim concept' is het RIEC-rapport. RIEC, het Regionaal Informatie en Expertise Centrum, doet onderzoek naar ondermijning en helpt overheden in de strijd tegen de georganiseerde criminaliteit. Het RIEC heeft ook Urk onderzocht, op verzoek van de gemeente, en waarschuwt voor de ons-kent-onscultuur. Dat maakt de gemeente Urk overigens zelf bekend, tijdens de zomervakantie. Urk publiceert een persbericht met daarin alle mogelijkheden van ondermijning. Het gaat over drugssmokkel, drugshandel en drugsgebruik, arbeidsuitbuiting in de visindustrie ('vermoedelijk vooral slachtoffers van allochtone afkomst') en seksuele uitbuiting ('vermoedens van vrouwelijke – soms minderjarige – slachtoffers').

Het rapport is gebaseerd op interviews met 25 professionals, tussen februari 2018 en juni 2018. De professionals spreken over 'relatief veel drugs op Urk' en geven aan dat jongeren van 14 soms al (hard)drugs gebruiken.

Het geheim rapport gaat veel verder dan het bericht van de gemeente: 'Zo spreken professionals over CSV A (crimineel samenwerkingsverband: familieverbanden, criminele spilfiguren, faciliteerders) waarvan vermoedens zijn van internationale drugssmokkel, witwassen en mensenhandel. Het CSV opereert binnen de visindustrie, waarmee sprake is van verwevenheid tussen onder- en bovenwereld.

Eén crimineel familieverband vormt binnen het CSV de kern, zij wonen in een buurgemeente. Ook zien professionals bepaalde lijntjes tussen de CSV en een prominent politiek figuur. ('Als CSV A iets wil, moet E dat regelen binnen de gemeente Urk.')

Daarnaast vermoeden professionals dat er nog meer lijntjes binnen de bovenwereld zijn, zo was CSV A op de hoogte van alle schulden (informatie van bank en belastingdienst) van een visser die A benaderde voor samenwerking in het drugstransport. A bood de visser hier tevens 50.000 euro contant voor, als eerste bonus. Professionals vermoeden tevens dat er meer contacten zijn tussen CSV A en andere Urker criminelen, zo dient volgens hen een onderneming van CSV A als wekelijkse criminele ontmoetingsplaats.'

De plek waar ik 's nachts verzeild raakte en waar '*Cocaine Blues*' van Johnny Cash luid werd meegebruld, herken ik elders in het rapport. En telkens opnieuw komt het industrieterrein naar voren. Niet enkel de illegale bars. Het rapport kan de indruk wekken dat

Urk één groot crimineel dorp is, het is zelfs verleidelijk dat te denken, maar dat is niet zo. Er zijn nog andere plekken in Nederland met een grote vatbaarheid voor ondermijning. Maar er zijn weinig plekken waar het ambacht dat het dorp groot maakte, zo in de verdrukking zit. Hoe komt het dat de visserij zo sterk achteruit is gegaan, en nog altijd gaat?

Reijer vertelde al over de Europese vangstmaatregelen. Sindsdien is de zee geen ongebreidelde speeltuin meer voor vissers. Maar even belangrijk, en dat legitimeert de vraag of er een einde komt aan de visserij, is dat de overheid de zee nu beschouwt als een speeltuin. Was het ooit Nederland dat de toekomst van het dorp bepaalde bij het afsluiten van de Zuiderzee, is de wereld, honderd jaar later, één geworden en gaat het niet meer om het overwinnen van de natuur, zoals toen, maar om het redden van de natuur. Urk is een steeds kleinere speler in een alsmaar grotere wereld, een nietige pion op een schaakbord.

De laatste decennia vindt opnieuw een omslag in het denken plaats. Wetenschappelijk onderzoek toont aan dat het klimaat verandert. De urgentie is hoog en de *call to action* klinkt luid. Zonnepanelen duiken op in het straatbeeld en hier en daar zie je windmolens. Kernenergie komt onder druk te staan. De nieuwe, ecologische gedachte leidt niet tot een revolutie, maar de geesten rijpen wel, zij het langzaam. Dat proces versnelt wanneer vijfentwintig jaar na Tsjernobyl een nieuwe kernramp plaatsvindt, in het Japanse Fukushima. Dat is het laatste duwtje dat sommige overheden nodig hebben om over te schakelen op nieuwe energiebronnen. Duitsland kiest met de *Energiewende* radicaal voor hernieuwbare energie en sluit de kerncentrales. Om de afgesproken doelen van de klimaatconferentie van Parijs (2015) te halen, zien overheden vooral toekomst in grote windmolenparken. Daar heb je veel open ruimte voor nodig, plekken met veel wind. Zo krijgt de zee een nieuwe bestemming, en dat hebben de vissers niet in de gaten.

Sinds twee decennia, sinds de opkomst van de ecologische gedachte, hebben vissers andere zorgen aan hun hoofd. De Urkers kampen met hoge brandstofkosten, slechte visprijzen en slechte vangsten, en ze krijgen de geur van visfraude niet van zich afgeschud. Ze vechten, welja, tegen windmolens, en zijn er niet bij als de hogere echelons rond de tafel zitten, zich over de kaart van de Noordzee buigen en windmolens in zee planten, als vlaggetjes op een kaasplank. Die molens staan liefst niet te ver in zee, om de transport- en onderhoudskosten te drukken, ze staan liefst ook niet te diep, om de installatiekosten te drukken. Ze staan dus liefst niet ver van de kust, en het liefst op zandbanken. Daar waar kotters vissen.

Dat de vloot niet anticipeert op de veranderende samenleving en de langzaam kantelende denkkaders is niet verwonderlijk. Eerst is er ruzie met Frankrijk. De Franse vloot kent niet de technologische en industriële ontplooiing die de Nederlandse vloot kenmerkt, en pikt het niet dat de Nederlanders 'hun' Kanaal bevissen en in eigen land een betere visprijs krijgen. In 2007 blokkeert een tiental kleine Franse schepen de sluis in Boulogne-sur-Mer. Het is de zoveelste rel. Eerder al werd vis met dieselolie overgoten en werden banden lek geprikt.

Een paar jaar later, in 2010, richt een bekende Britse tv-kok, Hugh Fearnley-Whittingstall, zijn pijlen op de bijvangst van vissersschepen. De kok kan er met zijn verstand niet bij dat er tijdens het vissen zoveel vis, dood of levend, terug de zee in gaat, en pleit voor een aanlandplicht: alle gevangen vis moet aan wal. Whittingstall begint een grote campagne, *Hugh's Fish Fight*, verzamelt honderdduizenden handtekeningen, krijgt steun van onder anderen Coldplay, Richard Branson, Jamie Olivier en Gordon Ramsay, en zelfs van de Schotse en Noorse regering. Ook de Britse supermarktketen Sainsbury's steunt de kok. De campagne richt zich op alle vis die in zee verdwijnt omdat die niet marktwaardig is, te klein, beschadigd, of gewoon omdat de visser er geen quotum voor heeft. Whittingstall schaart veel volk achter zich, en zijn stem klinkt via tweets, brieven en handtekeningen zo luid dat de Europese visserijcommissaris een aanlandplicht invoert, in de hoop dat vissers blijven innoveren en nieuwe technieken ontwikkelen om de bijvangst te reduceren.

Wat op papier zo logisch lijkt, is zoals bij alles in de werkelijkheid veel complexer. De Britten die in het noorden van de Noordzee op kabeljauw vissen, gebruiken een heel andere techniek dan de boomkorren van de Urkers, die in het zuiden van de zee naar platvis zoeken. Je kunt niet 'specifiek' op schol vissen, er zal ook altijd tong in de netten hangen, want die vissen zwemmen niet in scholen. De aanlandplicht bezorgt de Urkers grote zorgen – meer sorteerwerk aan boord, minder tijd, meer ruimte die verloren gaat – maar uiteindelijk wordt de soep zo heet niet gegeten. De platvissers kunnen rekenen op uitzonderingen op de regels, maar niemand weet wat er binnen een paar jaar gebeurt.

Korte tijd later is het weer prijs. Nederland ontwikkelt in korte tijd een echte 'pulsvloot'. De pulskor sleept net als de boomkor over de bodem, maar heeft geen zware kettingen nodig om de platvis op te schrikken. De nieuwe kor wekt de vis op via stroomstoten en heel belangrijk voor de vissers: het zorgt voor een halvering van het brandstofgebruik. Wat begint met een paar vergunningen om met de puls te vissen, weliswaar voor wetenschappelijk onderzoek, mondt uit in tientallen schepen, waaronder het merendeel Urkers, die investeren in de pulskor en de toorn opwekken van vooral de Fransen. Bloom, een Franse ngo gericht op de bescherming van zeeën en oceanen, begint een campagne tegen de pulskor en spreekt over pulskotters als 'oorlogstuig' en 'elektrisch vissen', en toont foto's van verbrande vangst. Bloom neemt het op voor de eerder traditionele Fransen, die het met minder grote schepen doen. Nederland vergist zich in Bloom en de tegenstand die de pulskor elders in Europa opwekt. Uiteindelijk stemt een zeer grote meerderheid in het Europees Parlement tegen de puls. De stemmen komen van overal en hebben alle mogelijke kleuren: zelfs de groenen stemmen tegen.

Voor het dorp is het nog maar weer eens duidelijk: de heren en dames in Brussel hebben geen flauw idee wat visserij is. Altijd opnieuw steekt de elite stokken in de wielen en blijft de kleine man achter. Het gevecht tegen de aanlandplicht, de Britten, de Fransen en de lobby heeft de aandacht afgeleid van het werkelijke probleem: hernieuwbare energie. Terwijl Urk zoveel andere dingen aan zijn hoofd had, ontwikkelde de groene industrie zich heel snel. Nu staan de vissers voor een voldongen feit. Het gaat al lang niet meer over pulsen of aanlanden. Het gaat over nieuwe ideeën van een nieuwe industrie in een nieuw gebied. Was de Noordzee twintig jaar geleden nog een blanco vel, dan is die nu ruw ingekleurd, als een kindertekening, en kijken de vissers in de kantlijn toe.

De exclusieve economische zone, die 370 kilometer ver in zee reikt, wordt door alle landen rondom de Noordzee driftig ontworpen. Duitsland bouwt aan een enorm windmolenpark in de Duitse Bocht, Groot-Brittannië heeft gelijkaardige plannen op de Doggersbank en ook Denemarken, Noorwegen, België én Nederland zetten hun deel van het water naar hun hand. De Noordzee is geen zee meer, het is een industrieterrein in het teken van energie.

Nederland zoekt in zijn economische zone naar een evenwicht tussen heel veel verschillende partijen. De gas- en olie-industrie wil haar grip niet verliezen, de windmolenparken moeten helpen voldoen aan het klimaatakkoord, natuurverenigingen beschermen het zeeleven (bruinvissen, zandkokerwormen, meerkoeten...) en eisen compensatie voor de windmolenparken, de bouwsector heeft baggeraars nodig om zand boven te halen, en dan zijn er eventueel nog waterstoffabrieken en *fishfarms*. Wat er ook gebeurt: de komende decennia verdwijnt de stilte op zee, voor zover die er al was door het luide scheepvaartverkeer. Vissers laveren straks tussen windmolenparken, boorplatformen, afgesloten natuurgebieden en militaire zones, moeten opletten voor kabels op de bodem, voor oorlogswrakken en oude mijnen, moeten wegblijven van de grote scheepvaartroutes van ferry's, containerschepen en tankers, zijn niet toegelaten in de scholbox (een afgesloten kustgebied voor schol), moeten straks misschien ook wegblijven uit het Brits gebied, als de Britten na de Brexit hun economische zone zouden sluiten. En wat als de klimaatverandering voor verdere vismigratie zorgt en de platvis steeds noordelijker zwemt, steeds verder weg van Urk? En wat als na de pulskor ook de boomkor wordt aangevallen? Toen de Urker vloot de voorbije jaren financieel op adem kwam dankzij de pulskor, werd tegen de natuurbeschermers altijd gezegd 'dat ze tenminste nu niet meer met de zware, bodemberoerende en energieslurpende boomkor' vissen. De boomkor, die Urk zoveel voorspoed bracht, is palliatief. De kleine, typische familiebedrijven met hun oude kotters, kunnen niet op tegen de belangen van grote baggeraars, windmolenconstructeurs, gas- en olieproducenten, en nationale en supranationale overheden. Straks zitten ze allemaal samen op een postzegel in de Noordzee. En niemand die nog geeft om de vissers. Het publiek niet, het klimaat niet. Straks schiet er geen vis meer over, en geen visgrond. Het is het definitieve einde van de onafhankelijkheid.

Epiloog

Asterix voelde zich gekleineerd na alle schedelmetingen en wetenschappelijke onderzoeken. Asterix voelde zich benadeeld toen de Afsluitdijk werd aangelegd. Asterix voelde zich gemarginaliseerd toen de Zuiderzee werd ingepolderd. Asterix was diep ontgoocheld toen het geen stukje kreeg van het Nieuwe Land. Asterix ontstak in woede tegen de windmolens.

Al die tijd trok Asterix zich steeds verder terug, als bij eb. Ook nu voelt het dorp zich gekleineerd, benadeeld en gemarginaliseerd, bij de *inpoldering* van de Noordzee. Waar gaan we toch naartoe?

De wereld is compleet doorgeslagen met haar groene ideeen, vindt dit dorp. Vissers voelen zich als in de rug geschoten. Ze spreken over het lawaai van windmolens, over de stortsteen die daarvoor nodig is, over de trillingen van de molens, over magnetische velden en hoge onderhoudskosten. Ze snappen niet dat ze kritiek kregen op hun pulskor, snappen niet dat er straks zomaar duizenden nieuwe windmolens in de bodem worden geslagen. Zij weten ook dat die palen er voor altijd staan. *Die zijn van God geordineerd.* Als een volgende regering er binnen twintig jaar anders over denkt, wordt het een kostbare zaak om alle molens weg te halen. Daar is de bodem voor de vissers nooit meer hetzelfde. Molens of geen molens.

'Als er een deur dichtgaat, waait er elders weer een raam open,' zegt Reijer. Het is mijn laatste bezoek aan de beer. Reijer zit buiten op een kruk. De koude raakt hem niet. Op het miniterras aan de voordeur pruttelt het kokend vet. Schollen en tongen krijgen een hard, krokant vel. Wat verder ligt een boek op tafel. *Een zee te hoog. Scheepsrampen bij de Nederlandse zeevisserij.*

Wat voor de buitenwereld een economische wetmatigheid is, is voor een vissersdorp een drama. Een voetnoot in de geschiedenis is hier een heel boek. Het volkje dat altijd van de vis leefde, dat een cultuur bouwde rond het vangen, het boeten, zelfs het opvoeden, het geloven, het bidden en het collectief rouwen: het zorgde voor een onwrikbare identiteit die iedereen fier droeg en draagt, als een medaillon. Of als een molensteen. Nu staat de visserij aan de afgrond, gaan jongeren minder naar de kerk en brengt het internetkabeltje de hele wereld binnen.

'En gaat het raam niet open,' zegt Reijer, 'dan komt er een einde aan.' Hij krabt in zijn grijze baard. 'Al zie ik dit dorp niet gauw kantelen.' Een paar tellen later: 'Of is het al gekanteld?'

Als het ambacht verdwijnt, als het geloof afbrokkelt, dan wordt ook het fundament onder de identiteit weggeslagen. Vrouwen wachten niet meer thuis op hun man. Ze gaan uit werken. Er lopen Polen door het oude dorp. Japanners en Noren zitten aan de knoppen. De Amerikanen zijn gearriveerd. De toeristen ook. Ze nemen foto's van oude mannen. Jongeren dopen elkaar in het IJsselmeer. Ze drinken zich een beroerte op het industrieterrein en gooien ramen van het gemeentehuis in. Het vuurwerk knalt boven het dorp. In nieuwbouwwijken blijven de gordijntjes dicht op zondag, en *Trumpies* kosten maar een paar euro.

Maar evengoed zitten er nog altijd jongeren op Bijbelstudie, bezingen de koren het leven, keren de studenten terug naar huis en bouwt de Jachin Boaz een nieuwe vleugel bij, om de eigen, groeiende aanwas te huisvesten.

Wat is Urk? Is het een burcht die manhaftig de brug ophaalt en de buitenwereld weerstaat? Of is het een zandkasteel, niet (meer) bestand tegen springtij? Dit dorp staat op een kruispunt, het licht springt op groen, en terwijl de buitenwereld aandringt en zich op Urk nestelt, moet het dorp kiezen. Links of rechts? Gaat de brug naar beneden, of wordt het korset nog aangespannen?

Ik schrok een tongetje naar binnen en veeg mijn handen schoon aan een vel keukenpapier.

'Wat ga je nu over ons schrijven?' vraagt Reijer.

'Al wat ik heb gezien, gehoord en meegemaakt,' zeg ik.

'En is dat positief?'

'Daar kan ik zelf niet meer over oordelen.'

'Wat vind je nu eigenlijk van dit dorp?'

'Dat het erg veeleisend is. Je moet je opofferingen getroosten om hier een goed leven te leiden. Opofferingen die in de buitenwereld niet gelden. Daar doe je maar wat, wat je buur er ook van vinden mag. Wie bereid is een deeltje van zichzelf af te staan, die krast hier een *win for life*. Wie dat niet wil, verscheurt het lot en vloekt.'

We tikken bierflesjes tegen elkaar.

'Nou, daar kan ik me wel in vinden.'

'Het ga je goed, ouwe beer.'

Ik leg een mantel af. Daar vind ik het kleefkruid waar ik zo lang met mijn vingers niet bij kon. Urk. Die drie vreemde letters. Tien jaar geleden reed ik totaal opgefokt terug naar Gent. Internet in het Van der Valkhotel was in 2009 zo rampzalig traag, dat het een half uur duurde vooraleer mijn tekst, 'Verderf in Gods eigen dorp', de redactie van de krant bereikte. De stress gierde door mijn bloed. Het viel me op de terugweg niet eens op dat de polder er zo anders uitzag dan het dorp waar ik net vandaan kwam. Of beter: dat het dorp er zo anders uitzag dan de rest van Nederland. 'Urk heeft een telg van zijn christelijke familie verloren en rekent op hulp van bovenaf om het drama te verwerken.' Dat was de slotzin van het verhaal. Het is wat ik hier nog altijd hoor, bij al wat fout loopt, *dat de Heere uitkomst zal geven*. Zijn hulp is nodig. Meer dan iedereen denkt.

Ik vertrek bij Reijer, doe de deur achter me dicht en fiets naar mijn kamertje. Ik vind het boekje terug dat een half jaar geleden op de tafel lag, toen ik mijn intrek nam. *Heeft iemand je weleens verteld dat God van je houdt en een geweldig plan met je leven heeft?* Ik vouw het verleden op en duw alle boeken en ringmappen in een doos. Ook het dijbeen van een jonge, vrouwelijke, wolharige mammoet. Ik rijd de auto achterwaarts het plein over, klap de koffer open en terwijl de buurt toekijkt, prop ik alles de auto in. De magnetron, de koelkast, de slaapzak, mijn kleren, de *onderbroekskes* en de geschiedenis.

Ik zwaai iedereen gedag en rijd een laatste keer langs het oude dorp. Vrouwen in zwarte rokken steken de Singel over. In de nieuwe wijken spelen jongens met een voetbal. Via de Arie de Witbrug bereik ik het industrieterrein en ik herken de Polen die ik zolang niet zag, niet herkende. Vrachtwagens rijden af en aan.

De cirkel is rond.

Ik rijd het dorp uit en voeg verderop in op de A6, de andere wereld in. De wereld die ik ken. Ik luister naar '*Cocaine Blues*' *van* Johnny Cash: '*The verdict read in the first degree. I hollered Lordy Lordy have mercy on me.*'

Dankwoord

Mijn grootste dank gaat uit naar de Urkers die ik hier niet bij naam kan noemen, zij die zich niet neerleggen bij de status-quo. Grenzeloze dank ook aan alle Urkers die ik wel bij naam kan noemen. Ik zou pagina's tekortkomen om alle namen op te sommen. Het zijn er honderden. Allen die iedere dag naar me zwaaiden, die me uitnodigden voor koffie en gebak, die me door het dorp gidsten, die me verhalen aanreikten. Zonder hen was dit boek er niet. Ik hecht eraan Reijer te bedanken, mijn scheepsmaat, en de fantastische Dicky. Altijd kon ik bij hen terecht. Net als bij Klaas, de man die zoveel kennis bezit, of het nu over economie, kunst of fossielen gaat. Dank ook aan Rinke, en aan Martin, de stoerste bink van Urk. *Appien Google* stond altijd voor me klaar, altijd leverde hij de beste zoekresultaten op, samen met Jan Vdb, en Maarten niet te vergeten, de man wiens tatoeage ik nooit meer vergeet. Net zoals ik mijn gastgezin ook niet meer vergeet, dank voor de warme ontvangst, telkens opnieuw.

Zonder de steun van het Literatuur Vlaanderen en het Fonds Bijzondere Journalistieke Projecten was het schrijven van dit boek niet mogelijk geweest. Dat was het al helemaal niet zonder de ruggensteun van zovele anderen. Uitgevers Joost Nijsen en Marianne De Baere, de onvolprezen redacteur Wil Hansen, meelezers en steunpilaren Frank van Zijl en Caroline Musch, Hanne Delodder, Ward Bogaert, Sylvie Dhaene, Rik Van Puymbroeck, Lotte Beckers, Michelle da Rocha, en niet te vergeten Jeroen Coussement, de man die als bij wonder een paar gigabyte aan researchmateriaal uit de *cloud* terughaalde, toen mijn computer het begaf. Dank aan de familie Perlich in het verre westen, mijn tweede thuis in Canada, bijzondere dank aan David Perlich, mijn sensei, en tot slot, dankjewel aan de wonderlijke Lien Dewaele, mijn lief, *my rock*.

Bibliografie

Agnes Amelink, *De Gereformeerden*. Amsterdam, 2003

Julie Beck, 'The Psychology of Home: Why Where You Live Means so Much', op *theatlantic.com*, 30 december 2011

Jurie van den Berg, *Een zee van tranen*. Urk, 2010

Jan van den Berg Jzn, Lub van den Berg en Jurie van den Berg, 'Storm werd een orkaan. De UK60 in de nacht van de storm van 6 op 7 oktober 1954', in *Urcker Kronieken*, 2019, nr. 5

Ton Bernts en Joantine Berghuijs, *God in Nederland. 1966-2015*. Utrecht, 2016

Julia Blackburn, *Lied van de tijd. Op zoek naar Doggerland*. Amsterdam, 2019

William den Boer e.a., *'Een machtig arbeidsveld'. De opbouw van het kerkelijk leven in de Noordoostpolder*. Gouda, 2008

Rien Bogerd (red.), *Urk in de twintigste eeuw*. Urk, 2011

Rien Bogerd, 'Kerken op Urk en in de polder trekken eigen voren', in *Urcker Kronieken*, 2019, nr. 1

Ds. J. Brons, *Licht en Schaduw van het Urker Kerkelijk Leven. Kleine kerkgeschiedenis van Urk. Gedurende meer dan Duizend jaren*. Urk, 2013

Ds. J. Brons, 'Het wonder van Urk', in *Oude Paden, Kerkhistorisch Tijdschrift*, maart 2013

Juriaan Brouwer en Lucia de Vries, *Zoutzoet*. Amsterdam/Urk, 2006

Reginald Byron, 'Hunters at Sea: Fishing Households and the Problem of the Commons', in *Mediterranean Ethnological Summer School,* 2005

Joris van Casteren, *Lelystad*. Amsterdam, 2008

Joris van Casteren, 'Zoo zoete dal', in *De Groene Amsterdammer*, 22 december 2011

Hans Crebas, ‘Noordoostpolder 75 jaar droog: een zegen voor Urk?’, in *Rondom Schokland Cultuurhistorisch Tijdschrift*, 2018, 58/1
Jo Daan (red.), *Urk. Het dialect van Urk*. Zutphen, 1990
Chantal van Dam, *De lucht van zout en teer.* Amsterdam, 2008
Matthias Declercq, ‘Verderf in gods eigen dorp’, in *De Morgen*, 25 november 2009
Gerard Dekker, ‘De doorgaande revolutie. De ontwikkeling van de Gereformeerde Kerken in perspectief’, in *ADChartasreeks*, 2013, nr. 23
Gerard Dekker, *De stille revolutie. De ontwikkeling van de Gereformeerde Kerken in Nederland tussen 1950 en 1990*. Kampen, 1992
Gerard Dekker, *Zie hoe alles hier verandert. Het verloop van de gereformeerden*. Utrecht, 2016
Alyne Delaney, Ellen Hoefnagel, Helen Bartelings en Jacob van Oosterhout, ‘Assessment of the Status, Development and Diversification of Fisheries-dependent Communities. Urk, Case Study Report’, rapport i.o.v. Europese Commissie, 2010
Remco van Diepen, ‘Op zoek naar de oer-Nederlanders in het Zuiderzeegebied. De oorsprong van het Nederlandse volk’, op *Historiek.net*, 24 november 2015
Remco van Diepen, ‘Het hemd van het lijf: Fysische antropologie, rassenkunde en eugenetica in het Zuiderzeegebied, 1936-1940’, in *Polders Peilen. Cultuur Historisch Jaarboek voor Flevoland*, 2015
Gertjan van Dijk, *Het geloof der vaderen. De denkwereld van de bevindelijk gereformeerden*. Nijmegen, 1996
Koos van Dijken en Suzanne Bleijenberg, ‘Trends en opgaven voor Urk’, in *Platform*, 4 mei 2018, nr. 31
Marc van den Eerenbeemt en Tjerk Gualthérie van Weezel, ‘De Fransen haten hen om hun pulsjes’, in *de Volkskrant*, 20 januari 2018
Norbert Elias en John L. Scotson, *De gevestigden en de buitenstaanders. Een studie van de spanningen en machtsverhoudingen tussen twee arbeidersbuurten*. Amsterdam, 2005
Henk Florijn, ‘Een calvinistisch bolwerk’, in *Urcker Kronieken*, 2019, nr. 4

Maaike van der Gaag, 'Oenze aigen bult dor in die vlakke polder. Een studie naar de geslotenheid van de Urker gemeenschap', Master thesis Culturele Antropologie, Universiteit Utrecht, 2009
Peter Geschiere, *The Perils of Belonging. Autochthony, Citizenship, and Exclusion in Africa & Europe.* Chicago, 2009
André Geurts, *Urk, de geschiedenis van een eiland.* Lelystad, 2005
Rob van Ginkel, *Braving Troubled Waters. Sea Change in a Dutch Fishing Community.* Amsterdam, 2009
Rob van Ginkel, 'Gezocht: identiteit', in *S & D,* 2004, 1/2
Rob van Ginkel e.a., *Het verloren paradijs. Sociografie van stad en land.* Amsterdam, 1998
Rob van Ginkel, 'De verbeelding van "Hollands" vissersvolk. Visuele cultuur en het folkloristisch cliché van Marken en Volendam', in *Sociologie* 5, 2009, nr. 1
Rob van Ginkel, 'Tussen wal en schip. Taboes en territoriale overgangsriten in Noordatlantische vissersgemeenschappen', in *Etnofoor* 1, 1988, nr. 2
Rob van Ginkel, 'Een mooi schip vis en andere kwesties. Over de beroepswereld van kottervissers', in *Sociologische gids,* 1999
Fedde Jan Groot, 'De eerste Urker "dokter"', in *Urcker Kronieken,* 2018, nr. 1
Sjoerd Haagsma, 'Mijn jeugd als "vreemde". Het Urk van de vijftiger en zestiger jaren van de vorige eeuw', in *Urcker Kronieken,* 2019, nr. 3
Durk Hak, 'Early Modern Hunting and Gathering Cultures. Fishing at the Lemmer 1870-1930', in *Focaal, Tijdschrift voor Antropologie,* 1988, nr. 7
Durk Hak, 'Kerksplitsingen en de verwerving van status in een maritieme cultuur', in *Sociologische Gids* 1992, nr. 4
Durk Hak, 'De gebroken wereld van Urk', in *De Morgen,* 25 november 2009
Durk Hak, 'Local Knowledge and Paradigms. Protestant Church Fusion and Rupture at the Dutch Former Island of Urk in 2004', in *On the Mysteries of Research. Essays in Various Fields of Humaniora,* Leeuwarden, 2007

Durk Hak, 'Nederlandse godsdienst- en kerkgeschiedenis. Over hoofdvragen en over Urk', in *Tijdschrift Nederlandse kerkgeschiedenis* 9, 2006, nr. 4

Emiel Hakkenes, *Polderkoorts, hoe de Zuiderzee verdween.* Amsterdam, 2017

Emiel Hakkenes, *God van de gewone mensen.* Amsterdam, 2014

Emiel Hakkenes, 'Hoe Nederland de schedelmeting vaarwel zei', in *Trouw*, 7 oktober 2017

Emiel Hakkenes, 'Nederlandse visserij kon nu eens niet doordrukken', in *Trouw*, 20 januari 2018

P.J. Harting, *Het eiland Urk. Zijn bodem, voortbrengselen en bewoners.* Utrecht, 1853

Geert Hoekstra, 'Visverwerkende industrie en visgroothandel in Nederland', *Wageningen Economic Research*, 2019

Geert Hoekstra, 'Oranje Boven in de vishandel, maar met steeds minder Noordzeevis', *Wageningen Economic Research*, 2019

Geert Hoekstra, 'Rond- en platvisindustrie', *Wageningen Economic Research*, 2019

Geert Hoekstra, 'Vissen is keuzes maken, elke dag weer', *Wageningen Economic Research*, 2018

Geert Hoekstra, Wim Zaalmink, Arie Mol, Jan Strietman, 'Sociaal-economische gevolgen van een totaal verbod van pulsvisserij voor de Nederlandse visserijsector', *Wageningen Economic Research*, 2018

Yvonne Hofs, 'Bruinvis vecht met windmolenbouwer en garnalenvisser om plekje in de Noordzee', in *de Volkskrant*, 11 februari 2020

Hans Heijnen, 'Nashville-Urk', op *NOS-TV*, 1988

A.P. De Jong, J. Koppelaar en H. de Vries, *Geboeid door geld en goed. De gereformeerde gezindte tussen materialisme en vreemdelingschap.* Leiden, 1991

Huub de Jonge (red.), *Ons soort mensen. Levensstijlen in Nederland.* Nijmegen, 1997

Huub de Jonge en Gerard A. Persoon, 'Living behind Dikes & Dams. The Transformation of the Dutch Island Societies of Urk & Noord-Beveland', in *Bridging Islands, The Impact of Fixed Links*, Charlottetown, 2007

Ineke Jungschleger, 'Glasgerinkel op Urk', in *de Volkskrant*, 3 april 1998
Caroline van Keeken, 'Met een kater in de kerk', in *Trouw*, 23 maart 2013
J. Kempe, "Wai binnen Urrekers". Een kwalitatief onderzoek naar de cultuur van Urk', Masterscriptie Vakgroep Sociologie, Rijksuniversiteit Groningen, 2007
James C. Kennedy, *Een beknopte geschiedenis van Nederland.* Amsterdam, 2017
Kerkenraad Christelijke Gereformeerde Kerk 'Urk – Maranatha', *Om het vast fundament. Ontstaan en ontwikkeling van de Christelijke Gereformeerde Kerk 'Urk – Maranatha'.* Urk, 2001
A.J. Klei, 'Geen wit van voren', in *Trouw*, 15 juli 1992
Cees Koffeman, André de Vries, Albert Romkes en Joanne Goosen-Hoekman, *'In de vis'. Hoe Urker vis een wereldproduct werd.* Urk, 2015
Dirk Korf, 'Coke bij de vis. Misdaad en moraal'. Rede uitgesproken bij aanvaarding ambt bijzonder hoogleraar Criminologie, Universiteit van Amsterdam, 6 november 2009
Andreas Kouwenhoven, 'Het kwaad in Urk? Alcohol', in *NRC Handelsblad*, 25 oktober 2011
Magda Kramer, *Voet aan wal.* Urk, 2005
Lubbertje Kramer, *Herinneringen uit mijn leven.* Urk, 1971
Henk Kruit, '"Urk mag niet in moslimhanden komen", haatgevoelens oorzaak rel', in *Telegraaf*, 30 maart 1998
Iris Kwaspen, 'Vissen naar de waarheid. De Urker visfraudezaak als organisatiecriminologische casus', Masterscriptie Criminologie, Erasmus Universiteit Rotterdam, 2009
Rudi Laermans, *De maatschappij van de sociologie.* Amsterdam, 2012
Martijn Langbroek en Frank Vanclay, 'Learning from the Social Impacts Associated with Initiating a Windfarm near the Former Island of Urk, The Netherlands' in *Impact Assessment and Project Appraisal* 30, 2012, nr. 3
G.R. van Leeuwen, 'Kies dan het leven', in *De Wachter Sions*, 66ste jaargang, 29 mei 2019

Wim de Lege, 'Medische consumptie in de huisartspraktijk op Urk', Proefschrift Rijksuniversiteit Groningen, 2002
D. van der Maas, *Verleden boven Water. Erfgoed, identiteit en binding in de IJsselmeerpolders.* Amsterdam, 2014
Geert Mak, *Hoe god verdween uit Jorwerd.* Groningen, 1994
Geert Mak, *De eeuw van mijn vader.* Amsterdam, 1999
Joke Mat, 'Iets verbieden? Daar houdt de Urker jeugd niet van', in *NRC Handelsblad*, 12 mei 2011
Joke Mat, 'Lekker scheuren zonder uitlaat. Dat is traditie', in *NRC Handelsblad*, 13 mei 2011
P.J. Meertens (red.), *Urk. Land en volk.* Zutphen 1990
P.J. Meertens en L. Kaiser (red.), *Het eiland Urk.* Alphen aan den Rijn, 1942
Jan Meeus, 'Hoe de cokemaffia infiltreerde in vissersdorp Urk', in *NRC Handelsblad*, 25 november 2017
Jan Meeus, 'Rust in Urk na coke-zaak? Niet dus', in *NRC Handelsblad*, 15 oktober 2018
Jan Meeus, 'Cocaïnemaffia bedreigde Urker vissers met moord', in *NRC Handelsblad*, 29 november 2017
Jan Meeus, 'Keihard en nietsontziend', in *NRC Handelsblad*, 31 maart 2018
Dick Mol en Klaas Post, 'Noordzee 2990 Indet', in *Cranium* 24/1, 2007
Dick Mol en Klaas Post, 'Gericht korren op de Noordzee voor de zoogdierpaleontologie: een historisch overzicht van de uitgevoerde expedities', in *Cranium*, 2010
Marijn Molema, Siebren Teule en Peter van der Meer, *Menselijk kapitaal en het Urker viscluster: contouren van een investeringsopgave*, Leeuwarden, 2019
Jan ten Napel, *Urk in de Zuiderzee.* Urk, 2006
Elaine O'Driscoll-Adam, *Fishing for a Sense of Cultural Identity and Place.* Cork, 2014
Willem Oosterbeek, *Gordel van God. Een voettocht langs 's Heeren wegen.* Wormer, 2006
Herman Pleij, *Moet nog steeds kunnen. Op zoek naar een Nederlandse identiteit.* Amsterdam, 2017
Chr. Plomp, *Urk. Sociografie van een eilandbevolking.* Zutphen, 1989

Klaas Post en Elisabeth Oost, *Ernst Leyden op Urk 1919-1921*. Urk, 2014
Klaas Post, Frank Wesselingh, Anton Janse, Tom Meijer, Dick Mol, 'Schelpjes en takken op mammoetbeenderen geven inzicht in het laat-pleistocene afzettingsmilieu van de Eurogeul', in *Cranium*, 2010
Lub Post, 'Verbonden door schuld. De rol van de Urker elite in tijden van armoede', in *Urcker Kronieken*, 2019, nr. 2
Lub Post en Klaas Post, 'Geen plek voor Urk', in *Urcker Kronieken*, 2018, nr. 2
Lub Post, Klaas Post en Meindert Kramer, *#UrkGroeit*. Urk, 2019
Roelke Posthumus & Adriaan Rijnsdorp, *Schol in de Noordzee. Een biografie van de platvis en de Nederlandse visserij*. Amsterdam, 2016
Hanneke Prins e.a., *Boerderijenboek Tollebeek*. Kraggenburg, 2018
Marc De Roo, 'Jan De Nul bouwt grootste windpark ter wereld', in *De Tijd*, 22 oktober 2019
Natalie Ross, 'Understanding the Fishing "Community": The Role of the Communities of the Mind', in *Sociologia Ruralis* 2015, nr. 55/3
Red., 'Ordinaire ruzie loopt finaal uit de hand', in *Het Urkerland*, 30 maart 1998
Red., 'De Vijfde Dag', op EO, 12 april 2012
Red., 'Vis, drugs en rock and roll', in *Zembla*, 2003
Red., 'Van de redactie', in *Urker Volksleven*, maart 2010, 37/1
Dick Schaap, '"Sloop alle schepen en bouw een groene vloot". De overlevingsstrijd van een vissersplaats', in *De Groene Amsterdammer*, 18 augustus 2010
Dick Schaap, 'Hoe de vis verdween uit Volendam. De teloorgang van een vissersdorp', in *De Groene Amsterdammer*, 5 augustus 2009
Jan Schokker, 'Bij mij komt geen AID-er meer aan boord', in *Noordoostpolder*, 9 december 1985
J. Schraal, *Vergeten Volk*. Urk, 1999
Jan Schraal, *Vergeten Volk. Deel 2*. Urk, 2010
Jan Siebelink, *Knielen op een bed violen*. De Bezige Bij, 2007

R.J. Siepel, M. Kok en D. van den Berg, *Marktontwikkelingen, productontwikkelingen en werkgelegenheidseffecten in de visverwerkende industrie op Urk.* Urk, 2004
Karel Smouter, 'Dubbelleven: de drank, het maïs en de ouderlingen', in NRC *Handelsblad*, 16 augustus 2019
Karel Smouter, '"Bij ons in de Biblebelt" toont robuust, nieuw soort calvinisme', in NRC *Handelsblad*, 3 juli 2019
Karel Smouter, 'De Bijbel en Baudet: hoe de christenen Forum voor Democratie vastgrijpen', in NRC *Handelsblad*, 23 mei 2019
Paul van der Steen, 'Rank, blank, blozend en oer-Nederlands', in *Trouw*, 20 maart 2013
Bert Theunissen, 'Ik heb de schedels in mijne koffer geborgen', in NRC *Handelsblad*, 1 mei 1995
Franca Treur, *Dorsvloer vol confetti.* Amsterdam, 2017
Elfie Tromp, 'Druktemaker', column op *NPO Radio1*, 14 maart 2019
Albert van Urk, *Urk op de tweesprong. 1930-1960, een boeiende tijd.* Zaltbommel, 2005
Albert van Urk (red.), *Daar werd een dijk gelegd...* Urk, 1989
Albert van Urk en Tromp de Vries (red.), *Parate post, Kampen-Urk-Enkhuizen.* Urk, 1986
Albert van Urk e.a., *Van bezetting en bevrijding. Urk in oorlogstijd. 1940-1945.* Urk, 1995
Mirjam van Veen e.a., *Terug naar Gouda. Religieus leven in de maalstroom van de tijd.* Zoetermeer, 2014
Evelien Veldboom, 'Hoe een felbevochten EU-wet onze visserij en ecologie in het nauw drijft', op *decorrespondent.nl*, 10 juli 2015
Peter Vermaas, 'Anti-lobby tegen de "Urker maffia"', in NRC *Handelsblad*, 15 februari 2019
J.M. Vermeulen, *De zoon van Bornia. Leven en werk van ds. E. du Marchie van Voorthuysen.* Meteren, 2008
Jojada Verrips, *En boven de polder de hemel. Een antropologische studie van een Nederlands dorp 1850-1971.* Groningen, 2002
Rachel Visscher, *Zwarte dauw. Geloven in een Hollandse gemeenschap.* Amsterdam, 2011
Eva Vriend, *Het nieuwe land. Het verhaal van een polder die perfect moest zijn.* Amsterdam, 2012

Eva Vriend, *Eens ging de zee hier tekeer.* Amsterdam, 2020
Tromp de Vries (red.), *Urk Opperdan. Een vissersoord in werk en woord.* Urk, 1990
Tromp de Vries (red.) *Vissers van Urk.* Urk, 1983
Tromp de Vries (red.), *Redders, bergers, bouwers.* Urk, 1986
Tromp de Vries, *Leven en taal van het eiland Urk.* Kampen, 1992
Tromp de Vries (red.), *Vrouwen van Urk.* Urk, 1982
T. de Vries, A. Weerstand, A. van Urk, *Bloedreizen in barre winters.* Urk, 1992
Klaas de Vries & Tromp de Vries, *Veranderd land.* Urk, 1985
C. de Vries, *Geschiedenis van het eiland Urk.* Kampen, 1962
Almar Wallenburg, 'De cultuur van Urk en de Urker jongeren', Masterscriptie Vakgroep Sociologie, Rijksuniversiteit Groningen, 2008
Gerard van Westerloo, *De pont van kwart over zeven.* Amsterdam, 2015
Gerard van Westerloo en Elma Verhey, 'Het geheim van Urk', bijlage in *Vrij Nederland,* 12 november 1977
Frank Westerman, *In het land van de ja-knikkers. Verhalen uit de polder.* Amsterdam, 2017
D. van Wijngaarden van Rees, 'Het eiland Urk in 1895', in *Het Urkerland* (overgenomen uit het *Geïllustreerd Volksblad voor Nederland*), 1994
Andries Zoutendijk, 'Aan lager wal? Een verkenning van harddrugsgebruik op Urk', Bacheloronderzoek, Universiteit Utrecht, 2005
Jan Zwemer, *In conflict met de cultuur. De bevindelijk gereformeerden en de samenleving in het midden van de twintigste eeuw.* Kampen, 1993

Wageningen University & Research, agrimatie.nl
www.cbs.nl
www.mijnzuiderzee.nl
www.urkerschedels.wordpress.com
www.urkeruitgaven.nl
www.rechtspraak.nl